KNAUR

Die Paul-Herzfeld-Thriller bei Knaur:
Abgeschlagen
Abgefackelt
Abgetrennt

Über die Autoren:
Michael Tsokos, 1967 in Kiel geboren, ist Professor für Rechtsmedizin und international anerkannter Experte auf dem Gebiet der Forensik. Seit 2007 leitet er die Berliner Rechtsmedizin. Seine Bücher sind allesamt Bestseller und wurden bereits mit hochkarätiger Besetzung verfilmt. Mit dem Schauspieler Jan Josef Liefers ist er in der Doku-Reihe »Obduktion« bei RTL+ zu sehen. Weitere TV-Produktionen sind in Arbeit. *Abgefackelt* ist der zweite Band der Trilogie um den Rechtsmediziner Paul Herzfeld.
Instagram: @dr.tsokos

Alex Pohl ist erfolgreicher Bestsellerautor, der nicht nur unter seinem eigenen Namen, sondern auch unter L.C. Frey schreibt. Er lebt in Leipzig.
www.alex-pohl.de

MICHAEL TSOKOS

mit Alex Pohl

Abgefackelt

Ein Paul-Herzfeld-Thriller

KNAUR

Besuchen Sie uns im Internet:
www.knaur.de

MIX
Papier | Fördert gute Waldnutzung
FSC® C014496

Vollständige Taschenbuchausgabe April 2022
Knaur Taschenbuch

Ein Imprint der Verlagsgruppe
Droemer Knaur GmbH & Co. KG
Landsberger Straße 346, 80687 München

Ein Projekt der AVA international GmbH Autoren- und Verlagsagentur
www.ava-international.de
Covergestaltung: ZERO Werbeagentur, München
Coverabbildung: Mikhail Bakunovich / Shutterstock.com
Abbildung im Innenteil: checkart / Shutterstock.com
Abbildung in der Leseprobe: StockSmartStart / Shutterstock.com
Satz: Adobe InDesign im Verlag
Druck und Bindung: GGP Media GmbH, Pößneck
ISBN 978-3-426-52441-1

Kontaktadresse nach EU-Produktsicherheitsverordnung:
produktsicherheit@droemer-knaur.de

6 8 9 7 5

Die Handlung dieses Buches beginnt nur wenige Tage nach den Ereignissen in »Abgeschlagen«.

Paul Herzfeld ist sechsunddreißig Jahre alt und Assistenzarzt am Institut für Rechtsmedizin in Kiel.

Prolog

Der hagere Mann in dem dunkelbraunen Sakko stieß die Fahrertür des silbernen Mercedes auf, kaum dass dieser ausgerollt war. Sie hatten alles durchwühlt, die Akten waren verschwunden und der Laptop natürlich auch. Er hatte keine Zeit gehabt zu prüfen, was sie sonst noch mitgenommen hatten, aber er vermutete, dass sie gründlich gewesen waren. Das hier war seine letzte Chance zu retten, woran er jahrelang gearbeitet hatte und was der Grund dafür war, warum er in den letzten Wochen nachts kaum noch ein Auge zugemacht hatte. Die einzige Möglichkeit, ihnen noch zuvorzukommen. Aber nur, wenn er sich jetzt beeilte.

Das fahle Licht der Straßenlaternen zeichnete harte Schatten auf das kantige Gesicht des Mannes, als er hastig aus dem Wagen stieg. Sofort wurde er von dem eisigen Regen in Empfang genommen, der seit dem Nachmittag ununterbrochen auf Schleswig-Holstein niedergegangen war und jetzt in den Nachtstunden an Intensität sogar noch zugenommen hatte.

Vom Schwung seiner allzu eifrigen Bewegung mitgetragen, rutschte er im losen Schotter der nassen Einfahrt aus und strauchelte, doch er konnte sein Gleichgewicht im letzten Moment noch wiederfinden.

Er eilte in großen Schritten um den Wagen herum, dessen Motor immer noch lief. Er hatte sich nicht damit aufgehalten, ihn auszuschalten. Jetzt zählte jeder Augenblick. Der Mann öffnete den Kofferraum und entnahm zwei große, dunkle Sporttaschen. Auf dem Weg zum Eingang des dunkelroten Backsteingebäudes, eines Flachdachbaus aus den 1950er-Jahren, zerrte er eine Keycard aus der Innentasche seines für die nächtlichen Wintertemperaturen viel zu dünnen Sakkos, das schon nach wenigen Augenblicken von den Regenmassen völlig durchnässt war.

Im Licht der Scheinwerferkegel probierte er mehrfach vergeblich, die Keycard in die richtige Position vor das elektronische Türschloss zu bringen, bis sich endlich mit einem metallischen Klacken die Verriegelung des Schlosses öffnete. Der Mann drückte mit seinem ganzen Körpergewicht gegen die schwere Metalltür. Als er im Haus war und sich umdrehte, um die schwergängige Tür wieder zu schließen, glaubte er für einen Moment einen Schatten zu sehen, hinter den flachen Büschen, dort, wo ein Weg zum zweiten Gebäudeflügel der Klinik führte. *Sind sie etwa schon hier?*

Er sah noch einmal genau hin.

Nein. Da ist niemand. Niemand weiß, was ich vorhabe. Oder? Sind sie mir gefolgt? Habe ich sie schon wieder unterschätzt?, ging es ihm panisch durch den Kopf. *Ich muss mich beeilen, die Unterlagen und die Gewebeproben …*

Eilig drückte er die Tür von innen ins Schloss und betätigte den Lichtschalter neben dem Türrahmen. Die Neonröhren an der Decke des einzigen Raumes in dem eingeschossigen Gebäude erwachten summend nacheinander zum Leben und verbreiteten ihr unangenehm flackerndes, bleiches Licht in den Gängen zwischen Hunderten von offenen Metallregalen. Zielstrebig ging der Mann an den bis knapp unter die Decke reichenden Regalen entlang, vorbei an endlosen Reihen von Aktenordnern voller Patientendaten, Untersuchungsbefunden und weiterem Archivmaterial, weiter zu seinem eigentlichen Ziel, den großen Metallschränken am Stirnende des Raumes. Auch diese schritt er mit schnellen Schritten ab, bis er schließlich vor dem richtigen Schrank angekommen war, der wie die übrigen aus aufeinandergetürmten Stahlblechboxen bestand. Hier waren allerdings keine Akten verstaut, sondern Pappmappen mit hauchdünnen Schnitten menschlicher Organe, aufgezogen auf gläserne Objektträger, sowie Hunderte von menschlichen Gewebeproben, eingegossen in kleine Paraffinblöcke und damit haltbar gemacht für die Ewigkeit und bestimmt für die Untersuchung durch den Pathologen am Mikroskop.

Gehetzt wischte sich der Mann die vom Regen klatschnassen Haare aus der Stirn und riss die metallenen Schubfächer auf, wobei er sich systematisch von unten nach oben vorarbeitete, bis er schließlich fand, was er suchte. Er warf einen prüfenden Blick auf die Beschriftung der Gewebeproben. Jeder Paraffinblock enthielt eine sechsstellige Ziffernfolge sowie eine Jahreszahl, was ihn einer bestimmten Krankenakte und somit einem Patienten zuordnete.

Mit geübten Griffen zog der Mann hastig Objektträger und Paraffinblöcke heraus und stopfte sie in die beiden Sporttaschen, bis diese zum Bersten gefüllt waren.

Er packte die Tragegriffe der Taschen, die er nun kaum noch vom Boden hochheben konnte, und schleifte seine Beute gerade zurück in Richtung Eingangstür, als es mit einem Schlag dunkel wurde. Alle Neonleuchten in dem fensterlosen Gebäude hatten gleichzeitig, mit einem letzten bedrohlichen Summen, ihren Geist aufgegeben.

Das passierte nicht zum ersten Mal, einige der altersschwachen Deckenlampen in diesem Gebäude fielen in unregelmäßigen Abständen immer mal wieder aus – allerdings hatte er einen solchen kompletten Stromausfall hier im Archivgebäude bisher noch nie erlebt.

Die Taschen im Schlepptau, stolperte der Mann die letzten Meter durch die Dunkelheit, bemüht, sich nicht an einem der Regale zu stoßen.

Er hatte Glück. Schon nach wenigen Schritten bemerkte er am Ende des Gangs einen Lichtschimmer am Boden. Ein schwacher Lichtschein, der von draußen unter dem Türschlitz hindurchfiel und von den eingeschalteten Scheinwerfern seines Wagens stammen musste, der immer noch mit laufendem Motor vor dem Archivgebäude stand.

Der Mann stellte die Taschen schnaufend neben sich ab und

tastete in der Dunkelheit nach der Türklinke. Irritiert stellte er fest, dass sein Schritt ein leise platschendes Geräusch verursachte.

Eine Pfütze. Verdammter Regen. Vermutlich steht das Wasser draußen inzwischen derart hoch, dass es schon über die Türschwelle ins Gebäude eindringt. Auch hier ist mal wieder am falschen Ende gespart worden, dachte er bitter. *Und jetzt nichts wie raus.*

Er drückte die Klinke herunter, doch die schwere Metalltür ließ sich nicht öffnen.

Er drückte die Klinke noch einmal.

Nichts.

Da diese Tür den einzigen Fluchtweg aus dem Gebäude darstellte, hätte sie sich eigentlich problemlos von innen öffnen lassen sollen. Aus diesem Grund gab es hier am Ausgang auch kein Lesegerät für die Magnetkarte, die das elektronische Türschloss öffnete.

Der Mann rüttelte erneut an der Türklinke und drückte von innen gegen die Tür, aber sie ließ sich keinen Millimeter weit bewegen.

Verdammter, beschissener Stromausfall!

Ärgerlich stemmte er sich jetzt mit seinem ganzen Körpergewicht dagegen, aber es war nichts zu machen. Die massive Stahltür blieb verschlossen. Einen weiteren Fluch unterdrückend, überlegte der Mann fieberhaft, wie er sich aus seinem Gefängnis befreien konnte.

Ich muss raus hier, sofort!

Die Panik brach über ihm zusammen wie die Brandung über einem unglücklichen Schwimmer. Seine Gedanken begannen hektisch zu kreisen, während er von der Metalltür zurücktaumelte und an einem Hindernis hängen blieb, das er zu spät als eine seiner beiden Sporttaschen erkannte. Er ruderte mit den Armen in der Luft, suchte verzweifelt nach Halt, fand ihn für einen Moment zu seiner Rechten – dann riss er ein paar Aktenordner aus dem Regal direkt neben ihm mit sich zu Boden. Er versuchte, den Sturz mit den Händen abzufedern, doch vergeblich. Seine rechte Hand rutschte in der Flüssigkeit weg, und er schlug hart auf. Fluchend rieb er sich sein schmerzendes Gesäß, bis er die Feuchtigkeit bemerkte, die jetzt den Stoff seiner Hose durchnässte. Kein Wunder, er war direkt in die verdammte Pfütze gefallen.

Verfluchter Mist!

Aber das spielte jetzt auch keine Rolle mehr. Er musste erst einmal hier rauskommen. Das vor allem anderen.

Da nahm er den Geruch wahr. Er roch an seiner Hand. Ein beißender, irgendwie chemischer Geruch, der ihn an die kleine Jolle seines Vaters denken ließ und an das gleichmäßige Tuckern des Außenbordmotors, in dessen Nähe er immer am liebsten gesessen hatte, wenn sie gemeinsam auf Bootstour gegangen waren. Der Geruch kam ihm mit jedem Atemzug intensiver vor.

Das hier ist kein Regenwasser. Verdammt, es ist …

Während sein Gehirn mühsam versuchte, die Eindrücke in die richtige Beziehung zueinander zu setzen, sah er eine Bewegung in dem schmalen Lichtspalt unter der Tür. Ein Schatten, Schritte.

Da ist jemand auf der anderen Seite der Tür!

»Hallo?«, rief der immer noch in der Pfütze am Boden sitzende Mann und ärgerte sich darüber, wie schwach und brüchig seine Stimme plötzlich klang. Wie seine Angst förmlich darin mitschwang. Er versuchte es noch einmal, lauter. »Hallo? Hören Sie mich? Ich bin hier eingesperrt. Sehen Sie das Schloss? Neben der Tür, ein Metallkasten. Sie müssen …«

Er brach ab und starrte auf den Lichtspalt unter der Tür.

Der Schatten bewegte sich für einen kurzen Moment erneut, dann nicht mehr. *Wer immer da draußen ist, er hätte mich hören müssen. Er hätte …*

Seine Gedanken kehrten zurück zu dem Geruch. Der ganze Raum war jetzt davon erfüllt. Seine Lunge schmerzte, als er die Luft mit dem nächsten Atemzug tief einsog.

Und dann wurde es ihm schlagartig klar.
Benzin!
Draußen bewegte sich der Schatten wieder.
»Hallo!«, schrie der Mann, und diesmal lag echte Verzweiflung in seiner Stimme. »Hallo! Hier ist überall Benzin! Ich brauche Hilfe! Hilfe!«
Von draußen erklang ein metallisches Klacken, dann ein Knistern. Das elektronische Türschloss, dachte der Mann, erhob sich und hämmerte gegen das massive Metall, doch die Tür blieb verschlossen. Die Benzindämpfe waren jetzt überall. Seine Augen begannen zu tränen, sein Hals brannte, seine Schläfen hämmerten.
Er schnappte nach Luft und saugte dabei noch mehr giftige Dämpfe in seine brennenden Lungen. Von einem Hustenanfall geschüttelt, sank er verzweifelt an der Tür hinab, während die Welt vor seinen Augen in einen rasenden Taumel geriet.
Ich muss aufstehen. Ich muss mich in Sicherheit bringen, zur anderen Seite des Raumes gelangen. Ich muss …
Bevor er den Gedanken beenden konnte, schoss eine gewaltige Stichflamme unter der Tür hindurch und tauchte alles in gleißendes Licht und brüllende Hitze. Als die Flammenzunge die benzindurchtränkte Hose des Mannes und fast augenblicklich auch den Rest seines Körpers erfasste, gab er markerschütternde Schreie von sich, die nichts Menschliches mehr an sich hatten. Das Letzte, was er sah, war das gleißende Licht seiner brennenden Hand. Er war zu einer lebenden Fackel geworden.

1

24. Januar, 9.29 Uhr
Kiel. Institut für Rechtsmedizin der Universität

Paul Herzfeld knotete die durchsichtige Plastikschürze, die seine blaue Sektionssaalkleidung vor Durchfeuchtung durch Blutspritzer und andere Körperflüssigkeiten am Sektionstisch schützen würde, hinter seinem Rücken zusammen. Dann streifte er sich die blauen Latexhandschuhe über, die der Sektionsassistent Heinrich von Waldstamm zusammen mit dem Diktafon neben der Organwaage auf einem Sideboard für ihn bereitgelegt hatte. Am Nebentisch stand Doktor Andreas Fleischer, der Herzfeld beim Betreten des Sektionssaals mit einem fröhlichen »Guten Morgen« und einem freundlichen Zwinkern durch seine Nickelbrille begrüßt hatte. Er war bereits seit etwa einer Stunde mit der Obduktion eines jungen Mannes beschäftigt. Doktor Fleischer war mittlerweile dreiundsechzig Jahre alt und nur noch wenige Tage pro Woche im Institut, da er seit einigen Monaten in einem Altersteilzeitmodell arbeitete.

Herzfeld kannte zwar die Umstände des Falles nicht, aber der Tote vor Fleischer hatte offensichtlich direkt vor seinem Ableben ein massives Polytrauma erlitten – so zumindest Herzfelds erste Blickdiagnose, als er bei der Erwiderung von Fleischers Gruß kurz auf die zahlreichen dunkelroten und feucht glänzenden Rippen- und Extremitätenfrakturen schaute. Fleischers Sektionsassistentin Annette Bartels präparierte diese gerade frei, indem sie die um die Frakturenden gelegene Muskulatur mit einem stabilen Sektionsmesser von den Knochen des Leichnams herunterschälte.

Herzfeld hatte sich nach seiner Ankunft im Institut vor einer halben Stunde in seinem Büro kurz mit dem Inhalt der polizeilichen Ermittlungsakte des Falles vertraut gemacht, der ihn an diesem Tag im Sektionssaal erwartete, und warf jetzt einen ersten Blick auf den unbekleideten Toten auf dem blanken Stahl des Sektionstisches vor ihm. Der aus Flensburg stammende und dort auch noch polizeilich gemeldete zweiundzwanzig Jahre alt gewordene Sven Theissen war erst vor wenigen Wochen nach Kiel gezogen, weil er hier bei einer Reinigungsfirma einen Job bekommen hatte. Er war am Abend seines Todes im Kieler Hauptbahnhof zur Säuberung der Oberlichter in der Bahnhofshalle eingesetzt gewesen. Um die in zehn Metern Höhe im Dach der Bahnhofshalle eingelassenen Fenster zu erreichen, hatte sich Theissen einer Teleskopstange aus leichtem Aluminiumrohr bedient, die ihm von seinem Arbeitgeber zur Verfügung gestellt worden war. An ihrem Ende war ein überdimensionierter Wischmopp befestigt, den er über seinem Kopf balanciert hatte, um so die Oberlichter zu erreichen. Nur wenige Minuten nach Beginn der Reinigung hatten im Hauptbahnhof anwesende Zeugen gehört, wie der junge Mann plötzlich einen markerschütternden Schrei ausstieß, dann beobachtet, dass er »kurz wie erstarrt« erschien, »den Rücken gerade durchgestreckt«, und anschließend zusammengebrochen war. Ein zufällig im Bahnhof anwesender Arzt hatte sofort mit der Reanimation des bewusstlosen Theissen begonnen und war schon nach wenigen Minuten von einem Notarzt und einem Rettungsassistenten abgelöst worden. Allerdings waren alle Bemühungen, den jungen Mann ins Leben zurückzuholen, vergeblich gewesen.

Nach Kenntnis der bisherigen Ermittlungsergebnisse aus der Akte war Herzfelds derzeitige Arbeitshypothese, dass Theissen möglicherweise an einer von ihm selbst und seinem persönlichen Umfeld zuvor unbemerkten schweren inneren Erkrankung gelitten haben könnte – vielleicht einer Herzmuskelentzündung oder einer pathologischen Gefäßwandaussackung der Brustschlagader, die bei der anstrengenden

Reinigung der Oberlichter plötzlich dekompensiert war. Davon ging Herzfeld aus, weil sich weder Hinweise auf ein Unfallgeschehen, eine Einwirkung von fremder Hand noch Drogenkonsum in den Ermittlungsunterlagen fanden.
Nun ergriff er das Diktafon und begann mit der äußeren Leichenschau. Er bedeutete dem korpulenten Sektionsassistenten von Waldstamm mit einem stummen Nicken, den Körper anzudrehen, damit er die Körperrückseite des Toten in Augenschein nehmen konnte.
»An der Körperrückseite auf kräftigen Fingerdruck hin eben noch zur Abblassung zu bringende Totenflecken, hellviolett, ausgespart im Bereich der Aufliegeflächen«, sprach Herzfeld in das kleine Mikrofon.
Mit einem weiteren Nicken wies er von Waldstamm an, den toten Theissen wieder in seine ursprüngliche Position auf dem Sektionstisch zu bringen.
»Die Totenstarre in allen großen und kleinen Gelenken noch kräftig vorhanden«, fuhr Herzfeld fort, während er die Streckung und Beugung in den Extremitätengelenken überprüfte. Dann wandte er sich den Händen des Toten zu. Hände, die tägliche körperliche Arbeit gewohnt waren, wie der Rechtsmediziner anhand der Hornhautschwielen feststellte.
»Die Fingernagelränder beider Hände kurz, die Nagelränder die Fingerkuppen gerade erreichend, nicht abgebrochen. An der Innenseite der rechten Hand, direkt mittig …«
Herzfeld stockte. Er fühlte, wie augenblicklich aus jeder Pore seiner Stirn Schweiß austrat und sein Mund schlagartig trocken wurde.
Er schaltete das Diktafon kurz aus, räusperte sich mehrfach und fuhr dann mit der äußeren Leichenschau fort: »… in Verlängerung des Strahls des Zeigefingers und unter Einbeziehung der Haut des Daumenballens …«
Ihm wurde schwindelig.
Das, was er vor sich sah, weckte furchtbare Erinnerungen an die gerade erst zehn Tage zurückliegende Untersuchung einer

Toten in einem Schuppen. Dort hatte er unter den einfachsten Bedingungen die Todesursache einer Frau feststellen müssen, während Petra, seine Verlobte, in höchster Lebensgefahr schwebte, und sein Vorgesetzter, Professor Volker Schneider, mit einer Pistole auf ihn zielte.

Herzfeld versuchte, sich zusammenzureißen und sich wieder auf die vor ihm liegende Aufgabe zu konzentrieren, aber das gelang ihm nur bedingt. Die Hautveränderungen an der Innenseite der rechten Hand von Sven Theissen und den Fingerendgliedern von Daumen und Zeigefinger der toten Frau im Schuppen waren zwar nicht identisch, aber die Ähnlichkeit war frappierend.

Herzfeld erkannte nur allzu deutlich, woran der Tote auf dem Sektionstisch gestorben war, als er – unter merklichem Zittern – die vier teils porzellanartig schimmernden, teils im Randbereich schwärzlich verfärbten länglichen Hautblasen an Theissens Hohlhand einem erneuten prüfenden Blick unterzog.

Theissen war an einem Stromschlag gestorben.

Irgendwo musste er auf Höhe der Oberlichter mit der metallenen Teleskopstange mit einem stromführenden Gegenstand in Berührung gekommen sein, denn die etwa zwei Zentimeter breite und vier Zentimeter lange blasige Strommarke korrespondierte gut mit der Kontur eines länglichen Gegenstandes – der unter Strom gesetzten Teleskopstange.

Herzfeld warf das Diktafon auf das Sideboard neben sich, wo es mit einem lauten Knall aufschlug. Der nur wenige Meter entfernt stehende von Waldstamm zuckte erschrocken zusammen und zog ängstlich den Kopf ein. Herzfeld konnte sich gerade noch am Sektionstisch abstützen – seine Knie schienen urplötzlich eine gummiartige Konsistenz zu haben –, und er begann, bedrohlich zu schwanken.

Der Schweiß rann immer heftiger über seine Stirn und lief in seine Augen, die jetzt anfingen zu brennen. Sein Atem ging stakkatoartig und keuchend.

Von Waldstamm sagte irgendetwas zu ihm, aber Herzfeld konnte den Sektionsassistenten nicht verstehen, er hörte nur noch das Blut in seinen Ohren rauschen. Statt einer Erwiderung schüttelte er stumm den Kopf.

Als er sich einigermaßen sicher war, dass er sein Gleichgewicht und seinen sicheren Stand zurückerlangt hatte, riss er sich die Plastikschürze herunter und warf sie zusammen mit den Handschuhen in den nächstgelegenen Abfallbehälter.

Die Polizei muss verständigt werden, und die Techniker der Deutschen Bahn müssen sich umgehend im Kieler Hauptbahnhof umsehen, wo sich eine unbekannte, nicht gesicherte Stromquelle befindet … bevor … der nächste Fensterreiniger … Er konnte den Gedanken nicht zu Ende bringen.

Ohne den Toten oder von Waldstamm noch eines weiteren Blickes zu würdigen, hastete er aus dem Sektionssaal, in den er an diesem Tag auch nicht wieder zurückkehren würde.

2

25. Januar, 10.01 Uhr
Kiel. Institut für Rechtsmedizin der Universität

Was war da gestern nur mit mir los?, fragte sich Herzfeld zum x-ten Mal an diesem Mittwochmorgen, während er in dem wuchtigen Ledersessel gegenüber dem ausladenden Eichentisch im Büro des Institutsdirektors Professor Doktor Schwan zu versinken drohte. Er war am Morgen nach seiner Ankunft im Institut von Schwans Sekretärin informiert worden, dass er für diesen Tag nicht im Sektionssaal eingeteilt war, sondern der Direktor ihn um zehn Uhr in seinem Büro sehen wollte. Der Raum, den der kurz vor seiner Emeritierung stehende Schwan mit antiken Stücken aus seinem eigenen Besitz möbliert hatte, war in ein schummriges Halbdunkel getaucht, das Herzfelds Netzhäute als ausgesprochen wohltuend empfanden. Es wurde nur von dem diffusen Lichtkegel der Messinglampe mit dem grünen Glasschirm auf dem Schreibtisch des Direktors unterbrochen.
Herzfeld gab sich dennoch Mühe, nicht in die Richtung des Lichts zu schauen, weil er befürchtete, dass dann der stechende Schmerz in seinen Schläfen, der ihn trotz mehrerer Paracetamol-Tabletten die ganze Nacht geplagt und vom Schlaf abgehalten hatte und der erst in den frühen Morgenstunden etwas abgeklungen war, wieder zurückkehren würde. Inzwischen hatte sich Herzfelds Nase auch einigermaßen mit dem Geruch von Schwans unvermeidlichem altmodischen Aftershave arrangiert, in dem der Direktor allmorgendlich zu baden schien.
Nach einer Weile drehte sich der untersetzte, knapp sechsundsechzigjährige Mann, wie immer ein Bild an Würde und Ernsthaftigkeit, zu ihm um, reichte ihm ein gefülltes Wasser-

glas und nahm ihm gegenüber in einem Sessel hinter seinem Schreibtisch Platz. Als sich der Direktor setzte, hörte Herzfeld seine Knie deutlich knacken – die Kniegelenksarthrose, unter der der ältere Mann seit geraumer Zeit litt und die ihn mittlerweile daran hinderte, noch selbst stundenlang im Sektionssaal zu stehen. Herzfeld nippte an dem Wasser.

»Kein Wunder, dass Sie am Ende sind, Kollege Herzfeld«, sagte Schwan. Der eindringliche Blick seiner wachen Augen, die sein körperliches Alter in keiner Weise widerspiegelten, ruhte auf Herzfeld.

»Was meinen Sie? Dass ich als erfahrener Rechtsmediziner während einer Obduktion schlappgemacht habe?«, fragte Herzfeld und stieß ein humorloses Lachen aus. Er wusste, dass der Direktor immer bestens informiert war über alles, was innerhalb der Institutsmauern vor sich ging, und zudem über jeden, der auch nur einen Fuß ins Gebäude setzte – auch wenn seine Mitarbeiter ihn manchmal tagelang nicht zu Gesicht bekamen.

»Nein«, antwortete Schwan, »das meine ich nicht. Sie haben in den letzten Wochen Außergewöhnliches durchmachen müssen. Sie haben schreckliche Dinge erlebt und in Abgründe geschaut. Sie haben bei all dem, was sich ereignet hat, eine Grenze überschreiten müssen, die keiner von uns jemals überschreiten sollte.«

»Worauf wollen Sie hinaus? Welche Grenze meinen Sie?«, fragte Herzfeld, obwohl er bereits ahnte, worauf Schwan anspielte.

»Man kann durchaus sagen, dass Lebensgefahr und Tod unsere täglichen Begleiter sind, Herr Kollege. Aber diesmal waren sie es nicht in der üblichen Form, mit der wir als Rechtsmediziner sonst damit in Berührung kommen. Wenn wir über die schriftlichen Vermerke in den Ermittlungsakten oder durch die mündlichen Berichte der Beamten der Mordkommission damit konfrontiert werden, können wir das Gräuel und die Gewalt für unser eigenes Leben eigentlich immer ohne Probleme ausklammern. Diesmal war Ihr persönliches Umfeld, Ihre Familie direkt betroffen. *Das* meine ich mit der Überschreitung einer Grenze. Es ist etwas geschehen, was uns als objektivem Betrachter des Todes in all seinen Facetten niemals passieren darf. Sie waren *persönlich* betroffen. Sie waren gezwungen, bis zum Äußersten zu gehen. Und ...« – der Direktor sah Herzfeld intensiv in die Augen – »Sie waren bereit dazu. Sie haben Ihr gewohntes Terrain verlassen, und diese Grenze haben Sie ganz bewusst überschritten.«

»Was hat das mit meinem Zusammenbruch im Sektionssaal gestern Morgen zu tun?«

»Alles. Das, was Sie und Ihre Verlobte, Frau Schirmherr, erlebt haben, hat etwas mit Ihnen gemacht.«

Das traf den Nagel auf den Kopf. *Professor Schwan hat es wieder mal mit einer scharfsinnigen Analyse auf den Punkt gebracht,* dachte Herzfeld.

Unter vorgehaltener Waffe und vor den Augen des offensichtlich vollkommen wahnsinnig gewordenen Schneider, bis dahin Oberarzt und Schwans Stellvertreter am Kieler Institut für Rechtsmedizin, hatte Herzfeld die provisorische Obduktion einer in einem Schuppen aufgebahrten Frau mit einem Küchenmesser durchführen müssen, während seiner Verlobten Petra für den Fall, dass Herzfeld bei der Klärung der Todesursache der Frau versagte, ein grausamer Strangulationstod drohte.

Nach einer nervenaufreibenden Hetzjagd und nachdem er Herzfeld um ein Haar mit sich ins Verderben gerissen hätte, war Schneider schließlich aus über drei Metern Höhe in die eiskalten, schwarzen Wassermassen der Schlei gestürzt, um seiner Festnahme zu entgehen – Herzfeld war sich sicher, dass der Wahnsinnige das mit Absicht getan hatte. Ein Sprung aus dieser Höhe in ein Gewässer war durchaus etwas, das man überleben konnte, aber nicht angesichts der eisigen Kälte des Wassers – an jenem Tag hatte sich der Winter von seiner wahrhaft entfesselten Seite gezeigt. Den ganzen Tag über hatte ein furchtbarer Schneesturm gewütet, der die vergebliche Suche nach dem verrückten Schneider noch zusätzlich erschwerte.

Aber auch wenn er wusste, dass Schwan recht hatte, wollte Herzfeld es nicht hinnehmen, dass diese Erlebnisse Petras und sein Leben – und damit auch das Leben ihrer gemeinsamen Tochter Hannah – für immer verändert hatten. »Das mag ja alles sein«, räumte Herzfeld ein. »Aber was soll ich denn nun Ihrer Meinung nach tun, Chef? Mich verkriechen? Ich dachte, es ist das Beste, wenn ich so bald wie möglich wieder in der Normalität ankomme. Und dazu gehört unser Tagesgeschäft im Sektionssaal. Je eher ich wieder Routine habe, umso besser. Auch wenn Schneiders Leiche bisher nicht gefunden wurde und man sich deshalb in den wildesten Spekulationen ergehen könnte, versuche ich, mit diesem ganzen Irrsinn der letzten Wochen abzuschließen.« Herzfeld machte eine kurze Pause, ehe er hinzufügte: »Jedenfalls so mehr oder weniger.«

»Eben«, sagte Schwan. »Mehr oder weniger. Und genau da liegt das Problem, scheint mir.«

Herzfeld nickte. Er wusste, wann es keinen Sinn mehr hatte, Schwan zu widersprechen. Schließlich war der ältere Mann nicht von ungefähr seit über zweieinhalb Jahrzehnten Direktor des renommierten und traditionsreichen Kieler Instituts für Rechtsmedizin. Also erwiderte Herzfeld jetzt nichts und hörte, was sein Chef ihm zu sagen hatte.

»Ich glaube«, fuhr Schwan fort, »es würde Ihnen guttun, ein wenig Abstand zu gewinnen. Zu Ihrer Arbeit hier im Institut. Zu dem, was Sie täglich auf unseren Obduktionstischen vorfinden. Und besonders zu allem, was Sie möglicherweise in irgendeiner Form an diese betrüblichen Vorfälle an jenem Tag und an Schneider erinnert.«

»Und wie genau haben Sie sich diesen Abstand vorgestellt? Wollen Sie mich irgendwo hier auf dem Campusgelände zu einer Schreibtischtätigkeit verdonnern?« Herzfeld biss sich im selben Moment auf die Lippen, als diese Worte seinen Mund verlassen hatten, denn er hatte sie schärfer formuliert als beabsichtigt.

»Nun, offen gestanden schwebt mir tatsächlich eine – selbstverständlich nur temporäre – Unterbrechung Ihrer Arbeit hier am Institut vor. Nur für ein paar Wochen. Für diese Zeit kann ich Sie entbehren, wenn ich auch nicht glaube, Sie dauerhaft ersetzen zu können, seien Sie da unbesorgt. Frau Kollegin Westphal könnte die Leitung der Obduktionen vorläufig übernehmen. Und mit Doktor Fleischer habe ich auch gesprochen. Er sagt, er ist flexibel mit seinem Altersteilzeitmodell und kann uns für eine Weile auch drei oder sogar vier Tage die Woche im Saal unterstützen. Von Waldstamm ist ja mittlerweile auch schon einige Zeit hier und hat sich gut eingearbeitet, insofern kann er das gesamte Spektrum der Sektionsassistenz mit Frau Bartels zusammen abdecken. Und …« – über das Gesicht des Direktors huschte ein spitzbübisches Grinsen – »… ich bin ja auch noch da. Wenn es hart auf hart kommt, ziehe ich mir wieder die Gummistiefel und die Schürze an.«

Herzfeld starrte den Direktor an, in dem Bemühen herauszufinden, ob dieser sich mit seiner letzten Bemerkung einen Scherz erlaubt hatte oder es tatsächlich ernst meinte.

»Ich sehe Ihnen an, dass Sie mit dieser Idee nicht ganz glücklich sind, Herr Herzfeld«, sagte Schwan mit der Andeutung eines Lächelns.

»Die Kompetenz meiner Kollegen steht außer Frage«, sagte Herzfeld, »Aber …«

»Sehen Sie, dieses *Aber* sollten Sie meine Sorge sein lassen, immerhin bin ich der Direktor des Instituts, daher obliegt mir auch die Hoheit über Personalentscheidungen und die Verantwortung für meine Mitarbeiter.«

»Natürlich, aber …«

»Ja?«, fragte Schwan. Etwas Ungeduldiges hatte sich in seine Stimme geschlichen.

»Bei allem Respekt, Chef, aber Frau Westphal ist mit ihren derzeitigen Aufgaben doch schon mehr als ausgelastet. Und Kollege Fleischer – ich möchte unter keinen Umständen, dass er meinetwegen …«

»Wie gesagt, Herr Herzfeld, lassen Sie das bitte meine Sorge sein. Ein schlechtes Gewissen steht Ihnen in dieser Sache ja nun wirklich nicht an.«

»Na gut«, sagte Herzfeld. »Was schlagen Sie denn genau vor, was ich machen soll, während meine Kollegen in Arbeit ersticken?« Er versuchte, seiner Aussage einen scherzhaften Anstrich zu geben, obwohl er sich in der Situation alles andere als wohlfühlte. Den Kollegen so etwas aufzubürden, bloß weil er einen kleinen Schwächeanfall gehabt hatte, war einfach nicht sein Stil. Genau genommen widersprach es sogar allem, wofür Herzfeld stand.

»Sehen Sie, Herr Herzfeld, es gibt etwas, das ich mir wirklich nicht leisten kann, und das ist, Sie für einen längeren Zeitraum entbehren zu müssen. Oder Sie sogar ganz zu verlieren. Das, was Sie gestern erlebt haben, war ein Weckruf. Auch Sie haben eine Belastungsgrenze, und ich muss darauf bestehen, dass Sie diese respektieren. In unser aller Interesse. Und glauben Sie mir, ich verstehe Ihre Schwierigkeit, das einzusehen.«

»Sie beurlauben mich also?«, sprach Herzfeld das Offensichtliche aus, und Schwan nickte.

»Ordnen Sie Ihre Gedanken, ziehen Sie sich ein bisschen zurück aus alldem hier. Fahren Sie mit Ihrer Verlobten ein paar Tage oder auch Wochen weg, verbringen Sie Zeit mit Ihrer kleinen Tochter, und vor allem …« Schwan beugte sich auf seinem Sessel vor und deutete mit dem ausgestreckten Zeigefinger in Herzfelds Richtung, wie ein Lehrer, der seinen Schüler ermahnt. »Vor allem lassen Sie sich während dieser Zeit nicht im Institut blicken. Das ist eine Dienstanweisung!«

Die Aussicht darauf, etwas Zeit mit seiner Tochter Hannah verbringen zu können, stimmte Herzfeld versöhnlicher. Schwan hatte recht, sie sah ihren Vater tatsächlich viel zu selten. Sie aufwachsen zu sehen kam Herzfeld manchmal vor wie ein Film, der mit einer Zeitrafferkamera gedreht wurde. Eben noch ein Säugling, und jetzt schon fast in der Schule – wo war all die Zeit nur geblieben? Nun, am Obduktionstisch, an Leichenfundorten oder in Gerichtssälen hauptsächlich, das war in seinem Fall die einfache wie niederschmetternde Antwort, wie er sich selbst eingestehen musste.

Herzfeld nickte langsam. »Also gut. Einen Monat Auszeit. Aber bitte nicht länger.«

»Ausgezeichnet!«, freute sich Schwan und stand auf, um Herzfeld die Hand zu reichen. *Beinahe,* dachte Herzfeld, der sich jetzt ebenfalls aus dem geräumigen Sessel erhoben hatte, *als besiegelten wir einen Pakt.* »Dann erwarte ich Sie in vier Wochen wieder zur Arbeit, bestens ausgeruht und mit neuem Tatendrang.«

Herzfeld versprach es und wandte sich zum Gehen.

Sosehr sich Herzfeld auf die Zeit mit Hannah freute, so setzte dies jedoch zunächst voraus, dass seine Tochter von Petras Eltern, bei denen Petra sie nach ihren traumatischen Erlebnissen einquartiert hatte, wieder zurückkehrte.

Dazu würde er allerdings ein langes Gespräch mit Petra führen müssen, und das war eine Aussicht, der Herzfeld mit gemischten Gefühlen entgegensah.

3

25. Januar, 14.57 Uhr
Kroatien. Eine Landstraße nahe Split

Branković blinzelte zum wiederholten Mal den Schweiß weg, der ihm in die Augen rann. Immer wieder lösten sich winzige Tröpfchen von seinen Augenbrauen. Seine Stirn sah aus, als habe er frisch geduscht, was er allerdings in Wahrheit das letzte Mal vor zwei Tagen getan hatte. Seitdem war der Mann mit dem buschigen Schnurrbart und der großen Brille in seinem Auto gefahren, praktisch ohne Unterlass, zunächst nur einem wilden Zickzackkurs folgend, über dessen Verlauf er erst Augenblicke vor der nächsten Kreuzung spontan entschieden hatte. Natürlich, um *sie* abzuhängen. Wie ein Hase, der Haken schlägt, um dem Wolf zu entkommen, der letztlich doch meistens schneller war als er – und viel gefräßiger.
Gut möglich, dass er sich das Ganze nur einbildete – oder zumindest einen Teil davon. Immerhin war er Ingenieur und somit ein Mann der Wissenschaft, und als solcher war ihm bewusst, dass drei Tage fast ohne Schlaf und mit lediglich Kaffee als Grundnahrungsmittel Verheerendes mit der Psyche eines Menschen anrichten konnten. Aber was, wenn er sich nicht irrte? *Nur weil du paranoid bist, heißt das nicht, dass sie nicht hinter dir her sind*, gingen ihm die berühmten Worte von Joseph Heller durch den Kopf.
War er paranoid?
Hatten sie ihn schon so weit, dass er sich vor seinem eigenen Schatten fürchtete? *War* da etwas in der Dunkelheit? Etwas Gieriges, Raubtierhaftes, das Zähne und Krallen nach ihm ausstreckte? Ein Schattenwolf?
»*Sranje!*«, fluchte er auf Kroatisch. »Scheiße!«
Mit dem schmutzigen Hemdsärmel wischte Branković den

Schweiß von seiner Stirn, dabei war es in dem Auto alles andere als warm. Die Heizung des kleinen Lada Kombi hatte bereits vor Stunden den Geist aufgegeben, nachdem die Warnlampe der Anzeige mehrfach Überlastung signalisiert hatte. Vermutlich leicht zu reparieren, dachte er. Aber nicht jetzt. Beim nächsten Halt, vielleicht. An der nächsten Tankstelle.

Brankovićs Augen schmerzten. Von dem Schweiß, natürlich, aber auch von der Übermüdung. Selbst die Wirkung von Koffein hatte ihre Grenzen. Er warf einen Blick auf den Tacho, zwang sich, etwas vom Gas zu gehen. Die Aufmerksamkeit eines übereifrigen Dorfpolizisten, wenn auch unwahrscheinlich, war so ziemlich das Letzte, was er jetzt gebrauchen konnte. Seine Rechte zuckte nervös zu seinem Schnurrbart, der auf seiner Oberlippe zitterte, auch dieser war schweißfeucht. Er zupfte daran, eine alte Angewohnheit, wenn er nervös war.

»Reiß dich zusammen!«, schimpfte Branković in die Stille des Wageninneren. Als er nach der gigantischen 2,5-Liter-Thermoskanne im Fußraum des Beifahrerplatzes griff, fiel sein Blick auf den Prototyp auf dem Sitz neben ihm, den er in eine alte, hölzerne Munitionskiste gepackt hatte, davon hatten ja genug überall herumgelegen nach dem Jugoslawienkrieg. Und jetzt war er – ohne zu wissen, wie – abermals in einen Krieg geraten. Einen, in den keine UN-Blauhelme eingreifen würden und über den keine einzige Nachrichtenstation berichten würde. Ein stummer Krieg. Ein Schattenkrieg.

Branković wuchtete die Thermoskanne zwischen seine Knie auf den Sitz, öffnete den Deckel, der gleichzeitig als Becher diente, und platzierte ihn ebenfalls sorgsam zwischen seinen Beinen, ohne die Augen von der Fahrbahn vor ihm zu lassen. Nicht bei diesem Tempo. Nicht mit dem Prototyp neben sich, dem einzigen seiner Art. Er schraubte den Deckel ab, dann hob er die Kanne prüfend an. Ein Rest Kaffee war noch drin, vermutlich kalt. Egal. Schlimmstenfalls gäbe es ein paar neue Flecken auf seinem Hemd, das ohnehin inzwischen eher ein Fall für den Müll war statt für die Wäsche. Aber das spielte keine Rolle – nichts würde mehr eine Rolle spielen, wenn er den Prototyp nicht in Sicherheit brachte.

Branković setzte die Kanne gerade an, als er die Bewegung wahrnahm. Ein dunkler Fleck am Himmel, der vorbeihuschte, jetzt schon wieder aus seinem Sichtfeld verschwunden – oder war da doch gar nichts gewesen?

Er stellte die Kanne zurück in den Fußraum vor dem Beifahrersitz. Plötzlich war der Kaffee nicht mehr wichtig und Branković hellwach. Mit zusammengekniffenen Augen suchte er den Himmel vor sich ab. Seit einer Weile war ihm schon kein Fahrzeug mehr begegnet. Auch die Straßengräben und die Felder beiderseits der Straße lagen verlassen da.

Nichts, da ist nichts.

Branković drosselte das Tempo erneut, obwohl die Straße vor ihm schnurgerade war, der nächste Wald irgendwo hinter den Feldern auf der linken Seite.

Etwas huschte jetzt erneut durch sein Sichtfeld, diesmal im Rückspiegel! Er zuckte regelrecht zusammen. Er hatte etwas im Rückspiegel gesehen, über der Fahrbahn hinter ihm auf der Straße. Er drehte sich um, sah durch die Heckscheibe auf die Landstraße hinter sich – was immer es gewesen war, nun war es wieder fort.

Branković vermeinte ein Geräusch zu hören, ein Surren vielleicht oder ein Brummen, das vorher nicht da gewesen war. *Der Motor? Hoffentlich nicht der Motor!* Natürlich hatte er den Wagen nicht geschont, aber der Lada war zu Beginn der Fahrt gut in Schuss gewesen, er hatte ihn schließlich stets selbst gewartet. Das Summen verschwand, und Branković atmete auf.

Im nächsten Moment stieß das Ding vor ihm aus dem Himmel herab, und jetzt sah er es erstmals richtig. Eine fast futuristische Silhouette, die sich als schwarzes Etwas deutlich von dem Bleigrau des Himmels abhob. *Eine Drohne!*

All seine Fluchtmanöver waren vergeblich gewesen, all das Hakenschlagen umsonst. *Das war es also, sie haben mich.*
Intuitiv trat Branković aufs Gaspedal, der Motor heulte auf. Nun nahm er auch das Brummen wieder wahr, das diesmal eindeutig von der Drohne ausging. Und jetzt konnte er sehen, was genau ihn da verfolgte. Ein schwarzer Multicopter mit sechs oder acht in einer Ebene angeordneten Rotoren, so schnell konnte er das nicht erkennen. Das in mattem Schwarz lackierte Fluggerät hatte einen Durchmesser von eineinhalb bis zwei Meter, schätzte er. Auf jeden Fall war das Teil wendig und extrem schnell.
Und dann geschah alles gleichzeitig.
Als die Drohne in frontalem Kollisionskurs auf ihn zugeflogen kam, schrie Branković auf, verriss das Steuer reflexartig nach rechts, und einen Sekundenbruchteil später durchschlug der Lada die Leitplanke.
Mit einem entsetzlichen, kreischenden Geräusch wurde die linke Seite des Wagens von den verbliebenen Resten der Leitplanke aufgerissen wie eine Konservenbüchse. Messerscharfes Blech zerfetzte mühelos die dünne Polsterung der Tür und trennte das linke Bein des Ingenieurs ab, als wäre es das dürre Beinchen eines Insekts. Der Wagen verlor die Bodenhaftung und machte einen mächtigen Satz durch die Luft, bevor sich seine Front in den Boden eines abgeernteten Getreidefeldes grub. Vom Schwung des Aufpralls mitgerissen, bockte sich das Heck des Wagens auf wie ein störrisches Pferd, das nach hinten ausschlägt. Dann überschlug sich der Lada mehrfach und prallte dabei jedes Mal, mit abwechselnder Beteiligung von Front und Heck, hart auf den Untergrund auf, bis der Wagen selbst kaum noch als solcher zu erkennen war.
Als er schließlich zur Ruhe kam, auf dem zerbeulten Dach liegend wie ein unglücklicher Käfer, war sein Insasse längst tot, erschlagen und zerfetzt von Teilen des Fahrzeuginnenraums und der schweren Munitionskiste mit dem Prototyp,

der so wichtigen Ladung des Wagens, die mit der Wucht eines Geschosses kreuz und quer geflogen war.

All das wurde, bar jeder Emotion, von einem kleinen gläsernen Auge aus der Luft beobachtet, dem rundlichen Kameraobjektiv an der Unterseite der Drohne. Benzin aus dem zerfetzten Tank tropfte auf den Boden. Als kleine Flammen aus dem Wagen zu schlagen begannen, hatte das gläserne Auge offenbar genug gesehen. Surrend und schwarz, kaum mehr als ein Schatten, erhob sich die Drohne in die Luft, um sich anderen Dingen zuzuwenden.

4

25. Januar, 17.34 Uhr
Kiel. Wohnung Paul Herzfeld

»Ich könnte Hannah doch morgen nach Hause holen«, schlug Herzfeld vor.
Petra schüttelte energisch den Kopf. »Sie fühlt sich wohl bei meinen Eltern«, sagte sie. »Paul, im Moment will ich Hannah da auch nicht wegholen. Nicht nach Hause jedenfalls, zumindest noch nicht in den nächsten Tagen.«
»Wir könnten zu dritt in den Urlaub fahren«, schlug Herzfeld vor. »Und sei es nur für eine Woche.«
»Entschuldige, aber wie genau stellst du dir das vor? Willst du einen auf heile Welt machen? Soll ich unserer Tochter die fröhliche Mami vorspielen, als ob nichts gewesen wäre? Wollen wir probieren, ob sie bemerkt, dass ich immer noch jedes Mal panisch zusammenzucke, wenn es an der Tür klingelt oder ich irgendwo einen Koffer sehe? Dass ich jedes Mal Herzrasen und Atemnot bekomme, wenn irgendwo ein großer Mann mit hellblonden Haaren steht? Stellst du dir so vielleicht einen schönen Familienurlaub vor?«
»Nein«, seufzte Herzfeld. »Aber ich könnte mich doch um sie kümmern.«
»Du hast also mal ein paar Wochen frei, und da willst du plötzlich den Vater für sie spielen.«
»Warum denn nicht? Sie ist schließlich auch meine Tochter, Petra.«
»Ist ja schön, dass dir das auch mal auffällt, Paul. Aber vielleicht ist gerade das der Grund, warum ich glaube, Hannah sollte lieber noch ein bisschen bei meinen Eltern bleiben. Wo warst du denn die letzten Jahre? Im Institut, bei deinen Leichen! Und jetzt, denkst du, machst du vier Wochen einen auf

heile Familie und drückst so den Reset-Knopf? Und wir machen ganz normal weiter?«

»Ich versteh dich manchmal einfach nicht«, sagte Herzfeld.

»Momentan kann ich das einfach nicht, Paul, und daran wird sich vermutlich auch in den nächsten Wochen nichts ändern. Ehrlich gesagt bin ich froh, dass meine Eltern mir zumindest eine Sorge abnehmen. Ich habe immer noch viel zu viel mit mir selbst zu tun. Ich kann Hannah einfach nicht den ganzen Tag beschäftigen.«

Oder um dich haben, vervollständigte Herzfeld in Gedanken ihren Satz, obwohl er wusste, dass er Petra damit unrecht tat. Immerhin war sie es gewesen, die Hannah in den letzten Jahren umsorgt und großgezogen hatte, nicht er, der de facto eigentlich nie zu normalen Tageszeiten zu Hause gewesen war.

»Das klingt, als redest du von einem Haustier und nicht von unserer Tochter«, sagte er. »Und ich verstehe immer noch nicht, wieso du glaubst, ich würde es nicht auch allein auf die Reihe bekommen, für sie da zu sein.«

Petra schwieg. Aber ihre Augen sprachen Bände stummer Vorwürfe. *Weil du trotzdem die ganze Zeit in Gedanken bei deiner Arbeit wärst*, schienen sie zu sagen. Und tief in seinem Inneren wusste Herzfeld, dass sie damit vermutlich recht hatte.

»Ich meine, da bin ich mal eine längere Zeit zu Hause«, sagte Herzfeld, »und dann soll Hannah ausgerechnet in dieser Zeit bei deinen Eltern bleiben? Wo sie doch in den nächsten Kita-Ferien sowieso wieder bei ihnen in Kronshagen ist? Ich kapiere wirklich nicht, was das soll.«

»Gut, dann muss ich es wohl aussprechen«, sagte Petra leise.

»Ich bitte darum«, sagte Herzfeld. Härter, als er es beabsichtigt hatte.

»Ich will sie jetzt nicht *hier* haben, okay? Nicht bei mir und …« Sie zögerte. »Und nicht in *deiner* Nähe.«

»Wie bitte?« Herzfeld starrte Petra verständnislos an. Hatte er sich diese Worte nur eingebildet oder waren sie tatsächlich gerade aus Petras Mund gekommen?

»Entschuldige«, lenkte Petra ein, »so war das nicht gemeint. Ich meine, sie soll nicht in der Nähe deiner Arbeit sein und … all dem anderen. Was dich so umgibt.«

»Zum Beispiel?«, fragte Herzfeld. »Es ist ja nicht so, dass ich vorhabe, sie während meiner freien Tage mit ins Institut zu schleppen und neben den Obduktionstisch zu stellen, damit sie ein bisschen zuschauen kann. Oder mir Arbeit mit nach Hause nehme und hier am Küchentisch mal eben ein paar Herzen und Nieren seziere …«

»Mach dich jetzt nicht darüber lustig, Paul!«, unterbrach Petra ihn energisch, und nun hatte sich ein Ton in ihre Stimme geschlichen, der sich nur als eisig bezeichnen ließ. »Das meine ich auch gar nicht.«

»Und was meinst du dann?«

»Ich meine, dass dein irrer Kollege mich entführt hat, während er dich unter vorgehaltener Waffe dazu zwang …«, Petras Stimme versagte.

»Aber wie hätte ich denn deiner Meinung nach reagieren sollen? Ich …«, begann Herzfeld, aber er kam nicht weit.

»Komm mir jetzt nicht so. Du weißt genau, worum es mir geht, Paul!«, rief Petra. Tränen hatten sich von den Lidern ihrer Augen gelöst und liefen ihr über die Wangen. »Wie kannst du erwarten, dass ich Hannah so großziehe? In der Gesellschaft von Leichen und Verrückten!«

»Schneider ist tot«, sagte Herzfeld. *Vermutlich* tot, korrigierte er sich im selben Moment, ohne es auszusprechen.

»Und was die Leichen betrifft …«

»Ja, Paul, lass uns über die Leichen reden. Die sind doch sowieso dein liebstes Gesprächsthema. Manchmal glaube ich, die interessieren dich sogar mehr als …« Petra hielt inne, als sie Herzfelds schockierten Gesichtsausdruck bemerkte. »Paul, ich …«, begann sie erneut, und ihre Tränen flossen nun noch heftiger. »So habe ich das nicht gemeint, Paul. Es ist nur …«

Herzfeld fühlte sich, als würde er zu Stein erstarren. Er wollte Petra in den Arm nehmen, aber er konnte es nicht.

Ich muss hier raus, dachte er, *sofort!*

Eine Weile standen sie nur so da und schauten sich an. Unfähig, dem, was sie fühlten, mit Worten Ausdruck zu verleihen.

»Ich muss noch mal los«, sagte er schließlich, und Petra nickte kurz, ohne ihn dabei anzusehen.

»Wir reden später weiter«, sagte er, während er seinen braunen Winterparka überzog. Petra wischte sich die Tränen fort und schenkte ihm den Versuch eines schmallippigen Lächelns. Herzfeld drehte sich um und verließ die Wohnung.

5

26. Januar, 8.34 Uhr
Kiel. Institut für Rechtsmedizin der Universität

Es klopfte, und kurz darauf steckte Herzfeld den Kopf zur Tür herein.

»Guten Morgen, Kollege Herzfeld«, sagte Schwan und sah von den Papieren auf, die vor ihm auf dem Schreibtisch lagen. »Kommen Sie nur herein.«

Herzfeld kam der Aufforderung nach und setzte sich auf den Besuchersessel gegenüber Schwan an dessen ausladenden Schreibtisch.

»Offen gestanden hätte ich nicht erwartet, so bald schon wieder in Ihrem Büro zu sitzen«, sagte er. »Zumal ich mich erinnere, dass Sie mir dergleichen explizit untersagten während meines …« – er zögerte – »… während meines Urlaubs.«

Schwan erwiderte Herzfelds Worte mit einem Lächeln, aber er glaubte, in dessen Zügen eine Art gespannter Erwartung zu erkennen. Von einem Mitarbeiter wie Herzfeld hatte Schwan nichts anderes erwartet, und es bestätigte ihn in der Richtigkeit der Entscheidung, die er für sich bereits getroffen hatte. Wobei sein Plan natürlich erst nach Herzfelds Zustimmung umgesetzt werden konnte.

»Mich überrascht es ehrlich gesagt auch, Herr Herzfeld«, sagte Schwan. »Aber wie der Zufall so spielt …« Herzfeld schien gebannt zu lauschen. »Gestern erhielt ich noch den Anruf eines guten Bekannten aus Studientagen, Doktor Klaus Kießling. Er ist seit vielen Jahren Ärztlicher Direktor des Elbklinikums in Itzehoe.«

»Elbklinikum Itzehoe«, wiederholte Herzfeld und sah ihn fragend an.

Er klang nicht eben beeindruckt, fand Schwan. Er hatte sich

das schon gedacht, aber schließlich war ja genau das der Witz an der Sache. Allerdings nur, wenn Herzfeld auch mitspielte.
»Das Elbklinikum Itzehoe ist ein peripheres Krankenhaus der Maximalversorgung. Sechshundert Betten, sämtliche Fachdisziplinen. Keine kleine Kreisklinik, sondern ein hochmodernes Klinikum – nur natürlich ohne Rechtsmedizin«, setzte Schwan hinzu. »Wie dem auch sei, mein lieber Herzfeld. Doktor Kießling hat jedenfalls ein Problem, beziehungsweise das Elbklinikum in Itzehoe hat eines.« Dann wiederholte er in knappen Worten, was er tags zuvor von Kießling erfahren hatte. Auf dem Klinikgelände hatte es einen Unfall gegeben, in dessen Folge der dortige Pathologe verstorben war. Dieser Mann, ein gewisser Doktor Jan Petersen, erst Mitte vierzig, hatte nach seinem Tod eine kaum zu füllende Lücke hinterlassen, und so hatte Kießling seinen alten Studienkollegen Schwan in der Hoffnung angerufen, dass dessen weitreichende Beziehungen ihm eine geeignete Aushilfskraft bescheren könnten, bis längerfristiger Ersatz gefunden war.
»Und daher sucht Kießling gerade händeringend einen fähigen Pathologen, der so schnell wie möglich einspringen könnte. Sie wissen ja, wie schwer es ist, auf die Schnelle jemand Kompetentes zu finden.«
Herzfeld nickte zögernd. »Das ist natürlich eine bedauerliche Situation für den Ärztlichen Direktor«, sagte er dann. »Ich verstehe nur nicht, was das Ganze mit mir zu tun hat.«
»Nun«, sagte Schwan lächelnd und lehnte sich bedeutungsvoll mit seinem Oberkörper über seinen gewaltigen Schreibtisch in Herzfelds Richtung. »Ich dachte dabei an Sie.«
»An mich?«, fragte Herzfeld verblüfft.
»Was halten Sie davon, wenn Sie die Stelle des verstorbenen Pathologen in Itzehoe besetzen? Nur übergangsweise, wenige Wochen, bis Kießling anderweitig Ersatz gefunden hat.«
»Ich bin kein Pathologe«, erwiderte Herzfeld.
»Als Facharzt für Rechtsmedizin haben Sie die Pathologie in Ihrer Weiterbildungszeit durchlaufen. Sie hätten im Elbklini-

kum in Itzehoe die Möglichkeit, in einem verwandten Fachgebiet tätig zu sein. Als Rechtsmediziner verstehen Sie auf jeden Fall genug von der Pathologie, damit Kießling Sie sinnvoll einsetzen kann. Keine gewaltsamen Todesfälle, sondern das in der klinischen Pathologie übliche Einmaleins des natürlichen Todes. Das beherrschen Sie doch aus dem Effeff. Sie könnten in aller Ruhe wieder auf die Beine kommen.«
Sein Gegenüber schwieg für eine Weile und bemerkte dann: »Unter diesem Gesichtspunkt habe ich die Sache bislang noch nicht betrachtet.«
»Das freut mich, Herr Herzfeld. Also, was sagen Sie?«

6

30. Januar, 8.20 Uhr
Itzehoe. Elbklinikum, Büro Doktor Kießling

»Herr Kollege Herzfeld, wie schön«, begrüßte ihn der Mann, der sich hinter einem beeindruckenden Schreibtisch aus Edelholz erhob, als Herzfeld den Raum betrat. Optisch war der Itzehoer Klinikdirektor das absolute Gegenteil von Professor Schwan. Er war von eher gedrungener Statur, mit schlohweißen, kurz geschorenen Haaren. Eine halbmondförmige Lesebrille zierte seine Nase. Und auch wenn er ungefähr im gleichen Alter wie Schwan sein musste, so hatte Doktor Kießlings äußere Erscheinung dem Alter doch einen weit größeren Tribut gezollt. Seine elegante und hochpreisige Kleidung lenkte allerdings auf den ersten Blick von diesem Umstand ab.

»Herr Kießling, freut mich, Ihre Bekanntschaft zu machen.«

»Ganz meinerseits, lieber Kollege«, erwiderte der Ärztliche Direktor des Elbklinikums, »ganz meinerseits.«

Jetzt kam er, seinen mit Zierelementen aus Mahagoniholz reich dekorierten Schreibtisch umrundend, mit der ausgestreckten Rechten auf den Rechtsmediziner zu, die Herzfeld ergriff und schüttelte. Der Mann hatte lange, dünne Finger und fast zierliche Hände. *Chirurgenhände*, wie Petra zweifellos gesagt hätte. Der Gedanke an seine Verlobte versetzte Herzfeld einen kleinen Stich, und er konzentrierte sich sofort wieder auf das Naheliegende, nämlich den prüfenden Blick des Ärztlichen Direktors, der – zumindest für eine gewisse Zeit – sein neuer Vorgesetzter sein würde.

»Günther … ich meine, Professor Schwan hält ja sehr große Stücke auf Sie!«, verkündete Kießling mit einem Lächeln. »Ach was, er schwärmt geradezu von Ihnen.«

»Das war mir nicht bewusst«, sagte Herzfeld.

»Kein Grund zur falschen Bescheidenheit«, mahnte Kießling scherzhaft. »Aber ein Wetter bringen Sie mit, ich muss schon sagen …«

»Das lag nicht in meiner Absicht«, erwiderte Herzfeld. Kießling hatte recht. Seit seinem Aufbruch aus Kiel war das Wetter mit jedem Kilometer in Richtung Itzehoe ungemütlicher und aus dem leichten Nieselregen ein regelrechtes Schneegestöber geworden. Der Schnee taute allerdings sofort wieder und hinterließ nichts als schmutzig braune Tristesse in der schleswig-holsteinischen Landschaft.

»Natürlich nicht«, sagte Kießling, und das Lächeln war inzwischen wieder aus seinem Gesicht verschwunden. »Ich freue mich jedenfalls sehr, dass Sie hier sind, das können Sie mir glauben. Aber nun nehmen Sie doch bitte Platz.« Er deutete auf eine edle, lederbezogene Sitzgruppe am Fenster. An der Wand hinter der Sitzgruppe reihten sich in dekorativen Bilderrahmen Auszeichnungen und Zertifikate aneinander.

»Wärmen Sie sich ein bisschen auf, denn hinaus in dieses Unwetter müssen Sie heute ja nun nicht mehr. Ihre Gästewohnung können Sie nämlich glücklicherweise erreichen, ohne das Klinikgebäude verlassen zu müssen.«

»Das hört sich doch gut an«, sagte Herzfeld und schenkte Kießling ein Lächeln, das ihm selbst reichlich künstlich vorkam. Kießling schien davon nichts zu bemerken.

»In der Tat«, erwiderte der Ärztliche Direktor. »Darf ich Ihnen etwas anbieten? Meine Sekretärin bringt Ihnen gern einen frischen Kaffee – oder mögen Sie lieber Tee?«

»Nein, danke«, erwiderte Herzfeld.

»Na, wie Sie wollen«, sagte Kießling. »Sie werden das Büro von Doktor Petersen beziehen, Ihrem Vorgänger.«

»Der Pathologe, der ums Leben gekommen ist«, bemerkte Herzfeld.

»In der Tat. Bedauerliche Sache, äußerst bedauerlich. Aber ich bin sicher, Sie werden es wenig problematisch finden, Ihren Vorgänger in jeglicher Hinsicht zu übertreffen.«

»Wie meinen Sie das, wenn ich fragen darf?«, fragte Herzfeld zögernd.

»Nun ja«, sagte Kießling. »Die meiste Zeit war Doktor Petersen ein ganz untadeliger Kollege und auch kompetent. Wenn auch nicht übermäßig ... also ... nun, jedenfalls versah er seine Arbeit immer zur allgemeinen Zufriedenheit. Aber er war nun wirklich kein Mann Ihres Kalibers, ganz besonders nicht in den letzten Wochen, die diesem bedauerlichen Zwischenfall vorausgingen.«

»Ach«, sagte Herzfeld, unschlüssig darüber, was genau Kießling ihm damit in Wahrheit mitteilen oder auch *nicht* mitteilen wollte. »Nun, dann bedanke ich mich für das Vertrauen, das Sie in mich setzen, Herr Kießling.«

»Ja, Vertrauen habe ich«, sagte Kießling mit sichtbarer Erleichterung darüber, dass Herzfeld das Thema Petersen nicht weiter vertiefte. »Vollstes Vertrauen in Ihre Fähigkeiten, lieber Kollege. Sicher sind Sie schon ganz begierig darauf, eifrig ans Werk zu gehen.«

»Das bin ich in der Tat«, erwiderte Herzfeld, und ihm ging unvermittelt durch den Kopf, dass es nach dem gestrigen Gespräch mit Petra ohnehin in den nächsten Wochen weder einen gemeinsamen Familienurlaub noch eine entspannte gemeinsame Familienzeit geben würde.

»Gut«, sagte Kießling und schaute auf die Uhr. »Ganz ausgezeichnet.« Dann drückte er einen Knopf auf der Telefonanlage auf seinem Schreibtisch.

Eine weibliche Stimme meldete sich aus dem Lautsprecher. »Ja, Herr Direktor?«

»Frau Reusch, schicken Sie bitte Frau Hermanns zu uns. Sagen Sie ihr, ich habe Herrn Doktor Herzfeld hier, den Nachfolger von Petersen, sie weiß dann schon Bescheid.«

»Mache ich, Chef«, flötete die von der Anlage verzerrte Stimme der Sekretärin zurück.

7

30. Januar, 9.10 Uhr
Itzehoe. Elbklinikum

Levke Hermanns stellte sich als eine energische Brünette von etwa einem Meter fünfzig Körpergröße heraus. Sie musste ungefähr in Herzfelds Alter sein, und als sich die beiden in Kießlings Büro im dritten Stock der Klinik die Hand reichten, stellte Herzfeld aufgrund ihres kräftigen und zupackenden Händedrucks fest, dass sie das, was ihr an Körpergröße fehlte, wohl mit energetischem Potenzial wettmachte. Levke Hermanns hatte ein offenes, freundliches Gesicht, und um ihre grünen Augen waren zahlreiche Lachfalten zu sehen. Dadurch entstand der Eindruck, dass sie ihre Umgebung stets mit einem Drittel Skepsis und zwei Dritteln amüsierten Wohlwollens betrachtete. Sie war von untersetzter Gestalt, und ihr Teint wies eine Bräune auf, die nicht so recht zu der Jahreszeit passen wollte. Sie trug einen weißen Laborkittel mit dem Logo des Elbklinikums und ihrem Namensaufdruck auf der linken Brusttasche. Die Ärmel des Kittels hatte sie mehrfach umgeschlagen.

Kießling stellte die beiden einander vor. Levke Hermanns war seit sieben Jahren im Elbklinikum als Sektionsassistentin tätig und hatte in der dortigen Prosektur, der Sektionsabteilung der Klinik, erst Petersens Vorgänger bis zu dessen Verrentung und die letzten beiden Jahre bis zu seinem plötzlichen Ableben Petersen als rechte Hand bei den Obduktionen unterstützt. Zudem war sie für die Leichenverwahrung in der Leichenhalle des Klinikums und für sämtliche administrativen Tätigkeiten in der Prosektur zuständig, zum Beispiel für den Kontakt mit Bestattern, die Verstorbene im Auftrag der Angehörigen abholten, als auch für die Weiterleitung der Totenscheine an das Gesundheitsamt.

Nachdem sich die beiden begrüßt hatten, bat Kießling die Sektionsassistentin, Herzfeld im Klinikum herumzuführen und ihm sein Büro im zweiten Stock sowie seinen gesamten neuen Arbeitsbereich im Sektionssaal und im »Zuschnitt« der Pathologie zu zeigen – dem Bereich, in dem die Gewebeproben für die mikroskopische Untersuchung vorbereitet wurden.

»Kommen Sie«, sagte Levke Hermanns zu Herzfeld, den sie während Kießlings Ausführungen mit wachen Augen neugierig gemustert hatte, »ich zeige Ihnen Ihr neues Büro, und dann bringe ich Sie in die Prosektur, die Sie sich dann künftig mit mir teilen dürfen.«

»Sehr gern«, erwiderte Herzfeld und verabschiedete sich von Kießling mit einem Nicken, das dieser mit einer jovialen Handbewegung erwiderte.

Während sie zum Fahrstuhl gingen, der Kießlings Büro schräg gegenüberlag, bemerkte Levke Hermanns: »Sie gehören ja zu den wenigen Ausnahmen, die sich auch über den Tellerrand Ihrer Disziplin hinaus einen Namen gemacht haben. Als Doktor Kießling Sie gestern ankündigte und Ihren Namen erwähnte, hat es bei mir im Kopf gerattert. Und siehe da: Der Artikel über ›Tödliche Herzbeuteltamponaden durch Fehllagen von zentralen Venenkathetern‹ im *Schleswig-Holsteinischen Ärzteblatt* stammte tatsächlich von Ihnen. Hat hier ganz schön für Aufregung gesorgt bei den klinischen Kollegen. Jetzt bin ich ein bisschen beeindruckt, muss ich sagen. Ein solcher Meister seines Fachs wie Sie in unseren bescheidenen Hallen …«

Die Fahrstuhltüren öffneten sich, und sie stiegen ein.

»Das müssen Sie nicht sein«, sagte Herzfeld. »Aber ich freue mich, dass Sie den Artikel gelesen haben. Noch mehr freue ich mich natürlich, dass die hiesigen Kliniker diese mögliche Komplikation ihrer Tätigkeit jetzt im Hinterkopf haben.«

Levke Hermanns kam ohne Umschweife zur Sache, das war

Herzfeld sofort sympathisch. Er schätzte von jeher eine direkte, offene Art bei seinem Gegenüber.

Die gefällt mir, ging es Herzfeld durch den Kopf, *eine Sektionsassistentin, die weit über ihre eigentliche Profession hinausblickt, die ihre Arbeit anscheinend nicht nur kleinteilig sieht, sondern das große Ganze darin.*

Als sich die Fahrstuhltüren im zweiten Stockwerk des großen Klinikgebäudes wieder öffneten, traten sie auf einen weiteren Flur, der sich im selben schmucklosen Blassgrün präsentierte wie die restlichen Bereiche der Klinik. Nach ein paar Metern blieb Levke Hermanns vor einer weiß gestrichenen Tür stehen, von der offenbar das Namensschild seines Vorgängers hastig entfernt worden war, sodass unschöne Klebereste zurückgeblieben waren.

»Da wären wir«, sagte sie, zog ein Schlüsselbund aus der Tasche ihres Kittels und löste einen der Schlüssel. Sie schloss damit auf und reichte ihn dann Herzfeld. »Das wäre dann wohl Ihrer.«

»Danke«, sagte Herzfeld, während Levke Hermanns die Tür öffnete und den Blick auf ein sauberes, aber weitgehend schmuckloses Büro freigab. An den Wänden standen mehrere Aktenschränke und ein hüfthohes Sideboard, auf dem jemand einen frischen Blumenstrauß in eine etwas zu kleine Vase gezwängt hatte. Die Mitte des Raumes wurde von einem einfachen weißen Schreibtisch in Holzoptik beherrscht, dessen Platte sich im Wesentlichen ein Computermonitor und ein Telefon teilten.

Herzfeld fiel an der Raufasertapete rechts neben der Tür etwa auf Augenhöhe eine rechteckige, blasse Stelle auf. Er deutete darauf. »Da hing wohl ein Bild, das Doktor Petersen gehörte?«

Levke Hermanns musterte ihn mit ihren grünen Augen, in denen jetzt deutlich mehr Skepsis zu sehen war. Aber auch so etwas wie Anerkennung. »Sie sind ja ziemlich aufmerksam«, stellte sie fest.

»Eine Eigenschaft, die in meinem Beruf recht hilfreich ist«, erwiderte Herzfeld schmunzelnd.
»Ja, natürlich, ich meinte nur …« Sie brach mitten im Satz ab und sah jetzt plötzlich aus, als fühle sie sich nicht mehr wohl in ihrer Haut.
»Es ist wegen Petersen, nicht wahr?«, vermutete Herzfeld. »Ich muss schon sagen, ich bin ein bisschen überrascht, dass ihn Doktor Kießling bisher kaum erwähnt hat. Natürlich, ein Unfall ist ausgesprochen tragisch …«
Levke Hermanns' Augenbrauen schossen in die Höhe.
»Habe ich etwas Falsches gesagt?«, erkundigte sich Herzfeld, doch sie wandte sich ab und wich seinem fragenden Blick aus.
»Äh … ich denke, das sollten Sie wohl lieber mit dem Ärztlichen Direktor besprechen«, sagte sie ausweichend und wandte sich zum Gehen.
Während sie bereits die Klinke der Bürotür hinunterdrückte, deutete sie mit einer beinahe hastig wirkenden Geste in Richtung des Computers und wechselte das Thema: »Sie sollten alle Programme, die Sie brauchen, auf Petersens PC finden, und Sie sind natürlich auch über das System mit der digitalen Patientenverwaltung verbunden. Das Passwort steht auf dem kleinen Zettel, den ich Ihnen unters Telefon gelegt habe. Sie können das Passwort dann beim ersten Hochfahren des PC ändern, wenn Sie möchten. Falls Sie Probleme mit dem Rechner oder mit den Programmen haben, steht die Nummer der IT-Abteilung auch auf dem Zettel.«
»Gut zu wissen, Frau Hermanns, danke«, erwiderte Herzfeld, während er sie nachdenklich ansah.
»Okay, genügt Ihnen dieser kurze Blick in Ihr neues Büro fürs Erste?«, fragte sie mit einem etwas gezwungen wirkenden Lächeln. »Soll ich Ihnen jetzt den Sektionssaal zeigen?«
Herzfeld nickte. »Ich bin gespannt, was mich in den nächsten Tagen erwartet«, sagte er, seine Gedanken gingen jedoch in eine andere Richtung. *Ich muss dringend in Erfahrung brin-*

gen, was mit Petersen geschehen ist, wie er ums Leben kam. Irgendetwas stimmt hier nicht.

»Na, da erwarten Sie mal besser nicht zu viel, bei dem, was Sie sonst in der Kieler Rechtsmedizin gewohnt sind«, antwortete Levke Hermanns mit einem schiefen Grinsen, offenbar froh, dass Herzfeld das Ableben seines Vorgängers nicht mehr ansprach.

Herzfeld jedoch beschlich das ungute Gefühl, gerade mit einem Stock in das Einflugloch eines Wespennests gepikst zu haben.

8

30. Januar, 17.00 Uhr
Itzehoe. Büro des Klienten

Der Klient saß an seinem Mahagonischreibtisch und tippte einen achtstelligen Code in den Touchscreen, woraufhin der Bildschirm entsperrt wurde. Während die Software hochfuhr, lehnte sich der Klient in seinem bequemen lederbespannten Bürosessel zurück und streckte seine Beine, an deren Füßen maßgefertigte Slipper steckten, unter dem Tisch aus.

Dann wartete er, bis der Bildschirm ihm Bereitschaft signalisierte. Ein weiteres Nummernfeld zur Eingabe von Telefonnummern wurde sichtbar. Der Klient gab eine Ziffernfolge ein, die er auswendig wusste, und wartete, bis die Verbindung stand. Das dauerte bei diesem Gerät immer eine kleine Weile, weil sich die Software vorher in eine verschlüsselte Satellitenverbindung einwählte. Die daraus resultierende Kommunikation entsprach zwar nicht einmal dem technischen Standard aktueller Mobiltelefone für Normalnutzer, war aber absolut abhörsicher und nicht verfolgbar. Aus diesem Grund wurden ähnliche Verfahren mit Vorliebe von Geschäftsleuten auf der ganzen Welt genutzt, um wichtige Transaktionen zu besprechen, ohne befürchten zu müssen, diese Informationen direkt in die Hände der Konkurrenz oder neugieriger Behörden zu spielen.

Nachdem der Mann einen weiteren Moment gewartet hatte, kam die Verbindung endlich zustande, und auf dem Bildschirm tauchte jetzt das Gesicht einer jungen Frau auf. Hellblonde Haare waren zu einem strengen Pferdeschwanz nach hinten gebunden, die sanft geschwungenen Lippen durch einen dezenten Hauch Lippenstift zur Geltung gebracht, die eisblauen Augen stachen kalt unter den langen, hellblonden Wimpern hervor.

Fraglos eine attraktive Erscheinung, verhieß der Ausdruck der jungen Frau doch zugleich hundertprozentige Professionalität. Bei seinen Recherchen hatte er herausgefunden, dass wohl schon mancher ihrem verführerischen Äußeren in die Falle gegangen war, verbarg sich doch darunter der wahre Grund für ihren Decknamen – Snø, der norwegische Begriff für Schnee, was weniger als Hinweis auf ihr Äußeres, sondern vielmehr auf die Temperatur ihres Herzens zu verstehen war. Anfangs hatte sie sich zusammen mit ihrer Zwillingsschwester in den Straßen von Stavanger durchgeschlagen, einer Stadt an der Westküste Norwegens, deren Hafen für NATO-Manöver genutzt wurde. Wobei *durchschlagen* hierbei wörtlich gemeint war. Als ihr »Talent« zunächst der örtlichen Polizei und später den Sicherheitsbehörden aufgefallen war, hatte man sie vor eine Wahl gestellt. Während der nächsten Jahre war sie, zumindest wurde das so kolportiert, im Joint Warfare Centre, dem Schulungs- und Trainingszentrum der NATO, ausgebildet worden, um kurz darauf während eines Einsatzes spurlos für mehrere Jahre zu verschwinden. Aber auch diese Geschichte mochte vielleicht nur einen weiteren Teil ihrer perfekten Tarnung darstellen.
»Guten Tag«, sagte der Klient, und sie erwiderte den Gruß leidenschaftslos. »Ich danke Ihnen für die rasche Klärung unseres Problems in Kroatien. Ich durfte mich mittlerweile sogar in den sozialen Netzwerken davon überzeugen, dass Sie alles zu unserer vollsten Zufriedenheit erledigt haben.«
»Das freut mich zu hören«, entgegnete die Frau, deren hervorragendes Deutsch einen kaum wahrzunehmenden skandinavischen Akzent hatte, auch wenn ihr die Freude nicht anzusehen war, denn ihre eisblauen Augen schauten den Klienten völlig kalt, aber aufmerksam wie die eines Raubtiers auf dem Sprung vom Monitor aus an.
»Haben Sie sich auch um die Bergung des Prototyps gekümmert, um die ich Sie gebeten hatte?«
»Selbstverständlich«, antwortete die Frau. »Alles so, wie wir es besprochen hatten.«

»Und seine Aufzeichnungen?«
»Welche Aufzeichnungen?«, fragte die Frau und runzelte kurz die Stirn, bevor die Andeutung eines Lächelns über ihre fein geschwungenen Lippen huschte. *Offenbar hat sie gerade so etwas wie einen Scherz gemacht,* dachte der Klient erstaunt. *Hätte ich ihr gar nicht zugetraut.*
»Die waren alle fein säuberlich in Tagebüchern in seiner Werkstatt versteckt«, erklärte die Frau. »Aber jetzt nicht mehr.«
»Verstehe. Und was ist mit digitalen Aufzeichnungen?«
»Gab es nicht, dazu war er viel zu paranoid. Zu Recht, wie ich sagen würde.«
»Gut«, sagte der Klient, während er seinen Blick genießerisch über ihre attraktiven Gesichtszüge gleiten ließ. *Attraktiv, und so kalt wie eine Eisskulptur.*
»Dann schlage ich vor, Sie halten sich bereit«, sagte der Klient, um das Gespräch zu beenden. »Ich melde mich, auf den üblichen Kanälen, mit weiteren Anweisungen. Ich denke, ich kann Sie sehr bald hier vor Ort gebrauchen.«
»Wie Sie wünschen«, sagte die eisige Schönheit. »Sie kennen ja meine Konditionen.«
Daraufhin kappte der Klient die Verbindung und schaute nachdenklich zum Fenster in die sturmgepeitschte Landschaft hinaus. Er mochte dieses Wetter, für ihn zeugte es von Veränderung, und manchmal brauchte es eben einen gnadenlosen Pflug, um den Boden zu bestellen, das war ihm sehr wohl bewusst. Er hatte kein Problem damit, diesen Pflug durch den Boden zu führen.
Schließlich stand der Klient auf und begab sich zu einem Schrank aus schwarzem Mahagoni, hinter dessen Tür sich die Minibar befand. Er plante, einen seltenen fünfzigjährigen Scotch Whisky zu öffnen. Immerhin gab es den erfolgreichen Abschluss einer heiklen Mission zu feiern. Auf Eis in seinem Glas verzichtete er.

9

31. Januar, 8.32 Uhr
Itzehoe. Elbklinikum, Eingangsbereich

Mit einer flinken Bewegung zog sich Schwester Margit die kleinen Kopfhörer aus den Ohren und versteckte sie, als sie den Mann auf sich zukommen sah. Die füllige Johanniterschwester wusste, dass ihre musikalische Leidenschaft für ein bestimmtes deutsches Pop-Duo der Achtziger bei ihren Vorgesetzten auf keine große Gegenliebe stieß – insbesondere, wenn sie ihren Dienst am Empfang des Elbklinikums versah. Sie wusste sich jedoch manchmal keinen anderen Ausweg gegen die Langeweile, die gerade in den Stunden herrschte, in denen der Tresen des Krankenhauses nur schwach frequentiert wurde.

Leise die letzten Zeilen eines Liedes vor sich hin summend, in dem es um den Luxuswagen irgendeines Indianerhäuptlings ging, beugte sie sich über ein paar vor ihr aufgeschlagene Hefter und tat so, als bemerke sie den Näherkommenden nicht, während sie unter den Fransen ihres blonden Ponys in Richtung Gang lugte.

Wen sie da durch den Krankenhausflur auf sich zukommen sah, war Doktor Herzfeld, der Rechtsmediziner aus Kiel – allem Anschein nach ein Mann von Welt und ein recht attraktiver noch dazu. Doch wer konnte wissen, wie streng er es mit dem Dienst nach Vorschrift nahm und in welchem Verhältnis er zu Kießling stand? Ihr Chef behauptete ja stets, sie würde das Telefon nicht bemerken, bloß weil sie gelegentlich während der Arbeitszeit ein wenig Musik hörte.

Als Herzfeld ihren Tresen erreicht hatte, grüßte er sie mit einem freundlichen »Guten Morgen« und erkundigte sich, ob Untersuchungsmaterial, das von niedergelassenen Ärzten zur pathologischen Untersuchung ins Elbklinikum eingeschickt wurde, für ihn eingegangen sei.

»Guten Morgen, Herr Doktor Herzfeld«, flötete sie, »und nein, hier liegt heute nichts für Sie. Normalerweise würde Ihnen Frau Hermanns sofort Bescheid sagen, wir haben das zumindest immer so gemacht, als Doktor Petersen noch ...« Sie verstummte abrupt.

»Ich verstehe«, sagte Herzfeld und blickte ihr dann eindringlich in die Augen, was für einen kleinen, wohligen Schauer in ihrem Nacken sorgte. Hastig senkte sie den Blick. »Sagen Sie«, fuhr Herzfeld fort, »ich schaue von meinem Büro im zweiten Stock aus direkt auf ein Gebäude, das ziemlich am Rand des Klinikgeländes steht, beim Parkplatz. Oder vielmehr eine ausgebrannte Ruine. Sie wissen nicht zufällig, was es damit auf sich hat, oder? Ist schon ein ungewöhnlicher Anblick auf dem ansonsten so gepflegten Klinikgelände, daher frage ich mich ...«

Schwester Margit verschluckte sich fast und begann zu husten. *Der konnte vielleicht Fragen stellen. Wusste er denn nicht ...?*

Herzfeld wollte ihr zu Hilfe kommen, doch sie bedeutete ihm mit einer Geste, dass sie den kleinen Hustenanfall schon wieder überwunden hatte. Dann warf sie einen raschen Blick in beide Richtungen des langen Krankenhausflures und beugte sich über den Tresen, wobei sie ihren ausladenden Busen aufmerksamkeitsheischend in Position brachte, und flüsterte verschwörerisch: »Da drin ist doch Doktor Petersen gestorben!«

»Wie bitte?«, fragte Herzfeld verblüfft. »Aber wie ist das denn passiert?«

Mist, dachte sie, *warum kann ich nur mein dummes Plappermaul nicht halten?* Gleichzeitig war sie doch irgendwie auch stolz auf sich, da sie dem Kieler Rechtsmediziner soeben offenbar etwas mitgeteilt hatte, das für ihn eine Neuigkeit war. *Wenn Doktor Kießling nur nicht davon erfährt! Ihm dürfte gar nicht recht sein, dass ich über dieses Thema geredet habe. Wo er doch nicht gut zu sprechen war auf Petersen in den letzten Wochen und allen Mitarbeitern eingeschärft hat, kein Wort darüber zu verlieren, wenn wir weiterhin hier arbeiten wollen.* Hastig blätterte sie in ihren Akten, dann stieß sie rasch aus: »Oje, das hätte ich ja beinahe vergessen!«, schenkte Herzfeld ein entschuldigendes Lächeln und griff nach dem Telefonhörer, als müsse sie einen dringenden Anruf tätigen. »Sorry!«

Der Doktor runzelte zwar die Stirn, schien aber den Wink mit dem Zaunpfahl zu verstehen und wandte sich zum Gehen.

Dieser Herzfeld ist zwar ziemlich gut aussehend, dachte sie, während sie tapfer weiterlächelte und eine Nummer in das Telefonfeld tippte, *aber diese Neugier betreffend Petersen muss nun wirklich nicht sein. Es sei denn, er möchte es sich gleich von Anfang an mit dem Chef verscherzen.*

Während sie ihm nachdenklich hinterhersah, legte sie den Hörer wieder auf. *Er sollte das Thema Petersen lieber auf sich beruhen lassen,* dachte sie mit einem Anflug von Sorge.

10

1. Februar, 15.57 Uhr
Nahe Itzehoe. Villa Helge Nommensen

Schuldbewusst stellte Herzfeld fest, dass Kießling ihm die Langeweile wohl angesehen haben musste, die er während seiner ersten beiden Arbeitstage an seiner neuen Arbeitsstelle im Elbklinikum empfunden hatte. Im direkten Vergleich mit seiner weitaus spannenderen Tätigkeit in der Kieler Rechtsmedizin fühlte er sich in Itzehoe unterfordert, was sein tägliches Arbeitspensum betraf. Diese Feststellung hatte wohl bei seinem neuen Chef, Doktor Kießling, für einige Irritation und die halb im Scherz geäußerte Befürchtung gesorgt, Herzfeld könne den neuen Job gleich wieder hinschmeißen.

Deshalb hatte der Ärztliche Direktor offenbar kurzerhand beschlossen, ihn für diesen Nachmittag zu einer Galaparty bei einem, wie er es ausdrückte, »Förderer der Klinik« einzuladen.

Herzfeld befürchtete, dass er sich dort etwas deplatziert fühlen würde, hatte aber trotzdem zugestimmt. In jedem Fall war ein wenig gepflegte Unterhaltung eine deutlich bessere Aussicht, als in seiner Gästewohnung in einem Anbau im dritten Stock des Klinikums die Wand anzustarren.

Die gestrige Reaktion der Schwester am Empfang hatte seine Neugier geweckt. Vielleicht konnte er die entspannte Atmosphäre bei einer Galaparty nutzen, um von Kießling etwas über die näheren Todesumstände seines Vorgängers zu erfahren.

Die gemeinsame knapp zehnminütige Fahrt in seinem Jaguar über Landstraßen und Feldwege hatte Kießling dazu genutzt, Herzfeld zu erklären, dass sie zur Villa eines vermögenden Industriellen namens Helge Nommensen unterwegs waren.

Nommensen war als Gründer und Geschäftsführer zahlreicher Firmen, die sich in den 1990er-Jahren zunächst mit der sich damals rasch verbreitenden Mobilfunktechnologie und später als Internetprovider beschäftigten, sehr erfolgreich und in kürzester Zeit zu einem enormen Vermögen gekommen. Dieses hatte er in immer neue Unternehmenszweige sowie in- und ausländische Start-ups investiert. Mittlerweile war Nommensen Herr über ein regelrechtes Firmenimperium. Vor fünf Jahren hatte Nommensens Konzern außerdem eine schwedische Mobilfunkfirma mit Sitz in Norrköping übernommen und war seitdem mit der Errichtung von Mobilfunksendemasten der neuesten Generation im südwestlichen Schleswig-Holstein und im nördlichen Niedersachsen beschäftigt.
Seinen jüngsten Vertragsabschluss über die Errichtung von knapp zweihundert weiteren Mobilfunksendemasten, auch im nördlichen Schleswig-Holstein, hatte Nommensen zum Anlass genommen, seine zahlreichen ortsansässigen Freunde und Geschäftspartner sowie die regionale Politikprominenz an seinem Erfolg teilhaben zu lassen und gemeinsam auf die prosperierende wirtschaftliche Entwicklung der Region anzustoßen.
Am Umfang von Nommensens Vermögen ließ dessen luxuriöses Anwesen nicht den geringsten Zweifel aufkommen. Die geräumige Villa, ein modernes Ungetüm aus Glas und Beton, zu deren Ensemble mehrere Nebengebäude und vier Doppelgaragen zählten, lag inmitten eines riesigen, parkähnlichen Geländes auf einer Anhöhe etwa zehn Kilometer nördlich von Itzehoe. Eine gewundene Kiesauffahrt endete an einer breiten Freitreppe, die zum Eingangsbereich des Gebäudes führte. Dort wurden sie von zwei Servicekräften erwartet, die sie zu einem großen Konferenzsaal führten, wo ihnen mit federndem Schritt ein Mann entgegenkam. »Das ist er«, raunte Kießling verschwörerisch. »Nommensen.«
Mit seiner kräftigen, beinahe imposanten Statur wirkte ihr

elegant gekleideter Gastgeber, dessen Alter Herzfeld auf Mitte sechzig schätzte, fitter als einige der anwesenden Gäste, die gut und gern zwanzig Jahre jünger sein mochten. Er hatte die geschmeidigen Bewegungen eines Mannes, der körperliche Arbeit gewohnt war oder regelmäßig sportlicher Ertüchtigung nachging. Sein akkurat gescheiteltes volles Haar hatte einen aschgrauen Farbton, genau wie sein penibel gestutzter Schnurrbart. Mit dem markanten Kinn, den glatt rasierten Wangen und den kräftigen Kieferpartien erinnerten seine Züge an einen in die Jahre gekommenen Filmstar. Aber am auffallendsten waren seine blauen Augen, deren durchdringender Blick Herzfeld interessiert musterte, während er seine Hand mit festem Druck ergriff.

»Doktor Herzfeld«, begrüßte er Herzfeld mit einem offenen Lächeln, »wie schön, dass Sie uns mit Ihrer Anwesenheit beehren. Selbstverständlich habe ich Doktor Kießlings Bitte gern entsprochen, Sie noch kurzfristig mit hierher zu bitten. Wie Sie sehen, haben wir ja mehr als genug Platz.« Er zwinkerte Herzfeld zu. »Und seien Sie ganz unbesorgt, auch das Buffet kann problemlos noch einen zusätzlichen Esser vertragen.«

»Vielen Dank für die Einladung, Herr Nommensen«, sagte Herzfeld. In dem großen Saal waren etwa fünfzig Menschen versammelt, und Herzfeld konnte an Habitus und Gestik erkennen, dass es sich bei ihnen um Personen in beruflichen Führungspositionen und aus gehobenen sozialen Verhältnissen handeln musste, wohl die gesamte Itzehoer Prominenz.

»Anlässlich unserer kleinen Feier haben wir extra den Konferenzsaal herrichten lassen.«

»Sie haben einen Konferenzsaal in Ihrem Haus?«, fragte Herzfeld erstaunt und sah, wie Kießling lächelnd nickte. Offenbar war der Ärztliche Direktor mit den Gepflogenheiten ihres Gastgebers bestens vertraut. In diesem Moment entdeckte er offenbar einen weiteren Bekannten und entschuldigte sich.

»Sehen Sie«, wandte sich Nommensen gut gelaunt wieder an Herzfeld, als Kießling fort war, »für mich gibt es keine strenge Grenze zwischen Arbeit und Privatleben, das eine existiert bei mir nicht ohne das andere. Es ergibt ja auch wenig Sinn, meine Arbeit lediglich auf meine Anwesenheit in den Vorstandssitzungen der Firmen zu beschränken. Mir spuken ohnehin ständig neue Projektideen im Kopf herum, und ich wüsste auch gar nicht, was ich sonst mit all dem Raum hier anfangen sollte. Als Experte auf Ihrem Gebiet können Sie das sicher nachvollziehen. Es gibt doch wenig, was so befriedigend ist wie Arbeit, die einen fordert und erfüllt, nicht wahr?«

»Dem kann ich nur zustimmen«, sagte Herzfeld und musste unwillkürlich an Petra und ihren Vorwurf denken, ebendiesen Umstand betreffend.

»Es gibt nur eine Priorität für mich, die noch über der Arbeit steht«, führte Nommensen weiter aus, »und das sind meine Enkelkinder.« Er senkte die Stimme und beugte sich näher zu Herzfeld. »Seit dem Tod meiner Frau sind sie mein Ein und Alles. Ich kann ihnen einfach keinen Wunsch abschlagen, und vermutlich verwöhne ich sie auch viel zu sehr.« Er deutet auf einen Jungen und ein Mädchen im Alter von Erstklässlern, die gerade einem Ehepaar mittleren Alters die Funktion ihrer Tabletcomputer der neuesten Generation zu erklären schienen. Beide sahen dabei aus wie kleine, ernsthafte Wissenschaftler und waren ganz vertieft in die Funktionen des technischen Spielzeugs. Herzfeld verspürte einen Stich in der Brust, weil er dabei an Hannah denken musste, die nur unwesentlich jünger als die beiden sein konnte und die er mit jedem Tag immer schmerzlicher vermisste.

»Sind Ihre Enkel für Computerspielzeug nicht noch ein bisschen zu jung?«, fragte er und musste erneut an Hannah denken, deren kindliche Spielwelt sich neben einem Vorlesebuch mit dem vielsagenden Titel »Pupsi & Stinki« auf Puppen und Teddybären beschränkte, die ihre Großmutter mit viel handwerklichem Geschick selbst gefertigt hatte. In der Nähe eines

Computers oder gar des Internets hätte Herzfeld sie nur äußerst ungern gesehen. Das würde sie noch früh genug für sich entdecken. *Vermutlich viel zu früh,* ging es ihm durch den Kopf.

»Diesen Computer hat eine meiner Firmen gezielt für Grundschulkinder entwickelt. Die darauf vorinstallierten Spiele stellen die Kinder vor kleine Aufgaben, und wenn sie diese richtig lösen, belohnt sie der Computer mit einer kleinen Ansage oder einem Bild. Sie glauben nicht, wie viele Psychologen an dieser kleinen Kiste mitgearbeitet haben.«

»Dann stellen Sie also auch diese Computer her?«, fragte Herzfeld interessiert.

»Das auch, ja. Aber meine Ambitionen gehen noch ein bisschen weiter«, sagte Nommensen mit einem selbstbewussten Grinsen. »Auch wenn ich mich leider die meiste Zeit mit Buchhaltern und Juristen herumschlagen muss, gilt den neuen Technologien meine wahre Leidenschaft. Ich verpasse keine Entwicklung. Nichts, da werden Sie mir sicher zustimmen, stellt eine derartige Revolution unserer Zeit dar wie die flächendeckende Verbreitung von Computern in Firmen und privaten Haushalten. Und …« – er machte eine kurze Pause, während er einem gerade neu eingetroffenen Gast zuwinkte – »… ihre ständige Verfügbarkeit durch die Nutzung des mobilen Internets. Was sich da in den letzten Jahren bei den Zugangstechnologien getan hat, ist gewaltig, und die Möglichkeiten, die sich uns für die Zukunft noch bieten, sind schier grenzenlos.«

»Sicher«, sagte Herzfeld. Ob man deshalb auch schon Erstklässler auf Computerbildschirme starren lassen musste, stand für ihn jedoch auf einem völlig anderen Blatt. Dennoch fand er Nommensens Ausführungen durchaus faszinierend. Hier sprach ein Mann, der anscheinend mit Herzblut bei der Sache war, und das konnte Herzfeld bestens nachvollziehen.

»Und da ist es nur naheliegend, dass der flächendeckenden Verbreitung der neuesten Mobilfunktechnologie und des schnellsten Internets, das es je gab, seit einigen Jahren mein ganzer beruflicher Ehrgeiz gilt«, fuhr Nommensen fort. »Ich glaube, dass der damit verbundene Fortschritt in allen Technologiebereichen sogar noch die Folgen des Computers für die Menschheit übertreffen wird – und, mit Verlaub, sogar die der Dampfmaschine!«

»Das ist eine interessante These«, bemerkte Herzfeld. *Und eine etwas gruselige dazu*, dachte er, während er Nommensen folgte, der ihn zu einer Gruppe von Besuchern führte.

»Dann will ich Sie mal denjenigen vorstellen«, verkündete Nommensen jovial, »die hier in unserer Region Rang und Namen haben.«

11

1. Februar, 16.20 Uhr
Nahe Itzehoe. Grundstück Helge Nommensen

Der Mann war durch den dichten Fichtenwald gekommen. Dieser endete an einem schmalen, schlammüberspülten Feldweg, den seit Jahren kaum jemand mehr benutzte. Noch immer halb verborgen im Unterholz stehend, blickte er sich aufmerksam um. Der eisige Regen hatte für einen Moment ausgesetzt, aber nach wie vor trieben schwere, bleigraue Regenwolken über den Himmel und verdeckten die bereits tief stehende Sonne. Bald würde es wieder wie aus Kübeln gießen, aber das störte den Mann nicht, im Gegenteil, es würde seine Sache eher begünstigen.

Nachdem er ein weiteres Mal den Gegenstand betastet hatte, den er unter seiner Jacke verbarg, verließ er seine Deckung zwischen den Bäumen und schlich geduckt auf die penibel gestutzte Buchsbaumhecke zu, die das weitläufige Grundstück um Helge Nommensens Villa begrenzte. Sie bildete einen Kontrast zu dem urwüchsigen Nadelwald, den der Mann eben durchquert hatte, der stärker kaum sein konnte. Ein wölfisches Grinsen schlich sich auf seine hageren Gesichtszüge.

An der Vorderseite des Gebäudes und insbesondere in der Nähe des protzigen Eingangstores waren Kameras installiert, das wusste der Mann. Ein paar davon konnte man sehen, oder wenigstens die kleinen roten Lämpchen, die zwischen den Blättern der Hecke hindurchblinkten, aber, da war sich der Mann ganz sicher, es gab auch noch jede Menge versteckter Überwachungstechnik. Nommensen liebte bekanntermaßen technische Spielereien. Hier an der Rückseite des Grundstücks jedoch hatte der Mann bei seinen früheren Besuchen, als er das Gelände ausgekundschaftet hatte, keine Überwachungskameras entdecken können.

Als er eine bestimmte Stelle der Hecke gefunden hatte, ging der Mann in die Hocke und spähte durch ein direkt über der Grasnarbe gelegenes Loch in der Buchsbaumhecke, das er bei einem seiner früheren Erkundungsgänge entdeckt hatte und das gerade groß genug war, damit ein schlanker und einigermaßen sportlicher Mann durch die Öffnung hindurchrobben und auf den hinteren Bereich des Grundstücks gelangen konnte. Irgendein Tier musste sich auf der Suche nach Nahrung hier bereits des Öfteren durchgezwängt haben, und bisher war es von den Gärtnern, die mit dem gigantischen Grundstück im Sommer mehr als genug Arbeit hatten, die aber im Winter so gut wie nicht zu sehen waren, anscheinend noch nicht entdeckt worden.

Nach einem letzten prüfenden Blick legte sich der Mann auf den Bauch in das regennasse Gras und robbte vorwärts durch die Buchsbaumhecke.

Niemand bemerkte ihn.

12

1. Februar, 16.25 Uhr
Nahe Itzehoe. Villa Helge Nommensen

Nachdem Herzfeld bereits fast ein Dutzend Hände geschüttelt und kurze Begrüßungsfloskeln mit den Betreffenden ausgetauscht hatte, wurde er von Nommensen zu einer weiteren kleinen Gruppe von Gästen geführt, die gerade mit Cocktailgläsern in den Händen in eine angeregte Unterhaltung vertieft waren.

»Und hier haben wir den Grund«, sagte ihr Gastgeber mit einem breiten Grinsen, »warum wir uns heute Abend ganz besonders sicher fühlen dürfen.«

Dabei deutete er auf einen Mann, dessen hervorstechendstes Merkmal neben seiner erheblichen Körperfülle ein Haaransatz war, der bereits vor vielen Jahren seine Flucht in Richtung Hinterkopf angetreten hatte. Seine Augen, die sich unter den Wülsten seiner Lider zu Schlitzen verengt hatten, waren blutunterlaufen, so als plage den Mann eine ernste allergische Reaktion. »Das ist Thilo Evers, seines Zeichens Erster Kriminalhauptkommissar und unser hoch geschätzter Polizeichef und, wie ich sagen darf, ein teurer persönlicher Freund«, stellte Nommensen den beleibten Mann Herzfeld vor.

Der Polizeichef deutete ein Kopfnicken an, das Herzfeld weniger als Gruß empfand, sondern vielmehr als einen Ausdruck milder Herablassung und vielleicht sogar von Geringschätzung – auch wenn sich Herzfeld eigentlich sträubte, bei seiner Interpretation so weit gehen zu wollen. Bei der neben Evers stehenden Frau, die er auf Anfang fünfzig schätzte und bei der es sich offenbar um dessen Ehefrau handelte, blieben Herzfelds geschultem Blick nicht die seltsam starr wirkenden, fast maskenartigen Gesichtszüge verborgen, die deutlich mit der schlaffen Haut an ihrem Hals und Dekolleté kontrastierten – fraglos die Folge eines intensiven Faceliftings bei der Dame.

»Hauptkommissar Kai Denecke, die rechte Hand von unserem Polizeichef«, stellte Nommensen den Nächsten in der Runde vor, einen bulligen Mann mit militärisch kurz geschorenem, rotblonden Haar und Stiernacken, »der heute leider ohne seine bezaubernde Frau erscheinen musste.«

Auch Denecke nickte nur kurz und reserviert in Herzfelds Richtung, ehe er sich wieder zu Evers umdrehte.

Na, dachte Herzfeld, *das ist ja mal eine reizende Gesellschaft.* Er lächelte die beiden Männer und Evers' im Gesicht glatt gezogener Gemahlin trotzdem freundlich an. Unter Umständen würden die beiden Kriminalbeamten im Laufe der Party ja doch noch ein wenig auftauen, und womöglich fanden sie am Ende sogar heraus, dass sie gemeinsame Bekannte bei der Kieler Polizei oder Staatsanwaltschaft hatten.

Evers schien es sich tatsächlich gerade anders zu überlegen und wandte sich an Herzfeld, nachdem er einen Schritt auf ihn zugetreten war. »Sie sind also der Rechtsmediziner«, sagte er und maß Herzfeld mit einem prüfenden Blick, »der jetzt den Job von Petersen macht, wie man so hört.«

Herzfeld bejahte das und versuchte daran anknüpfend, das Gespräch vorsichtig auf den tödlichen Unfall seines Vorgängers zu lenken – ein Thema, dem Levke Hermanns und Schwester Margit so auffallend ausgewichen waren.

Es stellte sich allerdings heraus, dass auch die bei der Party anwesende Polizeipräsenz nicht sonderlich gewillt war, ihm weitere Einblicke zu gewähren. Ein bedauerlicher Vorfall sei der Tod von Petersen gewesen, erklärte Polizeichef Thilo Evers knapp. Hauptkommissar Denecke, der sich sofort in das Gespräch zwischen Herzfeld und seinem Chef einmischte, ergänzte, dass in dieser Sache noch ermittelt würde, weshalb Herzfeld sicher Verständnis habe, dass man ihm dazu im Moment nichts weiter sagen könne.

»Und überhaupt«, fügte Evers hinzu, »ist es unserem Gastgeber und auch Doktor Kießling gegenüber wohl überaus pietätlos, bei einer solchen Feier ausgerechnet über Petersen zu sprechen. Diese Sache hat alle hier ziemlich erschüttert.«
Anschließend starrten die beiden Polizisten ausgesprochen wortkarg in ihre Drinks, und Herzfeld entschuldigte sich nach einer knappen Minute unangenehmen Schweigens unter dem Vorwand, sich ein Getränk holen zu wollen – was die beiden Männer und Evers' chirurgisch bearbeitete Ehefrau ohne jede Reaktion zur Kenntnis nahmen.
Ich weiß, wann es besser ist, nicht weiter nachzuhaken, dachte er auf dem Weg zur Bar. *Was ich nur nicht verstehe, ist, warum ich, immer wenn ich den Namen Petersen erwähne, auf solch eine Mauer des Schweigens stoße.*
An der opulent ausgestatteten Bar auf der anderen Seite des Konferenzsaals traf er auf Kießling, der sich zuvor sofort, nachdem das Gespräch auf Petersen gekommen war, wortlos mit Nommensen von der kleinen Gruppe entfernt hatte.
»Herr Nommensen ist ja ein wirklich spendabler Gastgeber«, sagte Herzfeld und deutete auf das üppige Angebot an Getränken. *Vermutlich erwarten seine prominenten Itzehoer Gäste so etwas,* fügte er in Gedanken hinzu.
»Überaus großzügig, ja«, bestätigte Kießling. »Er hat unlängst ein Spezialgerät für unsere klinische Toxikologie gespendet, ein Massenspektrometer der neuesten Generation. Wenn das Gerät in ein paar Wochen kalibriert wird und seine Testphase bestanden hat, können wir im Klinikum einen neuen Vierundzwanzig-Stunden-Giftnotruf etablieren. Bisher mussten sich die Betroffenen in unserer Region an die Unikliniken in Kiel oder Hamburg wenden. Das ändert sich jetzt endlich, dank Helges Engagement. Er hat es sich nicht nehmen lassen, die gesamten Kosten für diese Neuanschaffung zu übernehmen.«
»Nicht schlecht«, staunte Herzfeld. »Mit der Massenspektrometrie haben Sie dann alle Möglichkeiten zum General Un-

known Screening bei unklaren Vergiftungsfällen oder einem entsprechenden Verdacht. Das ist wirklich eine sehr noble Geste von Herrn Nommensen. Ein solches Gerät ist eine ausgesprochen kostspielige Anschaffung.«

»Helge ist nicht nur ein extrem erfolgreicher Geschäftsmann, ihm ist auch daran gelegen, der Region, aus der er stammt, etwas von seinem Erfolg zurückzugeben. Und Medizintechnik ist ebenfalls eines von seinen vielen Interessengebieten.«

In diesem Moment wurde ihr Gespräch vom Geräusch eines Löffels unterbrochen, der gegen den Rand eines Sektglases schlug. Sofort verstummten die Gespräche, und alle Köpfe drehten sich in Nommensens Richtung.

»Verehrte Anwesende, meine lieben Freunde«, sagte Nommensen, »ich möchte mich für Ihr und euer zahlreiches Erscheinen heute bedanken. Es bedeutet mir sehr viel, dass dieses wichtige Bauvorhaben, dieser Vorstoß meiner Firma *Nommensen Technologies* in Richtung neuester Mobilfunktechnologie in meiner Heimatstadt auf so viel positiven Anklang stößt.«

Damit muss er wohl den kürzlich unterschriebenen Vertrag für die neuen Mobilfunksendemasten meinen, vermutete Herzfeld.

»Gestatten Sie mir nun, Sie zum Höhepunkt dieser Veranstaltung in den Wintergarten zu bitten, wo das Buffet schon bereitsteht. Außerdem erwartet Sie dort eine kleine Überraschung, die ich mir für Sie ausgedacht habe und die Ihnen noch lange in bester Erinnerung bleiben wird.«

Nommensen konnte zu diesem Zeitpunkt noch nicht wissen, dass seine Party tatsächlich allen Gästen noch lange im Gedächtnis bleiben würde.

13

1. Februar, 16.45 Uhr
Nahe Itzehoe. Grundstück Helge Nommensen

Ungesehen näherte sich der Eindringling dem imposanten Wintergarten, der sich an den rückwärtigen Teil von Nommensens Villa anschloss. Geräuschlos verschwand er hinter einem riesigen Hibiskusstrauch, einer von mehreren in einer Reihe, und hockte sich dort hin, um vom Haus aus nicht gesehen werden zu können.

So saß er, die blassblauen Adleraugen über seiner hervorstehenden Hakennase zu schmalen Schlitzen verengt, und starrte zum geräumigen Wintergarten hinüber, der an einer Seite fast nur aus einem riesigen Panoramafenster bestand und an einer anderen durch ein gigantisches Festzelt mit Plastikfenstern vergrößert worden war, in dem etwa fünfzig mit weißen Hussen überzogene Stühle vor zahlreichen, in U-Form angeordneten und mit weißen Tüchern bedeckten Tischen standen. In diesem Moment gab es dort einige Bewegung. Die Leute strebten durch eine weit geöffnete Flügeltür aus dem Hauptgebäude in den Wintergarten.

Gebückt schlich der Mann noch näher, die Deckung der einzeln stehenden Hibiskussträucher nutzend, dann hockte er sich wieder, um das Treiben zu betrachten.

In einer Ecke waren vier Musiker offenbar gerade damit beschäftigt, ihre Instrumente zu stimmen. Und da war Kießling, dieser verdammte Kurpfuscher, und gleich daneben Nommensen höchstpersönlich. Die beiden schienen in ein angeregtes Gespräch mit einem anderen Gast vertieft zu sein.

Das hätte ich mir ja denken können. Dieses Pack! Gleich und Gleich gesellt sich eben gern. Offenbar haben die da drin mächtig viel Spaß, während ich hier draußen in der Kälte ho-

cke. Mit wutverzerrtem Gesicht spuckte der Mann einen Batzen Speichel vor sich ins Gras. *Aber das wird ihnen gleich vergehen.*

Vorsichtig öffnete er den Reißverschluss seiner Jacke und zog dann den Gegenstand daraus hervor. Sein besonderes Gastgeschenk für diese Party. Er wog es vorsichtig in der Hand.

Das Grinsen unter seinen wölfisch blitzenden Augen wurde jetzt breiter, dann spannte sich sein Körper an wie der eines sprungbereiten Panthers, während er nach dem nächsten Busch Ausschau hielt, der ihm Deckung verhieß – dem letzten auf seinem Weg zum Ziel, dem großen Panoramafenster des Wintergartens.

14

1. Februar, 16.46 Uhr
Nahe Itzehoe. Villa Helge Nommensen

Die Jazzkapelle begann ein gefühlvolles Stück zu spielen. Herzfeld, der hinter der Panoramascheibe des Wintergartens an einem Tisch neben Kießling und Nommensen Platz genommen hatte, nippte an seiner Weißweinschorle, und für den Moment gelang es ihm, beinahe komplett in den sanften Klängen der Jazzmusik zu versinken und sich – zu seinem Erstaunen – sogar ein wenig zu entspannen. Während er im Takt der Musik mit dem Fuß wippte, schweifte sein Blick über den grau verhangenen Himmel draußen vor dem riesigen Panoramafenster.

Im nächsten Augenblick zuckte er zusammen.

Draußen hatte sich etwas bewegt! War es vielleicht nur ein Schatten gewesen, oder hatte ihm seine Einbildung gerade einen Streich gespielt?

Nein! Da war es wieder, in der Nähe eines der großen Hibissussträucher. Dort pirschte sich ein Schatten in der einsetzenden Dämmerung heran, der, je länger Herzfeld seinen Blick darauf fokussierte, langsam die Gestalt eines Menschen annahm. Ein Mann, hochgewachsen, hager, bewegte sich mit fast raubtierhafter Anmut als dunkler Schemen fort, während er Deckung suchend von einem Gebüsch zum nächsten schlich.

Und dann war alles wieder da, was Herzfeld in den letzten Tagen so erfolgreich hatte verdrängen können, urplötzlich – so, als sei in ihm ein Schalter umgelegt worden.

Schneider!

Er ist es. Er ist zurück, er ist mir hierher gefolgt!

Herzfeld sprang von seinem Stuhl auf, während er angestrengt nach draußen starrte. Sein Körper verkrampfte sich. Von der Musik bekam er nichts mehr mit, und auch nicht von den Besuchern, von denen jetzt einige ihre Köpfe neugierig in seine Richtung drehten – alles wurde von dem lautstarken Hämmern seines Pulses übertönt, das in seinen Ohren dröhnte wie ein Presslufthammer.

Plötzlich sprang die hochgewachsene Gestalt aus dem Gebüsch hervor, in dem sie sich eben noch verborgen hatte. Ein Arm schnellte in die Höhe und dann nach vorn. Herzfeld begriff, dass die Gestalt ein Wurfgeschoss in Richtung der riesigen Panoramascheibe schleuderte.

Jeder bewusste Gedanke wurde weggewischt, Herzfeld reagierte nur noch instinktiv.

»Runter!«, brüllte er und warf sich im selben Augenblick zu Boden. Dabei stieß er den neben ihm sitzenden Nommensen seitlich von dessen Stuhl, was wie bei einem Dominoeffekt auch den einen Platz weiter neben dem Gastgeber sitzenden Kießling mit zu Boden riss.

Nur einen Sekundenbruchteil später krachte etwas mit voller Wucht gegen die große Panoramascheibe des Wintergartens, und alles andere ging in dem ohrenbetäubenden Knall splitternden Glases und dem fast gleichzeitigen Aufschrei aus Dutzenden Mündern erschrockener und verängstigter Menschen unter.

15

1. Februar, 16.47 Uhr
Kiel. Falckensteiner Strand

Horst Berger wanderte am Uferweg des Falckensteiner Strands entlang. Der seit knapp zwei Jahren obdachlose Mann war an dem völlig menschenleeren Strandabschnitt auf der Westseite der Kieler Förde unterwegs – im Sommer ein beliebtes Ausflugsziel für Einheimische und Touristen. Berger war auf der Suche nach verloren gegangenen oder ans Ufer angespülten Dingen, die er in irgendeiner Form nutzen oder wenigstens zu Geld machen konnte.

Aber heute war ihm kein großes Glück beschieden. In den Papierkörben entlang des Uferweges, die er routinemäßig abgesucht hatte, war außer ein paar Pfandflaschen nichts Verwertbares gewesen, dafür hatte er sich einen leichten Schnitt an seiner rechten Hand zugezogen, weil jemand eine Flasche mit solcher Wucht in den Papierkorb geworfen hatte, dass diese dabei zersprungen war.

Manche Menschen sind eben so, die denken nur an sich, dachte Berger und saugte an der Wunde an seiner Hand, die allmählich zu bluten aufhörte. Er schlenderte weiter, während er seine für die Jahreszeit viel zu dünne Jacke eng an seinen Körper presste. Er nahm sich vor, demnächst mal wieder in einem der Kieler Außenbezirke einen Kleidercontainer zu plündern, diese Kälte und der ständige Regen waren ja wirklich nicht auszuhalten.

Eine abgewetzte Plastiktüte mit den Pfandflaschen in der unverletzten linken Hand, bog er auf Höhe eines verwaisten Minigolfplatzes von dem Uferweg ab und ging auf einem schmalen Sandweg in Richtung des Ostseestrands, der noch etwa dreißig Meter von ihm entfernt war. Dort unten, am

Ende des Sandweges, begann eine etwa vierzig Meter in die Kieler Förde hineinreichende Steinmole, und er hatte die Erfahrung gemacht, dass zwischen den großen Findlingssteinen, aus denen die Mole vor vielen Jahrzehnten errichtet worden war, manchmal Dinge trieben, die von der Ostseeströmung in Richtung Küstenstreifen gespült worden waren. So hatte er dort einmal die Tasche eines Anglers mit reichlich darin vorhandenem Angelzubehör gefunden, für die er später Geld im Gegenwert von mehreren Flaschen Billigwein bekommen hatte.

Als er den Fuß der Steinmole erreicht hatte, machte sein Herz einen kleinen Sprung – vor Freude, denn da schien tatsächlich etwas zwischen den Steinen im Ostseewasser festzuhängen. Etwas Großes. Vor lauter Ungeduld wäre er fast von einem der feuchten Findlinge abgerutscht und ins Wasser gestürzt. Aber er fing sich im letzten Moment wieder und näherte sich vorsichtig seiner Beute.

Es war bei der einsetzenden Dunkelheit schwer zu erkennen, aber er hatte sich nicht geirrt – da trieb tatsächlich etwas im Wasser.

Es sah aus wie ein größeres dunkles Stück Stoff, das da im seichten Wellengang vor sich hin schwankte. Eine Jacke oder vielleicht ein Mantel. Nein, es sah mehr aus wie eine Daunenjacke. Schön dick gefüttert, genau das Richtige für die kalten Wintertage. *Die Leute werfen alle möglichen guten Sachen weg.*

Aber er musste schnell machen, denn die Sonne ging bereits unter, und bald würde er die eigene Hand kaum noch vor Augen erkennen können.

Der Rest von dem Textilstück befand sich an einer Stelle, die für ihn von seiner jetzigen Position nicht einsehbar war, nämlich linker Hand hinter einem großen grauen Betonquader. Berger legte die Plastiktüte mit den Flaschen neben sich ab, ging auf die Knie und kroch auf Händen und Knien langsam auf der kalten Steinmole entlang.

Er musste das im Wasser treibende Kleidungsstück nur an irgendeinem Zipfel zu fassen bekommen und es um den Betonquader herum zu sich ziehen, und die Beute wäre sein. So weit, wie er konnte, streckte er seinen Oberkörper nach vorn und griff nach dem Stück Stoff.

Beim dritten Versuch erwischte er das ihm am nächsten gelegene Ende des Textilstücks und zog es zu sich. Unwillkürlich begann er voller Vorfreude auf seine Beute zu grinsen, doch dann ließ sich das Teil schon nach wenigen Zentimetern nicht weiterbewegen, es hing irgendwo fest. *Verdammt,* dachte Berger und robbte ächzend noch ein Stück weiter, mittlerweile bedrohlich nah am seitlichen Ende der Mole.

Er griff erneut zu und zog das Textilstück mit aller Kraft zu sich heran.

Als er abermals auf Widerstand stieß, geschah das so heftig, dass er gegen den Betonquader kippte, dort regelrecht abprallte. Fluchend rang Berger noch für einen Sekundenbruchteil um sein Gleichgewicht, doch vergebens.

Er fiel mit den Armen in der Luft rudernd in das eiskalte Wasser der Ostsee und verschwand sofort vollständig unter der Wasseroberfläche.

16

1. Februar, 16.47 Uhr
Nahe Itzehoe. Villa Helge Nommensen

Der ohrenbetäubende Knall splitternden Glases war noch nicht ganz verhallt, als die Jazzkapelle schlagartig in einem dissonanten, sägenden Geräusch verstummte, was allerdings fast völlig in dem Tumult und panischen Geschrei der im Wintergarten anwesenden Gäste unterging.
Auf der gesamten Fläche des Panoramafensters hatte sich ein Spinnennetz aus gezackten Rissen ausgebreitet, und auf der Außenseite der Scheibe klebte zudem ein gewaltiger, blutroter Fleck, der sich in alle Richtungen verteilt hatte und dessen Ausläufer jetzt in trägen Rinnsalen an der Scheibe hinabliefen. Genau in dessen Zentrum befand sich ein etwa faustgroßes Loch im Glas.
Das ist der Anblick, den der Fahrer eines Pkws zu sehen bekommt, Sekundenbruchteile nachdem er bei voller Fahrt frontal einen Fußgänger erfasst hat, schoss es Herzfeld durch den Kopf, als er sich vom Boden aufrappelte und begann, seine Umgebung abzuscannen.
Nommensen, dessen fraglos teurer Maßanzug ein paar Spritzer der roten Flüssigkeit abbekommen hatte, lag – weit weniger elegant als noch Sekunden zuvor – auf dem ebenfalls mit roten Farbspritzern gesprenkelten Fußboden und starrte Herzfeld an, während Kießling, neben ihm sitzend, sich bereits suchend umsah.
Die eine Hälfte der anwesenden Gäste, die gerade noch dem Jazzkonzert gelauscht hatte und bei dem Zerbersten der Panoramascheibe panisch von den Stühlen aufgesprungen war, stand noch wie paralysiert im Wintergarten und starrte mit weit aufgerissenen Augen auf die zerstörte und rot eingefärb-

te Glasfront. Die andere Hälfte war bereits dabei, die Gefahrenzone durch die breite Flügeltür fluchtartig zu verlassen. Zunächst lief das noch in geordneten Bahnen ab, doch dann begann sich Panik unter den Anwesenden auszubreiten, und damit kam zunehmend Bewegung auch in diejenigen, die zunächst noch wie angewurzelt dagestanden hatten. Achtlos stießen sich die Menschen jetzt gegenseitig zur Seite, Stühle fielen um, und jeder wollte in dem Tumult plötzlich der Erste sein, der sich in Sicherheit brachte. Eine trügerische Sicherheit, die die Leute instinktiv hinter den gemauerten Wänden des Hauses zu vermuten schienen.

Ein einzelner Mann allerdings drängte gegen den Strom. Herzfeld bemerkte, dass es Hauptkommissar Kai Denecke war, der sich ihm gegenüber vorhin so abweisend in Bezug auf Petersens Tod gegeben hatte und der jetzt in Richtung des Ausgangs zum Garten stürmte. Während Denecke mit einer Hand die Tür aufriss, sah Herzfeld, wie er mit der anderen eine Pistole unter seinem Jackett hervorzog, die er offenbar den ganzen Nachmittag bei sich geführt hatte.

Eine wüste Verwünschung ausstoßend, zwängte Denecke seinen bulligen Körper durch die Tür des Wintergartens und lief in den Garten hinaus.

17

1. Februar, 16.48 Uhr
Kiel. Falckensteiner Strand

Das Wasser der Ostsee war unfassbar kalt. Als Berger Mund und Nase über die Wasseroberfläche bekommen hatte und seine Lungen mit japsenden Atemzügen wieder mit Luft füllte, zog sich sein Brustkorb zusammen, als ob er von einer Schraubzwinge gepresst würde. Aber schon nach wenigen Augenblicken hatte Berger die Orientierung zurückgewonnen und versuchte prustend und strampelnd, in dem etwa hüfttiefen Meerwasser neben der Mole Halt zu finden, was ihm nach kurzer Zeit auch gelang. Derb fluchend stand er klitschnass in dem ihm fast bis zum Bauchnabel reichenden Ostseewasser.

»Scheiße! Scheiße!«, brüllte er. *Aber wenigstens die Daunenjacke wird mir bleiben. Und die sollte besser dick gefüttert sein, wenn ich schon dafür in dieser eisigen Brühe baden gegangen bin!*, dachte er gleich danach.

Unwirsch machte er ein paar mühsame Schritte in Richtung des Textilstücks, bis er das Objekt seiner Begierde endlich erreicht hatte, dann riss er erneut daran. Leider entpuppte sich die vermeintliche Daunenjacke lediglich als ein dünnes Jackett, das sich im Wasser durch Luftblasen, die sich unter dem Stoff gebildet hatten, aufgebläht hatte. Zu allem Überfluss hing das Teil weiterhin an der Mole fest und bewegte sich keinen Zentimeter.

Berger zog erneut mit aller Kraft daran – und diesmal löste sich das Textilstück.

Allerdings geschah das so unvermittelt, dass Berger ein weiteres Mal ins Wasser stürzte, diesmal rücklings. Voller Zorn auf sein eigenes Ungeschick holte er, als er wieder Grund unter den Füßen hatte und halbwegs sicher stand, das Jackett ein wie das Tau eines Schiffes. Das dunkle Bekleidungsstück folgte träge seinen Bewegungen und begann sich langsam um seine Längsachse zu drehen.

Berger, dem das Wasser aus seinen völlig durchnässten Haaren übers Gesicht lief, musste zweimal hinsehen, und auch dann dauerte es eine Weile, bis sein Gehirn begriff, was seine Augen da wahrnahmen.

Entsetzt taumelte er zurück. Ein Hosenbein brach durch die Wasseroberfläche, in dessen Verlängerung ein nackter menschlicher Fuß sanft im Wellengang auf und nieder wippte, als markiere der Tote im Wasser damit den Takt eines langsamen, traurigen Liedes.

18

1. Februar, 16.50 Uhr
Nahe Itzehoe. Villa Helge Nommensen

Innerhalb kürzester Zeit war der Wintergarten fast menschenleer.
Herzfeld, der als einer von wenigen nicht versucht hatte zu fliehen, blickte sich in dem Chaos aus umgestürzten Stühlen, heruntergezogenen Hussen, zerbrochenen Gläsern und Geschirr auf dem Boden des Wintergartens um und wandte sich dann an Kießling und Nommensen, die sich langsam wieder vom Boden erhoben hatten. »Für mich sieht das aus, als hätte jemand eine Flasche oder ein anderes Behältnis mit roter Farbe gegen die Scheibe geworfen, vielleicht auch einen Beutel, der an etwas Hartem, vielleicht an einem Stein, befestigt war.«
Kießling und Nommensen standen mittlerweile neben ihm. »Ich habe draußen vor dem Wintergarten einen Mann gesehen«, fuhr Herzfeld fort. »Kurz vor dem Aufprall an der Scheibe. Allzu viel von ihm konnte ich allerdings bei dem schwindenden Licht nicht erkennen.«
»Ich bin Ihnen zu Dank für Ihre reaktionsschnelle Aktion verpflichtet«, unterbrach ihn Nommensen, der seine Fassung anscheinend wiedergewonnen hatte. »Denecke hat den Mann wohl auch gesehen und versucht jetzt sicher, ihn zu erwischen.«
Herzfeld gab sich Mühe, durch die gesprungene Scheibe in der schnell einsetzenden Dunkelheit draußen jemanden zu sehen, aber vergeblich. Wer auch immer der gesichtslose Schatten gewesen war, die Dunkelheit hatte ihn jetzt vollständig verschluckt. *Was passiert hier gerade?*, fragte er sich. *Und wieso werde ich den Eindruck nicht los, dass Nommensen, wenn er auch nicht direkt mit einem solchen Angriff ge-*

rechnet haben mag, kaum wirklich überrascht wirkt? Nicht halb so schockiert wie seine Gäste jedenfalls. Und wieso taucht dieser Denecke bei einer privaten Party mit einer Schusswaffe auf? Hatte Nommensen etwa Grund zur Befürchtung, dass irgendetwas passieren würde?

Aus dem Augenwinkel beobachtete Herzfeld, wie Nommensen und Polizeichef Evers, der eben noch mit großen Schritten den Wintergarten durchquert und sich nun zu ihnen gesellt hatte, einen vielsagenden Blick wechselten, dessen tiefere Bedeutung sich Herzfeld allerdings nicht erschloss.

Ehe er sich weitere Gedanken machen konnte, kehrte Hauptkommissar Denecke, der seine Dienstwaffe gerade wieder in dem unter seinem Jackett verborgenen Schulterholster verstaute, keuchend und außer Atem von draußen zurück. Er bedachte seinen Chef mit einem mürrischen Kopfschütteln und murmelte kaum hörbar: »Dieser Drecksack! Dieser verdammte Drecksack ist mir entwischt.«

19

1. Februar, 17.54 Uhr
Kiel. Falckensteiner Strand

Als Heike Westphal, die an diesem Mittwoch diensthabende Ärztin der Kieler Rechtsmedizin, nach Einbruch der Dunkelheit am Falckensteiner Strand eintraf, war der Leichenfundort bereits weiträumig von der Polizei gesichert und mit Flatterband abgesperrt worden. Westphal parkte ihren alten Renault auf dem nur von schummrigen Straßenlaternen beleuchteten Parkplatz am Minigolfplatz neben zwei Streifenwagen, einem zivilen Einsatzfahrzeug der Polizei und dem VW-Bus der Spurensicherung. Sie nahm ihren Tatortkoffer aus dem Wagen und ging, sich unter einer Flatterbandabsperrung hindurchduckend, den schmalen Sandweg zur Mole hinunter, den ihr der für diesen Fall zuständige Todesermittler, Cem Alkan, etwa vierzig Minuten zuvor am Telefon beschrieben hatte. Der Sandweg war zwar nur spärlich beleuchtet, aber schon von Weitem sah Heike Westphal die scharf gezeichneten Lichtkegel, die die starken Baustrahler der Spurensicherung in die neblige Abendluft schnitten. Das gleißende Licht inmitten der wabernden Dunkelheit vermittelte einen beinahe gespenstischen Eindruck.

Als sich die Rechtsmedizinerin dem Leichenfundort näherte, kam ihr ein uniformierter Polizist in Begleitung eines Mannes mit feuchten Haaren entgegen, der in mehrere dicke graue Wolldecken gehüllt war und aus dessen Schuhen bei jedem Schritt quietschend ein wenig Wasser herausgedrückt wurde. Sobald der Streifenbeamte mit Westphal fast auf gleicher Höhe war, stellte er sich ihr in den Weg, wohl um sie abzuwimmeln, weil er sie für eine Reporterin oder Schaulustige hielt. Im selben Moment ertönte allerdings die Stimme eines

zivilen Polizeibeamten, der etwa zwanzig Meter weiter vorn am Beginn der Steinmole im Licht der Baustrahler stand und zu ihnen herübersah. »Ist okay, Frau Doktor kann durch!«
Die Stimme gehörte zu Kommissar Cem Alkan, den Westphal unschwer an der für ihn typischen Kleidung erkannte. Die amerikanische Baseballjacke und die weiße Jeans des Mannes mit dem sauber gestutzten Dreitagebart waren zwar nicht besonders geeignet für einen Leichenfundort in freier Natur, aber wohl bei Alkan unvermeidlich. Zumindest hatte Westphal das bereits vor knapp drei Wochen festgestellt, als sie den türkischstämmigen Ermittler anlässlich der Obduktion eines hochgradig fäulnisveränderten und schwer übergewichtigen Mannes in der Kieler Rechtsmedizin kennengelernt hatte. Der Tote war beim Masturbieren an einem Herzinfarkt gestorben und hatte dann wochenlang in seiner Wohnung in Kiel-Schilksee gelegen.
Westphal ging zu Alkan, der neben der Leiche auf dem Strandabschnitt direkt am Beginn der Mole stand. Der Leichnam war mit einer weißen Plastikplane abgedeckt.
»Moin, Moin«, begrüßte Alkan sie überschwänglich. »Tut mir wirklich leid, dass ich Sie bei dem Wetter hier rausbitten muss, aber ich fürchte, wir benötigen Ihre Expertise.«
»Hallo, Herr Alkan, dafür sind wir ja bekanntlich da«, erwiderte Westphal. »Also, was ist passiert?«
»Der Tote ist gegen 17 Uhr von dem Mann, der Ihnen eben entgegenkam, im Wasser hier vorn an der Mole treibend aufgefunden worden«, führte Alkan aus und deutete mit ausgestrecktem Arm auf die Stelle, die Berger ihm zuvor gezeigt hatte. »Dabei ist unser Finder leider baden gegangen. Reichlich früh im Jahr fürs Anbaden, wenn Sie mich fragen«, ergänzte Alkan und hatte sichtlich Schwierigkeiten, sich ein Grinsen zu verkneifen.
»Irgendwas vonseiten der Kriminaltechnik?«, fragte Westphal, während sie den Tatortkoffer neben sich abstellte und ein Paar Latexhandschuhe herausnahm, die sie dann überzog.

»Haben Ihre Leute in der Zwischenzeit irgendwelche Spuren in der Umgebung oder persönliche Gegenstände des Toten gefunden? Sie sagten vorhin am Telefon, seine Taschen seien leer gewesen, keine Papiere, gar nichts. Und Sie hätten noch keinerlei Erkenntnisse dazu, um wen es sich handeln könnte. Ist das immer noch der letzte Stand?«

»Das ist immer noch der Sachstand, leider. Und wir haben auch in der Zwischenzeit vor Ort nichts entdecken können, was uns weiterbringen könnte. Ich gehe aber aufgrund seines Zustands auch nicht davon aus, dass er hier ins Wasser gegangen oder wie auch immer hineingelangt ist. Der sieht eher so aus, als ob er schon einige Zeit als Fischfutter in der Förde rumgetrieben ist.«

»Na, dann will ich mir das mal ansehen«, sagte Westphal und kniete sich in dem feinen Sand, der unter ihren Schuhsohlen knirschte, neben die weiße Plastikplane und schlug sie zurück. Als sie den Toten erblickte, stockte ihr der Atem, und ihr Mund wurde schlagartig trocken. Nicht weil im Gesicht des Toten, wo sich vormals Mund und Nase befunden hatten, nur noch zwei große Löcher klafften oder weil ihm die Augenlider zu großen Teilen und die Ohrmuscheln vollständig fehlten, sondern weil sie meinte, aufgrund der Statur und Größe des grässlich entstellten Leichnams vor sich im Sand zu wissen, um wen es sich bei dem Toten handelte.

»Shit!«, stieß sie zwischen zusammengepressten Zähnen hervor, dann tastete sie hastig nach ihrem Mobiltelefon.

20

1. Februar, 19.03 Uhr
Landstraße bei Itzehoe. Pkw Doktor Kießling

»Was für eine Aufregung«, bemerkte Herzfeld, und Kießling nickte seufzend.

Die Veranstaltung, die als Galaparty in Nommensens luxuriöser Villa begonnen hatte, hatte sich unmittelbar nach dem Vorfall im Wintergarten aufgelöst, die Gäste hatten das Anwesen geradezu fluchtartig verlassen. Nur eine kleine Gruppe hatte dem Gastgeber noch einige Zeit Gesellschaft geleistet, darunter auch Kießling und Herzfeld.

»Und ich danke Ihnen, dass Sie mich zurück ins Klinikwohnheim bringen.«

»Ach«, entgegnete Kießling, winkte ab und starrte durch die Windschutzscheibe nach draußen in die Dunkelheit. »Keine Ursache. Ich muss ohnehin noch einmal in der Klinik vorbeischauen. Nach dem Rechten sehen. E-Mails beantworten und die letzte Post prüfen. Ein paar Anrufe tätigen, nach dem, was wir da eben … Was sich da gerade …« Er rang sichtlich nach Worten, und es war dem Ärztlichen Direktor deutlich anzusehen, wie es in ihm arbeitete. Dann wurde es unangenehm still im Wagen, und das Schweigen der beiden Männer wurde untermalt vom monotonen Schnurren des Jaguarmotors.

»Dieser Vorfall mit dem Farbbeutel«, nahm Herzfeld nach wenigen Minuten das Gespräch wieder auf. »Das war erschreckend. Da schien es jemand ganz gezielt auf Herrn Nommensen abgesehen zu haben. Aber ich hatte den Eindruck, dass Kommissar Denecke sofort eine ziemlich genaue Vorstellung davon hatte, wer für diesen Anschlag infrage kommt.«

»Ha!« Kießling lachte humorlos auf. »Natürlich hat er das. Man muss in diesem Fall wohl nicht lange suchen, wenn man den Täter finden will. Das Problem dürfte lediglich darin bestehen, es ihm nachzuweisen. Denn da ihn Denecke nicht erwischt hat, wird er wohl inzwischen über alle Berge sein. Querfeldein oder über einen der unzähligen Feldwege ist er abgehauen.«

»Das klingt, als wären Sie sich ebenfalls ziemlich sicher, wer der Attentäter war«, sagte Herzfeld.

»Das bin ich in der Tat«, stieß Kießling wutentbrannt aus. »Eigentlich kommt nur Lüdgers für solch eine ungeheuerliche und rücksichtslose Aktion infrage. Geert Lüdgers. Ich kann mir einfach keinen anderen vorstellen, der in seiner blinden Wut so weit gehen würde. Er muss sich gezielt Helges Veranstaltung ausgesucht haben, um für möglichst viel Aufregung und Aufsehen zu sorgen.«

Herzfeld warf Kießling einen fragenden Blick zu. »Wer ist Geert Lüdgers?«, wollte er wissen. »Und warum sollte er so etwas getan haben?«

»Lüdgers ist Landwirt auf dem Moorlandhof. Ihm gehören ein Stück Weideland und ein paar Kühe. Und den feigen Anschlag hat er natürlich wegen des Sendemastes verübt.«

»Wegen eines Sendemastes?«

Kießling drosselte an einer Abzweigung die Geschwindigkeit des Jaguars, sammelte sich einen Moment und fuhr dann gefasster fort: »Es geht um die Mobilfunksendemasten, die *Nommensen Technologies* hier in der Region in den letzten Jahren errichtet hat. Der erfolgreiche Abschluss des Vertrags zum Ausbau dieser Technologie auch in anderen Teilen Schleswig-Holsteins war ja der Anlass der heutigen Veranstaltung.«

»Und diesem Lüdgers passt das nicht?«

»Genau. Lüdgers ist der Meinung, dass die Errichtung eines Sendemastes vor knapp zwei Jahren an seiner Grundstücksgrenze, in direkter Nachbarschaft zu seinem Wohnhaus, nicht rechtens gewesen sei und der Mast wieder entfernt werden muss und ihm außerdem eine Entschädigung von Nommensens Firma zustünde. Er queruliert, wo er nur kann.«

»Und ist denn irgendetwas dran an seinen Vorwürfen? Ich meine, hat er denn Anspruch auf eine solche Entschädigung?«

»Natürlich nicht!« Kießling stieß zischend Luft durch seine Zähne. »Der Mobilfunksendemast steht auf Land, das Nommensens Firma gehört. Es gab ein europaweites Ausschreibungsverfahren für die Errichtung dieser Masten, die behördlichen Genehmigungen sind alle wasserdicht, da ist alles vollkommen legal, das können Sie mir glauben. Er hat überhaupt keine rechtliche Handhabe gegen *Nommensen Technologies.*«

»Aber das sieht Lüdgers anders?«

»O ja. Neulich verstieg er sich sogar zu der Idee, der Mobilfunksendemast würde sein Vieh krank machen und dass man den Mast gar benutzen würde, um seine Gedanken zu beeinflussen, und ähnlichen Unsinn. Können Sie sich das vorstellen?«

»Nicht wirklich«, sagte Herzfeld nachdenklich. »Aber das hört sich so an, als habe Lüdgers dringendere Probleme als einen Mobilfunksendemast in der Nähe seines Bauernhofs. Klingt eher nach einer Psychose als nur nach einer querulatorischen Persönlichkeit.«

»Ganz genau. Der Mann ist außerdem ein stadtbekannter Trinker. Der Alkohol hat seinem Gehirn über die Jahre wahrscheinlich schwer zugesetzt. Aber heute ist er eindeutig einen Schritt zu weit gegangen. Wenn Menschen bei diesem Irrsinn zu Schaden gekommen wären –«

»Wenn er es denn tatsächlich war«, unterbrach Herzfeld ihn. »Das wird die Polizei sicherlich bald herausfinden. Und wenn sich meine Vermutung bestätigt, woran ich nicht den geringsten Zweifel habe, hätte hier in der Gegend niemand was dagegen, wenn Lüdgers für eine Weile weggesperrt würde.« Kießling hatte die Worte förmlich ausgespuckt, so sehr schien die Angelegenheit ihn aufzuregen. Herzfeld warf einen überraschten Blick auf den Ärztlichen Direktor, der nun finster durch die Windschutzscheibe nach draußen auf Mittellinien der Landstraße starrte, die im Kegel der Autoscheinwerfer in regelmäßigen Abständen auftauchten.

Als er den Jaguar auf dem für ihn reservierten Parkplatz auf dem Klinikgelände geparkt hatte, die beiden Männer ausgestiegen waren und sich verabschiedet hatten, gab Herzfelds Handy ein dezentes Vibrieren von sich. Um die Feierlichkeiten nicht zu stören, hatte er sein Mobiltelefon während Nommensens Ansprache in den Vibrationsmodus geschaltet, nicht ahnend, dass ein Anruf die kleinstmögliche Störung der Festivitäten dargestellt hätte.

Er öffnete seinen Parka, zog das Handy aus der Tasche seines Jacketts und warf einen Blick auf das Display. Eine Kieler Nummer, die er nur allzu gut kannte, hatte soeben zum fünften Mal versucht, ihn zu erreichen. Offensichtlich hatte er bei dem ganzen Tumult und der Aufregung der letzten Stunde von dem Vibrationsalarm zuvor nichts mitbekommen.

Herzfeld nahm den Anruf entgegen.

Am anderen Ende der Leitung kam Heike Westphal ohne Umschweife zur Sache. »Hallo, Herr Herzfeld. Möglicherweise ist soeben Schneiders Leiche gefunden worden.«

»Was?« Herzfeld presste ungläubig das Handy ans Ohr. »Sagten Sie gerade Schneider?«

»Ja. Möglicherweise. Die Sektion ist noch heute Abend.«

21

1. Februar, 19.20 Uhr
Nahe Itzehoe. Villa Helge Nommensen

Denecke ließ den Kopf vornüberhängen, was dafür sorgte, dass sich die tiefen Furchen in seinem bulligen Stiernacken etwas glätteten. Er war immer noch wütend über seinen Misserfolg.

»Sie waren eben nicht schnell genug«, sagte Nommensen kühl, während die beiden Männer den Blick in Richtung Wintergarten schweifen ließen, wo ein kleines Putzkommando fast damit fertig war, die Folgen des Chaos zu beseitigen und die Farbspritzer von jenen Fenstersegmenten zu entfernen, die nicht gesplittert waren. Nommensen strich sich nachdenklich über den penibel gestutzten, hellgrauen Schnurrbart.

»Dieser verdammte Drecksack!«, stieß Denecke zwischen zusammengepressten Zähnen hervor. »Hier einfach herzukommen und Ihre Party zu ruinieren! Mal ganz abgesehen von dem Sachschaden. Aber den kriegen wir dran, Herr Nommensen, darauf können Sie sich verlassen!«

Nommensen schwieg, während er Denecke durchdringend ansah. Dann lächelte er, aber sein Blick maß den Hauptkommissar dabei abschätzend, als könne er so herausfinden, ob dieser tatsächlich der Aufgabe gewachsen war, den Störenfried ausfindig zu machen und ihn seiner gerechten Strafe zuzuführen.

»Was die Sachbeschädigung angeht«, sagte Nommensen schließlich, »das ist keine große Sache. Interessanter ist, was Pawel, mein Hauswart, mir eben berichtet hat. Er hat sich gründlich auf dem Grundstück umgesehen und ein Loch in einer der rückwärtigen Hecken entdeckt – so ist der Täter rein- und wohl auch wieder rausgekommen und dann durch den Wald geflohen. Man kann noch die Spuren sehen, wo er reingekrochen ist. Durch den Schlamm, wie ein Tier. Pawel macht das Loch gerade dicht, damit so etwas nicht noch einmal vorkommt.«

Denecke lachte verhalten, auch wenn das, was Nommensen gesagt hatte, überhaupt nichts Lustiges an sich hatte. Dann blickte der Kriminalbeamte wieder aufmerksam zu Nommensen hoch.

»Aber was Lüdgers betrifft …«, fuhr dieser ernst fort, beendete den Satz aber nicht.

»Der muss natürlich aus dem Verkehr gezogen werden!«, beschloss Denecke. »Der ist eine Gefahr für die öffentliche Ordnung und Sicherheit. Das heute war nur der endgültige Beweis dafür. Sie können sich voll auf mich verlassen, Herr Nommensen.«

Nommensen nickte, und Denecke erwiderte das Nicken erleichtert. »Das ist gut zu wissen, Denecke, bitte veranlassen Sie, was nötig ist, damit so etwas nie wieder passiert.«

22

1. Februar, 20.05 Uhr
Kiel. Institut für Rechtsmedizin der Universität

»Hallo, Herr Herzfeld«, begrüßte Heike Westphal ihn im Erdgeschoss des Rechtsmedizinischen Instituts in Kiel. Herzfeld hatte die Fahrt von Itzehoe nach Kiel trotz des Dauerregens, der in der letzten Stunde mit voller Kraft eingesetzt hatte, in knapp einer Stunde zurückgelegt.

Die zweiundvierzigjährige Ärztin mit den feuerroten Haaren war ungewöhnlich blass, hatte gerötete Augen und sah ungefähr so müde aus, wie sich Herzfeld nach der anstrengenden Fahrt gerade fühlte. Doch beide wussten, dass für sie so lange nicht an Schlaf zu denken wäre, ehe geklärt war, ob es sich bei dem Toten tatsächlich um Volker Schneider handelte – bis vor Kurzem noch Leitender Oberarzt und quasi designierter nächster Institutsdirektor der Kieler Rechtsmedizin. »Ich war heute am frühen Abend vor Ort, also am Leichenfundort. Ich …« Sie stockte. »Ich dachte, es ist am besten, wenn ich Sie sofort informiere und dazuhole – auch wenn das zugegebenermaßen nicht der korrekte Weg ist. Aber schließlich sind Sie ja immer noch mein Kollege hier am Institut, wenn auch derzeit nicht im Dienst. Ich möchte, dass Sie mit mir gemeinsam die Sektion durchführen. Ich möchte …« Sie suchte nach den passenden Worten.

Herzfeld legte ihr kameradschaftlich eine Hand auf den Arm und führte ihren Satz fort: »Dass ich das, was mit mir begonnen hat, jetzt auch zu Ende führe. Ich danke Ihnen dafür, dass Sie mich sofort informiert haben, Frau Westphal. Das war die richtige Entscheidung. Also los!«

Mit diesen Worten machten sie sich auf den Weg durch die neonbeleuchteten labyrinthartigen Gänge im Erdgeschoss des Instituts, die sie zum Sektionssaal führten.

Westphal, die mittlerweile ihre Fassung etwas wiedergewonnen zu haben schien, sagte: »Ich weiß nicht … Im ersten Moment dachte ich instinktiv: Das ist er. Aber jetzt …« – sie überlegte kurz – »… bin ich mir gar nicht mehr so sicher. Ich meine, das könnte beinahe jeder sein, in dem Zustand, in dem sich der Tote befindet.« Sie war sichtlich hin- und hergerissen, als sie weitersprach. »Aber die Körpergröße passt, und die durchaus realistische Möglichkeit, dass Schneiders Leiche von seinem Aufschlagpunkt im Wasser unterhalb der Schleibrücke bis in die Schleimündung und von dort weiter mit der Strömung bis tief hinein in die Kieler Förde getrieben wurde …« Ihre Stimme versagte, und ihr Gesicht wurde noch blasser als zuvor.

Herzfelds Nackenhaare stellten sich auf, und er spürte ein Kribbeln an seinem Rücken, als ihm klar wurde, dass es möglicherweise gleich im Sektionssaal zu einem letzten Wiedersehen mit seinem mörderischen ehemaligen Vorgesetzten kommen würde. Und dass dies für ihn, für Petra, für seinen weiteren beruflichen Weg in vielerlei Hinsicht einen Neuanfang bedeuten könnte. *Wird der Spuk hier und heute tatsächlich ein Ende haben?*, ging es ihm durch den Kopf, während er Westphal die Tür zum Vorraum des Sektionssaals aufhielt.

»Gleich wissen wir mehr«, sagte er in dem Versuch, die aufgewühlte Kollegin und sich selbst zu beruhigen. Westphal war deutlich anzumerken, dass die Aussicht auf die bevorstehende Obduktion der Wasserleiche, bei der es sich möglicherweise um ihren ehemaligen Vorgesetzten im Institut handelte, der sich als geisteskranker Mörder entpuppt hatte, sie stark mitnahm.

»Wer hat ihn gefunden?«

»Ein Mann, anscheinend ohne festen Wohnsitz, soweit ich bisher weiß. Er dachte, da treibt eine Jacke im Wasser. Dann hat er festgestellt, dass noch ein Mensch drinsteckte.«

Herzfeld, dessen innere Unruhe von Minute zu Minute größer wurde, fragte: »Wer ist von der Kripo bei der Sektion dabei? Haben Sie vereinbart, wann es losgeht?«

»Sehr wahrscheinlich sind Sie, von Waldstamm und ich allein im Saal.« Westphal hatte jetzt ihre Fassung wiedererlangt, und es kehrte auch etwas Farbe in ihr Gesicht zurück. »Alkan ist der zuständige Leichensachbearbeiter in diesem Fall. Er hat gesagt, wir sollen ohne ihn loslegen. Er ist schon wieder beim nächsten Fundort, irgendein Toter in einer Lagerhalle in Elmschenhagen. Ist aber wohl kein Fall für uns, meinte er. Vielleicht kommt er später noch vorbei, ansonsten soll ich ihm unser Ergebnis telefonisch mitteilen. Ich habe übrigens ihm gegenüber meinen Verdacht, um wen es sich handeln könnte, nicht erwähnt. Alkan hat mir von seiner Direktion eine Auflistung der männlichen Vermisstenfälle der Region der letzten sechs Monate vorbeibringen lassen – so weit hatte ich die Liegezeit unserer Wasserleiche ihm gegenüber grob vor Ort eingegrenzt. Insgesamt vierzehn Fälle vermisster Personen, in neun haben wir einen Zahnstatus vorliegen ...« Sie machte eine kurze Pause. Als sie weitersprach, sah sie Herzfeld fest in die Augen. »Auch *seinen* Zahnstatus. Den Zahnstatus von Schneider.«

23

1. Februar, 20.15 Uhr
Kiel. Institut für Rechtsmedizin der Universität

Den Toten vom Falckensteiner Strand hatte Sektionsassistent Heinrich von Waldstamm, vollständig entkleidet, auf den mittleren der drei Sektionstische gelegt, der vor der großen, mit Milchglas abgetönten Fensterfront des Sektionssaals stand. Herzfeld begrüßte den Sektionsassistenten, der eine dicke Hornbrille trug, mit einem Nicken.

Westphal referierte die bisherigen Erkenntnisse ihrer Untersuchung des Toten am Leichenfundort: »Männliche Wasserleiche, heute gegen kurz vor 17 Uhr am Falckensteiner Strand gefunden. Zum Alter des Toten lässt sich derzeit noch nichts sagen, zur ehemaligen Haarfarbe auch nicht, sämtliche Kopfhaare haben sich nämlich von der völlig vom Salzwasser aufgequollenen Kopfhaut gelöst und sind ausgefallen. Maximal ausgeprägte Waschhautbildung, nicht nur an den Handinnenflächen und Fußsohlen, sondern auch an den Streckseiten von Händen und Füßen. Bereits beginnende Fettwachsbildung im Nacken. Deshalb gehen wir momentan von einer Wasserliegezeit von zwei bis drei Wochen aus, möglicherweise auch noch länger. Körpergröße postmortal ein Meter neunundachtzig, zur Statur zu Lebzeiten ist jetzt nicht mehr viel zu sagen.«

Von Waldstamm, der nervös mit dem behandschuhten Handrücken seine Brille justierte, hatte die noch immer völlig durchnässte Kleidung des Toten – ein dunkelgraues Jackett, ein schwarzes Oberhemd, eine dunkelgraue Stoffhose mit schwarzem Ledergürtel, ein vormals wahrscheinlich weißes oder hellgraues Trägerunterhemd sowie eine Unterhose – zur Dokumentation durch die Obduzenten auf dem linken der drei Sektionstische ausgelegt. »Nichts in den Taschen, völlig leer, der hatte gar nichts bei sich«, sagte er zu Herzfeld, der sich mittlerweile mit Latexhandschuhen und Gummischürze ausgestattet hatte. Herzfeld warf nur einen kurzen Blick auf die Kleidungsstücke, um dann sein gesamtes Augenmerk auf den Toten vor ihm zu richten.

Westphal hat nicht nur mit ihrer ersten Einschätzung zur Wasserliegezeit des Mannes recht, sondern auch damit, dass es sich um jeden x-Beliebigen, der mehrere Wochen in der Ostsee getrieben hat, handeln könnte – wenn man mal von seiner Körpergröße absieht, dachte er, als er sich Kopf und Gesicht des entstellten Toten näher ansah. Im Nacken- und Hinterhauptsbereich hatte sich tatsächlich bereits eine etwa einen halben Zentimeter dicke weißlich-gräuliche Schicht Fettwachs, auch als Leichenlipid bezeichnet, gebildet. Die wachsähnliche Masse weckte in Herzfeld die Assoziation zu einem zu klein geratenen Halbschalenhelm, der dem Toten etwas zu weit in den Nacken gerutscht war. Die Kopfhaare waren durch den längeren Aufenthalt im Wasser, wie Westphal es beschrieben hatte, vollständig ausgefallen. Die Augenlider fehlten komplett, ebenso waren durch Fischfraß große Teile beider Ohrmuscheln beschädigt und die Ober- und Unterlippe sowie die Nasenspitze und Nasenflügel des Toten ebenfalls von hungrigen Meeresbewohnern zu großen Teilen abgefressen worden.

Aufgrund dieser postmortalen Fraßverletzungen durch die marine Fauna der Ostsee klaffte über dem Mund, der durch das Fehlen von Ober- und Unterlippe wie zu einem stummen Schrei weit geöffnet erschien, ein weiteres Loch im Gesicht des Toten, das den Blick auf die Nasenscheidewand freigab.

Herzfeld machte für diese Verstümmelungen neben Fischen auch Krebse verantwortlich. In jedem Fall stammten diese Verletzungen nicht von Schiffsschrauben oder Bootspropellern und waren dem Mann eindeutig erst nach seinem Tod, im Wasser treibend, zugefügt worden.

Die Augäpfel waren nur noch milchig erscheinende Murmeln, die keinerlei Hinweis auf die frühere Augenfarbe ihres Besitzers gaben. Herzfeld diktierte die Befunde in sein Diktafon und gab dem Sektionsassistenten mit einem Nicken zu verstehen, dass er bereits beginnen könne, die Kopfhöhle zu öffnen. Dann arbeitete er sich konzentriert durch die äußere Leichenschau, vom Kopf bis zu den Füßen des Toten, lediglich unterbrochen von kurzen fachlichen Wortwechseln mit Westphal.

Etwa eine Stunde später hatten die beiden Obduzenten dem Toten sämtliche innere Organe entnommen und diese untersucht. Außer der Feststellung einer mäßiggradigen Arteriosklerose der Bauchschlagader und einer beginnenden Koronarsklerose – beides Befunde, die Herzfeld und Westphal aufgrund ihrer Ausprägung und Lokalisation mit einem geschätzten Lebensalter des Mannes zwischen fünfzig und sechzig Jahren in Einklang brachten – war die Sektion bisher hinsichtlich einer Identifizierung des Toten und der eigentlichen Todesursache aufgrund der weit fortgeschrittenen Fäulnisveränderungen der Organe unergiebig gewesen. Es fanden sich keinerlei zu Lebzeiten entstandene Verletzungen und auch keinerlei Befunde wie implantiertes Fremdmaterial oder der Zustand nach früheren Operationen, die für eine Identifikation des Mannes hätten herangezogen werden können.

Als ob beide Obduzenten instinktiv Angst vor dem Ergebnis gehabt hätten, wandten sie sich erst am Ende der Sektion dem alles entscheidenden Teil ihrer Aufgabe zu, nämlich dem Erstellen des Zahnstatus. Dafür hatte von Waldstamm – während Westphal die inneren Organe sezierte und ihre Befunde und Feststellungen Herzfeld präsentierte, die dieser dann für das Sektionsprotokoll diktierte – zunächst den Unterkiefer des Toten in dem schmierig erweichten Weichgewebe der unteren Gesichtspartie und dann die Unterkiefergelenke beidseits freigelegt. Anschließend hatte der korpulente Sektionsassistent den Unterkiefer vollständig aus dem Gesicht herausgelöst und danach mit einem sauberen, horizontal gesetzten Sägeschnitt mit der elektrischen Knochensäge den Oberkiefer ebenfalls entnommen. Herzfeld sah dem Toten ein letztes Mal ins Gesicht. Wenn es schon zuvor durch Fisch- und Krebsfraß und die Einwirkung des Wassers der Ostsee heftig in Mitleidenschaft gezogen worden war, hatte das, was jetzt hier vor ihm auf dem Sektionstisch lag, nichts mehr mit menschlichen Zügen gemein. Es war nur noch das Zerrbild einer menschlichen Kreatur.

Völlig entmenschlicht. Wie zu Lebzeiten – wenn er es denn ist. Jetzt kommt die Stunde der Wahrheit, dachte Herzfeld und wandte sich den Knochenstücken mit den Zahnreihen des Ober- und Unterkiefers zu, die der Sektionsassistent mittlerweile sauber abgespült und abgetrocknet hatte. Sie lagen auf dem leicht erhöhten Organtisch am Fußende des Sektionstisches bereit, damit sie sie mit Schneiders zahnärztlichen Befunden abgleichen konnten.

»Das ist definitiv nicht Schneider«, sagte Herzfeld zu der neben ihm stehenden Westphal, nachdem sie beide mehrfach die Zahnarbeiten in Ober- und Unterkiefer des Toten mit dem Zahnstatus von Volker Schneider in der entsprechenden Vermisstenakte abgeglichen hatten.

Durch die große Individualität zahnärztlicher Arbeiten und die Tatsache, dass menschliche Zähne eine unglaublich hohe Resistenz gegen äußere Einwirkungen jeder Art aufwiesen, war die odontologische Identifikation unbekannter Toter nicht nur die seit Jahrzehnten am häufigsten eingesetzte Methode, sondern auch nach wie vor die wichtigste.

»Okay, dann sehen wir mal, was Alkans Direktion für uns

noch vorbereitet hat«, sagte Westphal und ging durch die übrigen dreizehn Ordner der Vermisstenfälle aus den letzten sechs Monaten, wobei sie diejenigen, denen ein Zahnstatus beigefügt war, zur Seite legte. Bei einer Akte blieb sie hängen und pfiff durch die Zähne. »Sieh mal einer an, noch ein in Kieler Wissenschaftskreisen bekannter Name. Erwin Bohse.«

»Bohse!«, rief Herzfeld erstaunt aus. »Na klar! Ich habe in der Zeitung davon gelesen, dass er vermisst wird. Aber den hatte ich jetzt wirklich nicht auf dem Zettel.«

Bis zu seinem plötzlichen und bisher völlig ungeklärten Verschwinden vor knapp zwei Wochen war Erwin Bohse Staatssekretär für Wissenschaft in der Kieler Landesregierung und von Amts wegen immer wieder mit Angelegenheiten und Belangen der Kieler Rechtsmedizin betraut gewesen. Deshalb war er den beiden Rechtsmedizinern auch mehrfach im Rahmen akademischer Feierlichkeiten im Institut begegnet.

»War Bohse nicht ein Intimus von Schneider?«, fragte Westphal.

»Ja, so was wurde gemunkelt«, entgegnete Herzfeld, während er die Ermittlungsakte zum Vermisstenfall Bohse durchblätterte. »Bohse und Schneider waren zu Studienzeiten Verbindungsbrüder, das hat mir der Kollege Fleischer mal am Rande einer Promotionsfeier hier im Institut, die Bohse eröffnet hat, erzählt. Mehr weiß ich auch nicht, ich habe dem Ganzen damals keine Bedeutung beigemessen.« *Aber jetzt erscheint diese persönliche Verbindung zweier Männer, die beide mit nur wenigen Tagen Abstand spurlos verschwunden sind und seitdem als vermisst gelten, in einem ganz anderen Licht,* ergänzte er in Gedanken.

Es dauerte nicht lange, bis durch den Abgleich der zahnärztlichen Arbeiten in Ober- und Unterkiefer des Toten mit den bei Erwin Bohse zu Lebzeiten durchgeführten Maßnahmen klar war, dass es sich tatsächlich um den vermissten Staatssekretär handelte. Mehrere Inlays im rechten oberen Quadranten und eine Brücke in jeweils beiden unteren Quadranten von Erwin Bohses Kiefer lieferten den entscheidenden Beweis.

Während Westphal Kommissar Alkan telefonisch über das Ergebnis der Obduktion und die erfolgreiche Identifizierung des Mannes informierte – was der Ermittler bei näherer Erläuterung der Personalie Bohse mit dem sogar für Herzfeld durch den Hörer vernehmbaren Ausruf »Ach du Scheiße! Das wird Wellen schlagen, ich muss sofort meinen Chef informieren« kommentierte –, machte sich Herzfeld seinen eigenen Reim auf das Ergebnis ihrer Obduktion.

Dass Staatssekretär Bohse nahezu zeitgleich mit Schneiders spektakulärem Abgang von der Schleibrücke ebenfalls verschwindet und dann tot aufgefunden wird, ist definitiv kein Zufall. Und dass es sich bei unserem Toten um Bohse und nicht um Schneider handelt, bedeutet, dass der wahnsinnige Schneider möglicherweise noch am Leben ist und sogar die Nerven und Gelegenheiten besaß, sich eines Mitwissers zu entledigen – oder einer Person, die ihm vielleicht genauso wie ich auf die Schliche gekommen war.

24

2. Februar, 10.49 Uhr
Itzehoe. Elbklinikum, Büro Paul Herzfeld

Der Donnerstagmorgen stellte Herzfeld vor keinerlei nennenswerte Herausforderungen. Hauptsächlich war er damit beschäftigt, mikroskopische Befunde zu diktieren. Als Levke Hermanns sein Büro im zweiten Stock des Hauptgebäudes der Klinik betreten und ihm mitgeteilt hatte, dass für diesen Tag keine Obduktion geplant sei, hatte Herzfeld hörbar ausgeatmet. Hermanns hatte ihm daraufhin einen Stapel Unterlagen auf den Schreibtisch gelegt, überwiegend schriftliche Befunde seiner mikroskopischen Untersuchungen der vergangenen Tage, die er gegenlesen und unterschreiben sollte, und ein paar Durchschläge von Leichenschauscheinen. Dabei hatte sie einen großen Becher mit Kaffee in ihrer linken Hand gehalten und einen weiteren für Herzfeld auf dem Stapel der Aktenmappen balanciert. Herzfeld hatte den Kaffee dankbar entgegengenommen, sie hatte das mit einem Lächeln quittiert und war wieder gegangen.

Während er nun an dem Kaffee nippte, schweifte Herzfelds Blick immer wieder zum Fenster hinaus auf die westliche Seite des Klinikgeländes, zu dem vollständig heruntergebrannten Backsteingebäude am Rand des Parkplatzes, das exakt im Zentrum von Herzfelds Ausblick aus seinem Bürofenster im zweiten Stock der Klinik stand.

Nachdenklich betrachtete er die Ruine, in der Petersen – der vorher denselben Ausblick wie jetzt Herzfeld aus seinem Bürofenster gehabt hatte – umgekommen war. *Nicht gerade ein beruhigendes Gefühl, wenn man darüber nachdenkt,* fand Herzfeld, aber es lag ihm fern, deshalb in irgendwelche Spekulationen zu verfallen. Unfälle passierten, das war eine Tatsache.

Der Mann fiel Herzfeld erst auf, als er gerade im Begriff war, sich wieder seinem Schreibtisch zuzuwenden. Herzfeld zuckte unwillkürlich zusammen, als er der reglos dastehenden, hageren Gestalt gewahr wurde, die unweit der Absperrung aus Flatterband stand und genau wie er auf den bis auf die Grundmauern heruntergebrannten Ziegelbau starrte. Der in einen langen dunklen Mantel gehüllte Mann war nicht nur hager, sondern auch hochgewachsen. Herzfeld schätzte ihn auf wenigstens einen Meter neunzig, konnte aber sein Gesicht aufgrund des breitkrempigen Hutes, den er tief ins Gesicht gezogen hatte, und wegen des dicken Wollschals, der die Kinn- und Mundpartie des Mannes verdeckte, nicht erkennen. Über dem Schal ragten auffallend knochige Jochbeinkonturen hervor.

Schneider!, schoss es Herzfeld durch den Kopf. *Er ist hier!*

Aber natürlich war das absoluter Unfug. *Was sollte Schneider hier machen, in Itzehoe? Niemand außer ein paar wenigen Personen weiß überhaupt, dass ich hier bin,* dachte Herzfeld. Er schloss die Augen und presste seine Fingerknöchel gegen die Augenlider. *Ich werde noch paranoid. Erst die schemenhafte Gestalt in Nommensens Garten, die ich für Schneider hielt. Dann der fast schon obsessive Wunsch, dass es sich bei der Wasserleiche aus der Kieler Förde um ihn handelt. Und jetzt sehe ich ihn hier auf dem Klinikgelände herumgeistern. Das muss aufhören. Sofort. So darf es nicht weitergehen.*

Als Herzfeld seine Augen wieder öffnete, war der Mann aus seinem Blickfeld verschwunden.

25

3. Februar, 10.25 Uhr
Itzehoe. Elbklinikum, Sektionssaal

Nachdem Levke Hermanns die quasi leere Hauthülle des Halses, der jetzt seiner ursprünglichen Organe wie Kehlkopf, Gaumen, Speiseröhre und Schilddrüse beraubt war, mit zusammengerolltem Zellstoff austamponiert hatte, damit der Hals des Toten nach der Obduktion wieder seine annähernd ursprüngliche Form und Konturen bekam, war sie jetzt dabei, mit ein paar letzten gekonnten Stichen den vom Schambein bis zur Drosselgrube verlaufenden großen Körperlängsschnitt zu verschließen. Über diesen hatte Herzfeld die Brust- und Bauchorgane des Toten entnommen. Schließlich verband sie die beiden Fadenenden des derben Autopsiegarns mit mehreren festen Knoten. Der Mann, der nur zweiundvierzig Jahre alt geworden war und den Herzfeld an diesem Vormittag mit Assistenz von Levke Hermanns obduziert hatte, war nur wenige Stunden nach seiner stationären Aufnahme auf der Intensivstation des Elbklinikums verstorben. Wie Herzfeld den Krankenunterlagen hatte entnehmen können, hatte der Mann nach Angaben seiner Frau, die die ganze Zeit über in der Klinik nicht von seiner Seite gewichen war, am Vortag unter heftigen Zahnschmerzen und Übelkeit gelitten. Ein Zahnarztbesuch war allerdings ohne Nachweis der Schmerzquelle im Mund des Mannes verlaufen, und der Dentist hatte ihn mit einem Rezept für Schmerzmittel ohne weitere Behandlung wieder nach Hause geschickt.

Als sich am Morgen bei dem Mann zusätzliche Brustschmerzen einstellten und sein Kreislauf innerhalb kürzester Zeit instabil wurde, war er per Notarztwagen in das Elbklinikum gebracht worden. Herzfeld hatte mit Befriedigung gelesen, dass die Ärzte in der Rettungsstelle des Elbklinikums sofort an dasselbe gedacht hatten wie er: Buddenbrook-Syndrom. Der aus Thomas Manns Familiensaga *Buddenbrooks. Verfall einer Familie* abgeleitete Begriff bezog sich auf einen frischen Herzinfarkt, dessen Schmerzsymptomatik untypischerweise nur in den Unterkiefer ausstrahlte und nicht mit Brustschmerzen einherging und sich somit als diagnostisches Chamäleon darstellte. Manns fiktiver Charakter Thomas Buddenbrock war ebenfalls an einem Herzinfarkt verstorben, der sich durch nichts als scheinbar harmlose Zahnschmerzen angekündigt hatte.

Trotz sofortiger Herzkatheterisierung und intensivmedizinischer Maßnahmen war der Mann, der noch vor Herzfeld auf dem Obduktionstisch lag, zwei Stunden nach seiner stationären Aufnahme verstorben. Bei der Untersuchung des Herzens hatte Herzfeld eine lehmgelbe Abblassung des normalerweise braunroten Herzmuskels der Herzvorderwand gefunden und somit die Verdachtsdiagnose der klinisch tätigen Kollegen bestätigen können.

»Ich finde, wir sind ein gutes Team, wenn ich das so sagen darf«, bemerkte Levke Hermanns, während sie ihre Plastikschürze mit einem Schwamm und Wasser abwischte und dann ablegte. Herzfeld schwieg, aber er lächelte ein bisschen, als er seine blutigen Latexhandschuhe mit einem schlürfenden Geräusch von seinen Händen löste und in den dafür vorgesehenen Abfallbehälter warf. Ja, es fühlte sich gut an, mal wieder ein wenig der Arbeit nachzugehen, für die sein Herz nun einmal schlug.

Wenige Minuten später betrat Herzfeld sein Büro und schloss die Tür. Genau in diesem Moment begann das Telefon zu klingeln. Er trat an seinen Schreibtisch und nahm das Gespräch entgegen.

»Hier ist Schwester Margit vom Empfang, Herr Doktor«, flötete die Johanniterschwester. »Hier sind mehrere Herrschaften, die sagen, sie hätten einen Termin bei Doktor Petersen.«

»Bei Doktor Petersen?«

»Ja. Angeblich geht es um einen verstorbenen Angehörigen.«

Es entstand ein kurzes Schweigen, und als Herzfeld nichts erwiderte, fragte Schwester Margit: »Herr Doktor Herzfeld, was soll ich denen denn jetzt sagen?«

Herzfeld stieß einen fast unhörbaren Seufzer aus und ergriff seinen weißen Arztkittel, der über der Rückenlehne des Schreibtischstuhls hing, während er zu der Schwester am anderen Ende der Leitung sagte: »Ich kümmere mich darum. Ich komme runter.«

26

3. Februar, 10.31 Uhr
Itzehoe. Elbklinikum, Eingangsbereich

Schon von Weitem sah Herzfeld die drei Personen, die etwas verloren im Empfangsbereich vor dem Tresen von Schwester Margit herumstanden. Als er näher kam, bestätigte sich der erste Eindruck, den er schon aus einiger Entfernung gehabt hatte: Die drei wirkten in der sterilen und modernen Krankenhauskulisse wie Fremdkörper, und das war ihnen wohl selbst bewusst – sie schienen sich hier sichtlich unwohl zu fühlen.
Die Kleidung der Besucher wirkte, als hätten sie seit den Siebzigerjahren jeden Modetrend konsequent ignoriert. Der ältere Mann trug eine verschlissene graue Stoffjacke und abgewetzte Cordhosen, die in Gummistiefeln steckten. Auch die Kleider der beiden Frauen legten die Vermutung nahe, dass sie aus einer ländlichen Gegend stammten und Itzehoe in ihren Augen so etwas wie eine pulsierende Metropole war.
Herzfeld nickte Schwester Margit hinter ihrem Tresen kurz zu, die ihn breit anstrahlte. Dann stellte er sich den drei Besuchern vor und bat sie, ihm in einen der Besprechungsräume im Erdgeschoss zu folgen, die üblicherweise von den Ärzten für Fortbildungen und Teambesprechungen genutzt wurden.
»Also«, sagte Herzfeld, nachdem sie sich einander gegenüber an den großen, schmucklosen Konferenztisch gesetzt hatten, »wie kann ich Ihnen helfen?«
»Jo, also, ik segg dat maal so«, begann der Mann im breitesten Plattdeutsch – und im selben Moment, als die beiden Frauen die Augen niederschlugen und auf ihren Stühlen zusammensanken, als ob sie möglichst wenig Angriffsfläche nach außen bieten wollten, war Herzfeld klar, dass sie nichts zur Unterhaltung beitragen würden.

»Wir haben einen Termin mit Doktor Petersen, um zehn Uhr dreißig. Ist er zu sprechen?«, fragte der Mann und bemühte sich, Hochdeutsch zu sprechen. Er war offensichtlich verunsichert, weil Herzfeld und nicht Petersen sie in Empfang genommen hatte.

»Sagen wir mal so, Doktor Petersen arbeitet hier nicht mehr«, antwortete Herzfeld, der befürchtete, die drei mit der Information, dass Doktor Petersen verstorben war, noch weiter zu verunsichern.

»Oh, er ist nicht mehr hier? Aber wieso? Wen können wir denn jetzt fragen?« Der Mann war noch irritierter als zuvor.

»Mich, vermutlich. Worum geht es denn?«, erwiderte Herzfeld.

»Also, es ist wegen dem Hannes. Meinem Bruder. Er ist der Mann von der Evi hier.« Er deutete mit einer Kopfbewegung in Richtung der neben ihm sitzenden Frau.

»Und er ist Patient hier?«, fragte Herzfeld.

Der Mann starrte ihn an. »Der Hannes ist tot«, sagte er leise, und die Frau, die er als Evi vorgestellt hatte, zerrte ein zerknittertes Stofftaschentuch aus einer Tasche ihres Rocks und begann sich kräftig zu schnäuzen.

»Oh, das wusste ich nicht«, entgegnete Herzfeld. »Das tut mir leid.«

»Krebs«, sagte der Mann, als sei damit alles erklärt.

»Und was kann ich nun für Sie tun, beziehungsweise was hätten Sie denn mit Doktor Petersen besprechen wollen?«, fragte Herzfeld, weil der Mann offenbar nicht von allein die Kommunikation fortsetzen wollte.

»Der Doktor Petersen hat uns einen Brief geschickt, und darin stand, er würde uns … also, er würde …« Nun kramte der Mann seinerseits in einer Innentasche seiner verschlissenen grauen Stoffjacke und förderte einen zerknitterten DIN-A4-Bogen zutage, der den Briefkopf des Elbklinikums trug. »Er hat uns geschrieben, er würde mit uns gern den Obduktionsbefund besprechen«, las der Mann ab und hatte dabei deutliche Schwierigkeiten, sich vorzustellen, was mit diesen seltsamen

Worten wohl gemeint war. »Der Doktor hat uns in diesem Brief geschrieben, dass wir heute um zehn Uhr dreißig herkommen sollen. Er hätte ein paar Fragen an uns. Es wäre wichtig, weil das mit dem Krebs wohl irgendwas Besonderes sei.« Jetzt schluchzten beide Frauen leise.

»Ich verstehe«, sagte Herzfeld. »Ich bin Doktor Petersens Nachfolger in der Pathologie.« Diese Ankündigung rief bei den dreien allerdings keinerlei Reaktion hervor. Der Mann schaute ihn nur weiter aus wässrig blauen Augen an, während die Frauen anfingen zu weinen.

»Ich denke, dass Doktor Petersen das Richtige getan hat und sicherlich einen guten Grund hatte, als er sie bat, noch einmal herzukommen. Allerdings habe ich noch keinerlei Kenntnis von dem Fall und müsste mich zunächst einmal über den Sachverhalt informieren, bevor ich Ihnen etwas Genaueres dazu sagen kann. Das verstehen Sie sicher?«

»Jo, dat ward woll so sien«, sagte der Mann, der jetzt wieder ins Plattdeutsche verfallen war.

»Gut«, sagte Herzfeld und erhob sich. »Dann mache ich Ihnen folgenden Vorschlag: Sie geben mir eine Telefonnummer, unter der ich Sie erreichen kann, und ich suche die Akte Ihres verstorbenen Bruders heraus und rufe Sie dann an. Einverstanden?«

Synchrones Nicken auf der anderen Seite des Tisches.

»Was ich dazu allerdings von Ihnen brauche, sind der Name des Verstorbenen und Geburts- und Sterbedatum.«

Der Mann reichte ihm den Brief von Petersen, den dieser, wie Herzfeld feststellte, etwa eine Woche vor seinem Tod an die Familie Klaasen geschrieben hatte. Die drei Besucher erhoben sich, und nach einer kurzen Verabschiedung marschierten sie aus dem Besprechungsraum, während Herzfeld ihnen nachdenklich hinterherblickte.

27

3. Februar, 11.13 Uhr
Itzehoe. Elbklinikum, Büro Paul Herzfeld

Herzfeld traf im selben Augenblick wie Levke Hermanns vor seinem Büro ein. »Ich wollte ihn gerade selbst trinken«, sagte sie fröhlich, mit einem Blick auf einen weiteren Kaffeebecher in ihrer Hand. »Ich bin schon zum zweiten Mal hier. Und das« – sie übergab Herzfeld eine dünne, taubengraue DIN-A4-Mappe – »sind vier Totenscheine von Obduktionsfällen, die Doktor Petersen schon Anfang des Jahres ausgefüllt hat. Die sind irgendwie in der Rechnungsabteilung liegen geblieben, gehören aber eigentlich schon lange in ihren Ordner mit den Totenscheinen der Sektionen.«

»Entschuldigen Sie«, sagte Herzfeld, »aber ich musste wegen eines Angehörigengesprächs, das Petersen für heute vereinbart hatte, nach unten. Ich war, ehrlich gesagt, etwas unvorbereitet. Aber kommen Sie gleich mit rein, dann können Sie mir bei der Suche nach den betreffenden Patientenunterlagen helfen. Und vielen Dank für den Kaffee, mal wieder.«

»Keine Ursache«, sagte Levke Hermanns, während Herzfeld sein Büro aufschloss, das sie beide betraten. »Wonach genau suchen wir denn?«, fragte sie dann.

»Nach einer Krankenakte.« Herzfeld stellte den Kaffeebecher auf der Schreibtischplatte ab und legte die DIN-A4-Mappe mit den Leichenschauscheinen daneben, dann zog er den Brief von Petersen an die Angehörigen aus seiner Kitteltasche. »Hannes Klaasen. Klaasen mit ›K‹. Geboren am 4. August 1961.« Herzfeld setzte sich an seinen Schreibtisch und wischte mit der Computermaus über die Unterlage, was den Monitor augenblicklich zum Leben erweckte. Levke Hermanns trat hinter ihn, um ihm über die Schulter blicken zu können. Herzfeld öffnete das klinikinterne Programm zur digitalen Verwaltung der Patientendaten und betätigte die Suchfunktion. Nachdem er Name und Geburtsdatum des Patienten eingegeben hatte, wartete er ein paar Sekunden. Allerdings vergeblich. Der Hinweis auf dem Bildschirm zeigte an, dass kein Patient mit diesem Namen im System gespeichert war.

»Mir ist der Name Klaasen vage als Sektionsfall in Erinnerung, aber sicher bin ich mir da nicht. Viele der Menschen hier in der Region haben ähnlich endende Namen. Klaasen, Thomsen, Jensen, Nickelsen ... Und ich versuche, die Toten aus dem Obduktionssaal nicht in mein Gehirn zu lassen, wenn Sie verstehen, was ich meine.«

»Ja, ich verstehe, was Sie meinen. Professionelle Distanz«, erwiderte Herzfeld und probierte es dann noch einmal nur mit dem Geburtsdatum des Patienten. Nichts. Herzfeld gab nur den Nachnamen über die Tastatur ein, dann nur den Vornamen. Weiterhin kein Treffer. Es gab zwar eine Erika Klaasen im System und zahlreiche männliche Patienten mit dem typisch norddeutschen Vornamen Hannes, aber der Gesuchte war nicht dabei. Er versuchte Claasen mit »C«. Wieder nichts.

»Merkwürdig«, sagte Herzfeld und drehte sich auf seinem Schreibtischstuhl zu Levke Hermanns um. »Ich hatte mir das einfacher vorgestellt, digitale Ablage und so. Aber offenbar war Petersen wohl nicht sehr gründlich beim Einpflegen seiner Daten.«

»Das kann ich mir überhaupt nicht vorstellen«, sagte Levke Hermanns. »Doktor Petersen war ein sehr gewissenhafter Mensch. Er hatte hier auf seinem Computer auch eine Datei mit eigenen Unterordnern für seine Fälle. Da war er sehr akribisch, was seine Untersuchungen anbelangte. Darf ich mal?«

Herzfeld stand auf, und Levke Hermanns setzte sich an den Schreibtisch. Sie navigierte sich mit der Maus auf dem Bildschirm durch die im Explorer aufgelisteten Dateien, öffnete immer wieder Ordner und Unterordner und navigierte sich dann wieder zurück zum Explorer. Nach einigen Minuten zog sie demonstrativ die Mundwinkel nach unten. Frustriert sagte sie: »Ich finde die Datei mit Doktor Petersens Patientendaten nicht. Ich weiß, dass sie da war, aber da ist nichts mehr auf der Festplatte.«

Herzfeld zuckte ratlos mit den Schultern.

»Ich versuche es auch noch einmal mit der digitalen Patientendaten-Verwaltung«, sagte die Sektionsassistentin und probierte ihr Glück. Mit demselben Ergebnis. Es gab keinen Hannes Klaasen im System und offenbar auch nicht lokal auf dem Büro-PC seines Vorgängers.

Levke Hermanns griff nach der taubengrauen DIN-A4-Mappe mit den Leichenschauscheinen. »Ich probiere es mal mit anderen Namen von Obduktionsfällen hier aus der Pathologie. Dann sehen wir, ob es sich tatsächlich um einen echten Datenverlust handelt oder ob nur Klaasen aus dem System gefallen ist.«

»Gute Idee«, sagte Herzfeld.

Das Resultat war ernüchternd. Keiner der vier Namen von den Totenscheinen, allesamt Sektionsfälle von Petersen und erst wenige Wochen zurückliegend, ließ sich im System finden.

»Okay«, sagte Levke Hermanns irritiert, »das ist tatsächlich sehr seltsam. Man müsste doch meinen, dass er die alle … Warten Sie. Wenn uns der Computer tatsächlich nicht weiterhelfen will, müssen wir in Petersens Handarchiv suchen. Er hat alles sauber abgelegt, da drüben.« Sie zeigte auf vier nebeneinanderstehende metallene Aktenschränke, die eine gesamte Wand von Petersens ehemaligem Büro einnahmen.

Herzfeld nickte und ging mit ihr zu den Schränken hinüber, in die er, seit er die Räumlichkeit von seinem Vorgänger übernommen hatte, noch nicht einen Blick geworfen hatte – dazu hatte bisher auch keine Veranlassung bestanden. Er öffnete den ganz linken Schrank und zog eine Schublade heraus. Gähnende Leere. Dann die nächste Schublade. Ebenfalls leer.

»Das gibt's doch nicht!«, rief Levke Hermanns, während Herzfeld weitere Schubladen aufzog und das Spiel auch bei den übrigen vier Schränken wiederholte. Bei allen zeigte sich dasselbe Bild: gähnende Leere.

»Da stimmt etwas nicht. Die Schränke waren doch voll mit Petersens Kopien von Krankenakten, Totenscheinen, seinen Sektionsunterlagen und histologischen Befunden! Das weiß ich genau, weil ich ab und zu Unterlagen für ihn herausgesucht habe«, sagte Levke Hermanns.

Herzfeld starrte sie entgeistert an. »Wo sind dann all diese Akten hin, Frau Hermanns?«

»Wenn ich das wüsste«, antwortete sie, aber Herzfeld spürte, dass sie ihm etwas verschwieg. Etwas, worüber sie sich vielleicht nicht zu reden traute. Etwas, das mit großer Wahrscheinlichkeit damit zusammenhing, dass sich anscheinend alle in der Klinik und sogar die Oberen der örtlichen Polizeibehörde große Mühe gaben, jegliche Erinnerung an Petersen und an die Spuren seiner Arbeit in der Pathologie überaus gründlich mit Schweigen zu belegen.

»Was ist mit dem Klinikarchiv?«, fragte Herzfeld. »Ich meine, Sie müssen hier doch noch ein Zentralarchiv haben, in dem Sie Kopien der Krankenunterlagen und Sektionsprotokolle aufbewahren.«

»Na ja«, sagte Levke Hermanns, und nun war ihr deutlich anzumerken, dass sie das Thema am liebsten nicht weiter vertiefen würde. Dabei schweifte ihr Blick hinaus zu dem heruntergebrannten Backsteingebäude vor Herzfelds Bürofenster.

»*Das* war das Archivgebäude?«, fragte Herzfeld atemlos, der ihren Blick richtig deutete.

Levke Hermanns presste die Lippen zusammen und nickte stumm. »Dort wurden nicht nur alle Patientenunterlagen einschließlich unserer Sektionsprotokolle in Papierform gelagert, sondern auch das histologische Material unserer Pathologie, die Objektträger, die Paraffinblöcke ...« Sie stockte und räusperte sich, bevor sie fortfuhr. »Doktor Petersen hat

sich mit Benzin übergossen. Ich muss oft an ihn denken. Was für ein furchtbarer Tod! Was in dem armen Mann vorgegangen sein muss … Und ich habe nichts gemerkt. Nichts. Er hat noch am selben Tag hier gearbeitet wie sonst …« Bei diesen Worten ging ihre Stimme in einem leisen Schluchzen unter.
Herzfeld versuchte zu begreifen, was ihm die Sektionsassistentin da gerade erzählte. *Selbstverbrennung, was für ein heftiger Abgang. Mit den Hunderten Kilo von Paraffinblöcken muss das Gebäude abgefackelt sein wie eine riesige Kerze.*
»Und Petersen war da drin, als …«
Levke Hermanns nickte.
Selbstverbrennung ist eigentlich eine extrem seltene Suizidart. Herzfeld rekapitulierte, dass er bisher in seiner beruflichen Laufbahn als Rechtsmediziner erst mit einem solchen Fall konfrontiert worden war. »Und die Beweislage ist eindeutig? Ich meine, es gibt keine Zweifel, dass es Suizid war?«
Levke Hermanns nickte erneut.
»Die Abgrenzung einer Selbstverbrennung von einem Brandmord kann Kriminaltechnik und Rechtsmedizin unter Umständen vor große Herausforderungen stellen«, bemerkte Herzfeld. »Ist Petersens Leichnam obduziert worden?«
Diesmal zuckte Levke Hermanns mit den Schultern. »Keine Ahnung.«
Das hörte sich alles höchst merkwürdig an. »Wie furchtbar, in der Tat, aber ich bitte Sie, Frau Hermanns, das erklärt doch nicht den gründlichen Kahlschlag, der hier offensichtlich vorgenommen wurde! Es findet sich kein einziger von Petersens Sektionsfällen im digitalen Archiv, obwohl Sie sich sicher sind, dass er diese immer eingepflegt hat. Und zudem hat sich sein Handarchiv, von dem Sie ebenfalls sicher sind, dass es bis kurz vor Petersens Tod noch da war, ganz plötzlich in Luft aufgelöst. Wie erklären Sie sich das?«
Erst jetzt schaute ihn Levke Hermanns wieder an. Nach kurzem Zögern sagte sie: »Ich erkläre mir das *gar nicht,* und offen gestanden ist das auch nicht mein Zuständigkeitsbereich.

In derlei Dingen ist Doktor Kießling ausgesprochen strikt. Ich bin ja nur …«
»Kießling!«, schnaufte Herzfeld.
Levke Hermanns nickte fast unmerklich.

28

3. Februar, 11.15 Uhr
Hohenlockstedt. Flugplatz Hungriger Wolf

Mit einem Quietschen der Vollgummiräder setzte die kleine Privatmaschine der Marke Cessna auf der regenfeuchten Landebahn auf, rollte aus und kam zum Stehen. Es war die einzige Maschine, die in den letzten Tagen auf dem Rollfeld gelandet war, und schon wenige Minuten später würde der kleine Privatflugplatz wieder so verlassen daliegen wie zuvor. Irgendein verlassener Landeplatz mitten im schleswig-holsteinischen Nirgendwo, in jeder Hinsicht ganz und gar unauffällig. Unauffällig wie das kleine Flugzeug, dessen Markierungen auf den ersten Blick Auskunft über seine Herkunft zu geben schienen, aber einer genaueren Kontrolle nicht standgehalten hätten. Was auch gar nicht nötig war, denn diese Maschine flog in der Regel unterhalb des Flugradars jedweder Tower oder Militärstützpunkte.

Snø trat durch die hochgeklappte Passagiertür der Maschine, unter der eine kleine Leiter automatisch ausgefahren war, nur Augenblicke nachdem die Cessna zum Stehen gekommen war. Die Frau mit den hellblonden Haaren, deren schlanke, aber durchtrainierte Figur in schwarze Jeans und eine robuste Motorradlederjacke gehüllt war, trug zwei große Hartschalenkoffer aus schwarzem Kunststoff bei sich. Das nicht unerhebliche Gewicht der beiden Koffer schien die Eleganz ihrer Bewegungen kaum einzuschränken – es war ihr seit Jahren vertraut, sogar beinahe schon lieb geworden. Ihre Hände steckten in hautengen, schwarzen Lederhandschuhen.

Ohne sich noch einmal zur Maschine umzudrehen, deren Tür sich bereits wieder schloss, schritt Snø in ihren Militärstiefeln in Richtung eines kleinen Pkw-Parkplatzes direkt neben dem umzäunten Rollfeld. Auch der Parkplatz war menschenleer, wie das gesamte Gelände. Nur ein einziger Wagen stand dort, ein nachtschwarzer Porsche 911er in der Carrera-Ausführung, der wie vereinbart wieder hier für sie abgestellt worden war.

Dieser Wagen war zwar nicht das unauffälligste Gefährt, doch es gab fraglos Momente, in denen ein wendiges und PS-starkes Fahrzeug mit einem leistungsstarken Sechszylinder-Boxermotor einem unauffälligen Standardwagen mit normaler Motorisierung vorzuziehen war – Snø konnte das aus eigener Erfahrung bestätigen. Sie mochte dieses Modell, weshalb es in ihrem Anforderungskatalog aufgeführt war. Wer mit ihr Geschäfte machte, wusste um diese Dinge und tat gut daran, jede einzelne ihrer Forderungen penibel zu erfüllen.

Während sie die Koffer vor dem Fahrzeug abstellte, ließ Snø ihren Blick schweifen – wie bei ihrer ersten Ankunft hier vor etwa einem knappen Monat war auch diesmal niemand zu sehen. Weder hier noch auf den angrenzenden, zu dieser Jahreszeit noch unbestellten Feldern, die den kleinen Flugplatz in jeder Himmelsrichtung umgaben. Fern im Süden war die Spitze eines Kirchturms zu erkennen, in östlicher Richtung lag eine einsame Landstraße, die sich im Nirgendwo verlor.

Snø verspürte eine innere Genugtuung, als die Erinnerung an ihren letzten Aufenthalt in dieser gottverlassenen Gegend vor ihrem geistigen Auge auftauchte. Die Feuernacht. Der Brandbeschleuniger hatte wie immer seinen Zweck erfüllt. Ein effektives Mordwerkzeug, das keinerlei zurückverfolgbare Spuren hinterließ. Ihre Lieblingswaffe, die alle physischen Beweise vernichtete.

Das Flugzeug erhob sich in die Luft, drehte bei und verschwand in der dunkelgrauen Wolkendecke.

Snø umrundete den Porsche, ging neben dem linken vorderen Radkasten in die Hocke und griff in den Zwischenraum

zwischen Kotflügel und Vorderrad, wo in einem kleinen Magnetkästchen die Wagenschlüssel versteckt waren.
Sie öffnete die Fahrertür, beugte sich in das Wageninnere, um den Hebel zum Öffnen der Kofferraumklappe zu betätigen, und wuchtete die beiden Koffer hinein, wo sie perfekt Platz fanden. Dann stieg sie in den Wagen, startete den Porsche und verließ den Flugplatz, ohne sich noch einmal umzusehen.
Der Klient hatte sie telefonisch erneut hierherbeordert, um das letzte Sicherheitsrisiko, wie er es nannte, zu kontrollieren. Die Situation hatte sich anscheinend verschärft. Wäre es nach ihr gegangen, hätte sie diese kleine Schlampe, die sich anscheinend für oberschlau hielt und die Petersen so vortrefflich mit den von ihm benötigten Daten versorgt hatte, schon bei ihrem ersten Auftrag für immer aus dem Spiel genommen. Aber der Klient war strikt dagegen gewesen.
Wenn die Kleine wüsste, wie stümperhaft der Pathologe mit ihren genialen Datenhacks auf seinem Laptop umgegangen war! So war völlig klar, wer die Server gehackt und ihm das ganze Zeug zugespielt hatte. Aber die Ansage des Klienten vor etwas mehr als drei Wochen war deutlich gewesen: *Wir müssen Kollateralschäden vermeiden. Sicherheitsrisiken minimieren ja, aber so wenig Aufsehen wie möglich erregen.* Sein Zögern und seine Umsichtigkeit, die sie ihm als Schwäche auslegte, war gut für ihr Geschäft und sicherte ihr weitere Aufträge. Die Bezahlung stimmte nicht nur, sie war sogar überdurchschnittlich hoch. Und was noch viel wichtiger war, er ließ sie gewähren ohne große Nachfragen. So würde es hoffentlich jetzt auch laufen, denn sie sollte sich auch an die Fersen von Petersens Nachfolger heften und herausfinden, ob der Mann eine ernst zu nehmende Gefahr darstellte.
Warum sie plötzlich zudem noch einen versoffenen Landwirt im Blick behalten sollte, war ihr schleierhaft. Aber Geschäft war Geschäft. Wie hatte der Klient den Mann genannt? *Ein querulierender Bauer*. Snø schüttelte amüsiert den Kopf und

schaltete das Soundsystem des Porsches ein, das augenblicklich den Innenraum des Fahrzeugs mit wummernden Beats füllte.

Zwanzig Minuten später erreichte der 911er ein Gelände, das irgendwann einmal ein Wohnpark in der Nähe von Itzehoe werden sollte – mit einer Reihe von fertigen, aber noch unbewohnten Einfamilienhäusern sowie erst halb fertiggestellten. Aufgrund von Differenzen, den Geldfluss zwischen Generalunternehmer und einigen Subunternehmern betreffend, waren die Bauarbeiten bereits vor Monaten eingestellt worden. Ein Bagger sowie reichlich Baumaterial standen noch herum, halbherzig verwahrt hinter einem hastig errichteten Bauzaun. Ansonsten war die unfertige kleine Einfamilienhaussiedlung genauso verlassen und menschenleer wie die restliche Umgebung. Diese Abgeschiedenheit, so verkündete ein vergilbtes Schild am Eingang zum geplanten Wohnpark, war offenbar in den Augen der Planer ein triftiger Grund dafür, warum besser situierte Familien einmal hier einziehen würden.
Snø war unbegreiflich, wieso irgendjemand freiwillig in einer solch tristen Einöde leben konnte, nur um sich tagtäglich mit derselben Handvoll idiotischer Nachbarn herumzuschlagen. Aber das war natürlich nicht ihr Problem und würde es auch nie sein. Doch für ihre momentanen Zwecke war die halb fertige Wohnsiedlung genau richtig, und natürlich war auch das Teil ihres Anforderungskatalogs gewesen. Hier würde sie ungestört sein, und nur darauf kam es an.
Der Porsche kam vor der unverputzten Garage zum Stehen, die sich neben dem Musterhaus befand. Augenblicke später öffnete sich das automatische Garagentor, und der Wagen verschwand im Inneren.

Während ihrer Abwesenheit hatte sich hier nichts geändert. Das Musterhaus, in dem sie jetzt erneut ihr Lager aufschlagen würde, war seit Monaten bezugsfertig. Hier gab es Stromanschluss und ausgezeichneten Internetempfang, sofern man über entsprechend leistungsstarke Geräte verfügte.
Geräuschlos fuhr das Tor wieder nach unten, während Snø aus dem 911er stieg. Sie würde wieder das fensterlose Kellergeschoss bewohnen, weil dann aus dem Inneren des Hauses kein Licht zu sehen sein würde. Wohnliche Annehmlichkeiten interessierten sie wenig, schließlich war sie ganz andere Lebensbedingungen gewohnt. Snø legte überhaupt nur wenig Wert auf Bequemlichkeit – eine Matratze und ein paar Decken genügten ihr als Schlafstatt, sie hatte unter weit schlimmeren Bedingungen gehaust und es klaglos hingenommen. Und Schlaf würde sie in der nächsten Zeit ohnehin nur sehr wenig bekommen.

29

3. Februar, 11.16 Uhr
Itzehoe. Elbklinikum, Büro Doktor Kießling

»Ich hatte doch ausdrücklich gesagt, dass ich nicht gestört werden will«, blaffte Kießling hinter seinem gigantischen Mahagonischreibtisch, als seine Sekretärin den Kopf zur Tür hereinsteckte. Als die Tür zu seinem Büro im dritten Stock des Klinikkomplexes weiter aufschwang und er Herzfeld an ihrer Seite erkannte, zwang er sich jedoch zu einem Lächeln und winkte den Rechtsmediziner zu sich herein.

Während Herzfeld näher herantrat, legte der Ärztliche Direktor die Unterlagen vor sich zu einem nicht einsehbaren Stapel zusammen. »Nehmen Sie Platz, Herr Kollege!«

Herzfeld setzte sich gegenüber von Kießlings mit Intarsien aus Mahagoni reich verziertem Schreibtisch auf den Besucherstuhl und hörte, wie die Sekretärin behutsam die Tür hinter sich schloss.

»Ich hoffe«, sagte Kießling, jetzt wieder ganz souverän und Herr der Lage, »Sie konnten diesen ungeheuerlichen Vorfall in Helges Villa inzwischen einigermaßen verarbeiten?«

Herzfeld nickte, während er sich zu einem halbherzigen Lächeln durchrang.

»Also, was kann ich für Sie tun, Herr Herzfeld?«

»Es gibt etwas, worüber ich gern mit Ihnen sprechen würde, Herr Kießling. Es betrifft meinen Vorgänger hier an der Klinik.«

»Oh«, sagte Kießling und schaute ihn durchdringend an. »Es geht um Petersen?«

»Auch wenn ich ständig mit gewaltsamen Todesfällen zu tun habe, war ich doch ziemlich überrascht zu hören, auf welche Weise Petersen umgekommen sein soll. Aber immerhin weiß ich nun auch, wieso auf dem Klinikgelände ein bis auf die Grundmauern niedergebranntes Gebäude steht, auf das ich jeden Tag von meinem Bürofenster hinausschaue.«

Kießling blähte die Backen auf und ließ die Luft mit einem pfeifenden Geräusch durch zusammengepresste Lippen nach außen entweichen. »Ich hoffe, Sie sehen mir nach, dass ich Sie nicht gleich damit behelligen und diese für uns alle verstörende Angelegenheit nicht vor Ihnen ausbreiten wollte.«

Ohne auf Kießlings halbherzige Erklärung einzugehen, sagte Herzfeld: »Es war ein Suizid durch Selbstverbrennen, heißt es.«

»Das ist korrekt«, sagte Kießling und musterte sein Gegenüber über den Rand seiner Brille hinweg. »Bedauerlicherweise hat sich Ihr Vorgänger zu dieser Verzweiflungstat entschlossen. Und wie er seinem Leben ein Ende bereitet hat, sollte nun wirklich nicht an die große Glocke gehängt werden, das werden Sie sicher verstehen. Immerhin steht die Reputation der gesamten Klinik dabei auf dem Spiel.«

»Ich verstehe zwar nicht, wie die Verzweiflungstat eines Einzelnen ein schlechtes Bild auf die gesamte Belegschaft einer Klinik werfen sollte, aber was ist denn mit der Presse?«, wunderte sich Herzfeld. »Ein so ungewöhnlicher Suizid, bei dem das ganze Archivgebäude des Elbklinikums abbrennt, muss doch für einen riesigen Rummel vonseiten der Presse und zu zahllosen Nachfragen geführt haben? Immerhin bestand ja auch die Möglichkeit, dass der Brand auf die benachbarten Klinikgebäude hätte übergreifen können und so Patienten in Lebensgefahr gebracht hätte. Umso erstaunlicher, dass ich zu diesem Vorfall weder in den Online-Ausgaben der hiesigen Regionalzeitung noch in anderen schleswig-holsteinischen Zeitungen etwas gefunden habe.«

»Lieber Herzfeld«, sagte Kießling mit dem Anflug eines jovialen Lächelns. »Wir sind hier in Itzehoe. Hier ist man durchaus bemüht, gut miteinander auszukommen, sich gegenseitig keine Steine in den Weg zu legen und auch mal zu Geschehnissen zu schweigen, die man eben nicht mehr ändern kann. Sie verstehen, was ich sagen will?«

»Ich verstehe durchaus«, erwiderte Herzfeld. *Was nicht ins Bild passt, wird totgeschwiegen. Vermutlich waren die Chefredaktion des lokalen Blattes und andere Pressevertreter am Mittwoch auch bei Nommensens Party.*

»Noch etwas«, fuhr er dennoch fort. »Ich habe vorhin versucht, ein paar Akten von Patienten, mit denen Petersen zu tun hatte, anzuschauen. Keine Chance, die waren im elektronischen Zentralarchiv nicht auffindbar und –«

»Vielleicht hatte er noch keine Zeit gehabt, die Patientendaten einzupflegen«, unterbrach ihn Kießling.

»Das war auch mein erster Verdacht«, erwiderte Herzfeld. »Die Fallakten aus der Pathologie lassen sich aber auch nicht im klinikinternen Programm zur digitalen Verwaltung der Patientendaten finden und ebenfalls nicht auf seinem PC oder in den Schränken –«

»Das ist nicht sein PC«, fiel Kießling ihm erneut ins Wort, zunehmend ungehalten. »Sondern ein neuer, den ich für Sie habe einrichten lassen. Petersens PC steht bei der Polizei.«

»Oh, verstehe. Das wusste ich nicht«, sagte Herzfeld. Dann fügte er hinzu: »Und Frau Hermanns anscheinend auch nicht«, woraufhin Kießling ungehalten erwiderte: »Nun, das ist auch nichts, was jeder hier im Hause wissen muss.«

Danach herrschte für längere Zeit unangenehmes Schweigen im Büro des Ärztlichen Direktors.

Doch Herzfeld, der befürchtete, dass das Gespräch jetzt gänzlich im Sande verlaufen würde, startete einen neuen Versuch: »Sie haben völlig recht. Das ist nichts, was man einem Fremden einfach erzählt. Aber ich bin jetzt Teil Ihres Teams, und da hätte ich gern von Ihnen als meinem Vorgesetzten ein paar Hintergrundinformationen, aus erster Hand sozusagen. Zum Beispiel, was für Petersen wohl den Ausschlag gegeben hat, seinem Leben auf eine so drastische Art und Weise ein Ende zu setzen.«

Kießling nickte bedächtig. »Nun gut, ich werde Ihnen sagen, was Sie wissen müssen. Und ehe Sie irgendetwas von Leuten erfahren, die ihre Informationen nur vom Hörensagen haben, ist es besser, wenn ich Ihnen die Umstände erkläre.« Kießling machte eine bedeutungsschwere Pause. »Es war eine Verzweiflungstat. Zu diesem Zeitpunkt kann der arme Mann kaum noch bei Verstand gewesen sein, fürchte ich.«
»Das erklärt aber noch nicht, warum er sich selbst angezündet haben soll«, hielt Herzfeld dagegen. »Als Mediziner muss Petersen schließlich eine recht genaue Vorstellung davon gehabt haben, was er sich da antut, einmal davon abgesehen, dass er die Akten und das gesamte pathologische Archivmaterial inklusive aller Gewebeproben gleich mit vernichtet. Ich habe gehört, er sei pflichtbewusst und gewissenhaft gewesen. Ihm muss also das Ausmaß seiner Tat selbst in einer psychischen Ausnahmesituation klar gewesen sein. Warum hat er ausgerechnet dieses Gebäude als Ort seines Suizids gewählt? Wollte er das Archiv etwa gezielt zerstören?«
»Er hat offensichtlich zu einem Rundumschlag angesetzt und wollte mit einem möglichst großen Kollateralschaden abtreten. Eine andere Erklärung habe ich nicht. Doktor Petersen war auf die schiefe Bahn geraten, und zwar auf die denkbar schlimmste Weise. Ihm standen ein Strafverfahren und die Aussicht auf eine mehrjährige Gefängnisstrafe bevor. Ganz zu schweigen von dem Verlust seiner Approbation und auch seiner Reputation«, antwortete der Ärztliche Direktor.
Herzfeld sah Kießling mit gerunzelter Stirn an. »Aber was ist denn passiert, dass es so weit gekommen ist?«
Kießling starrte zunächst, ohne zu antworten, vor sich auf die Schreibtischplatte. Er schien es inzwischen zu bereuen, dass er die Büchse der Pandora geöffnet hatte. *Er windet sich wie ein Wurm am Angelhaken*, würde Schwan jetzt sagen, dachte Herzfeld.
»Die Polizei hatte seinen Büro-PC hier im Klinikum beschlagnahmt«, sagte Kießling schließlich, »und sie war an-

schließend auch im Haus seines Vaters, wo er wohnte, um noch mehr Beweise sicherzustellen.«

»Beweise wofür?«, fragte Herzfeld, doch eine düstere Ahnung hatte bereits von ihm Besitz ergriffen.

»Pornografisches Material.« Kießlings Stimme war beinahe nur noch ein Flüstern. »Mit Minderjährigen. Mit ... Kindern.«

Herzfeld schwieg. *Kinderpornografie.* Er konnte eigentlich fast alles ertragen und war im Obduktionssaal und an Tatorten schon mit nahezu jeder erdenklichen Grausamkeit und Perversion konfrontiert worden, aber diese Art von Verbrechen, sexueller Missbrauch von Kindern, bei dem sich jemand an den Schwächsten und Schutzbedürftigsten der Gesellschaft vergriff, war etwas ganz anderes. In seiner Zeit im Hamburger Institut für Rechtsmedizin hatte er mehrfach für das Hamburger Landeskriminalamt in Fällen von sexuellem Missbrauch von Kindern als Sachverständiger tätig werden müssen. Das Analysieren von im Internet gefundenen oder bei Beschuldigten sichergestellten Missbrauchsvideos auf das mögliche Alter der Kinder und auf körperliche Merkmale hin, die zur späteren Identifizierung der anonymen Opfer beitragen konnten, hatten er und alle seine Kollegen als eine extreme Belastung empfunden.

Die Aussicht auf einen öffentlichen Prozess hier in Itzehoe mit allen daraus resultierenden Konsequenzen würde Petersens überaus drastischen Suizid durchaus erklären. Aber es gibt immer zwei Seiten der Medaille. Und Petersen kann seine Version der Geschichte nicht mehr erzählen. Ein Suizid ist nicht zwangsläufig auch ein Schuldeingeständnis. Herzfeld wurde jäh aus seinen Überlegungen gerissen, da es an Kießlings Bürotür klopfte und dessen Sekretärin den Kopf zur Tür hereinsteckte.

»Herr Direktor, die beiden Herren vom Unternehmenscontrolling sind jetzt hier«, sagte sie.

»Bitte, sie sollen reinkommen. Wir sind hier auch jetzt fertig.« Kießling nahm offenbar die Gelegenheit, das Gespräch mit Herzfeld beenden zu können, dankbar wahr. Seine joviale Art war schlagartig zurückgekehrt, als er Herzfeld mit den Worten: »Dann wäre das ja erst mal alles geklärt«, aus seinem Büro hinauskomplimentierte.

Nein, eigentlich ist nichts geklärt, dachte Herzfeld, während er den mit grauem Linoleum ausgelegten Flur in Richtung Fahrstuhl entlangging, der ihn wieder zu seinem Büro im zweiten Stock bringen würde. *Ich habe immer noch deutlich mehr Fragen als Antworten. Aber auch eine Idee, wer mir vielleicht weiterhelfen kann.*

30

3. Februar, 11.36 Uhr
Itzehoe. Elbklinikum, Büro Paul Herzfeld

Nach wenigen Freizeichen wurde der Anruf am anderen Ende der Leitung entgegengenommen. »Herzfeld!«, tönte Oberkommissar Tomfordes Stimme mit einem freudigen Unterton aus dem Hörer. »Moin! Schön, mal wieder von Ihnen zu hören. Ich hätte mich eigentlich schon lange bei Ihnen melden müssen. Sorry, hier ist immer so viel los. Ich hoffe, es geht Ihnen gut und Sie haben sich von Ihrem Ausflug nach Kappeln erholt? Wie geht es Ihrer Verlobten?« Damit spielte der Mordermittler auf die Ereignisse vor knapp drei Wochen an, die Herzfeld und Petra beinahe das Leben gekostet hatten.

Wenn du wüsstest, dachte Herzfeld.

Stattdessen antwortete er: »Muss ja«, was Tomforde am anderen Ende der Leitung mit einem wissenden Lachen quittierte.

»Ich rufe aus Itzehoe an. Ich arbeite im Moment hier in der Pathologie. Nur übergangsweise. Ich nehme sozusagen eine kleine Auszeit von der Rechtsmedizin. Und nun möchte ich Sie um einen Gefallen bitten und hoffe, Sie können mir weiterhelfen. Eigentlich helfen Sie damit auch nicht mir, sondern Angehörigen eines hier im Klinikum verstorbenen Patienten.«

»Herr Doktor, nach dem, was wir gemeinsam erlebt haben …« – Tomforde machte eine kurze Pause – »… nach dem, was Sie und Ihre Familie durchgemacht haben, ist Ihnen einen Gefallen zu tun wohl das Mindeste, was ich für Sie machen kann. Ich bin ganz Ohr, schießen Sie los!«

»Es geht um einen hier im Klinikum in Itzehoe beschlagnahmten Computer. Er gehörte meinem Vorgänger, Doktor Jan Petersen. Ich vermute, dass sich der PC in der Abteilung für IT-Forensik bei Ihnen im Präsidium befindet. Es wäre mir eine große Hilfe, wenn ich mal einen Blick auf die darauf vorhandenen Daten werfen könnte, falls der PC tatsächlich in Ihrer Asservatenkammer steht.«

»Hm, ja. Das lässt sich machen. Der Leiter der Abteilung Computerforensik ist ein alter Angelbruder von mir. Um welche Daten geht's denn? Und wie kommt der Computer zu uns, ich meine, wieso wurde er überhaupt beschlagnahmt?«

Herzfeld berichtete Tomforde die ihm bisher bekannten Einzelheiten zu den Ermittlungen gegen Petersen wegen des Besitzes von Kinderpornografie und die Umstände seines Todes. Er verschwieg dem Ermittler gegenüber auch nicht, dass ihm sein Bauchgefühl sagte, dass da noch weit mehr unter der Oberfläche, an der er gerade erst zu kratzen begonnen hatte, auf ihn wartete.

»Selbstverbrennung! Erstaunlich, dass ich bisher noch gar nichts von der Sache mitbekommen habe«, kommentierte Tomforde Herzfelds Ausführungen. »Und wenn Ihr Bauchgefühl sich meldet, werde ich mittlerweile sehr hellhörig.«

»Ja, und es gibt im Moment noch so einiges, worauf ich mir keinen Reim machen kann. Konkret geht es mir um die Patientendaten von Doktor Petersens Sektionsfällen, die sich auf seinem Klinik-Computer, der jetzt sehr wahrscheinlich bei Ihnen in der Asservatenkammer sein Dasein fristet, finden lassen sollten. Eine Kollegin bestätigte mir, dass er auf dem PC eine Datei mit eigenen Unterordnern für seine Patienten angelegt hatte.«

»Aha. Und warum gibt's kein Back-up der Patientendaten auf dem Klinikserver?«, brummte Tomforde.

»Kann ich nicht sagen. Jedenfalls hat der Mann hier eine gähnende Leere hinterlassen, was die Akten der Patienten anbelangt. Anscheinend ist keine seiner digitalen Krankenakten mehr im System hinterlegt, und die Papierakten sind mit Petersen zusammen im Archivgebäude abgefackelt«, antwortete Herzfeld. »Der eigentliche Hintergrund meiner Frage ist folgender: Hier gibt es einen Todesfall in einer Familie, über den Petersen noch mit den Angehörigen hatte sprechen wollen. Möglicherweise eine erblich bedingte Krebserkrankung, aber das ist bisher nur meine Spekulation. Es wäre für mich sehr hilfreich, wenn ich auf die von Petersen erhobenen Daten zurückgreifen könnte, um mir ein Bild von dem betreffenden Todesfall zu machen und den Angehörigen so vielleicht weiterzuhelfen.«

»Verstehe«, sagte Tomforde, und nun hatte sich ein nachdenklicher Ton in seine Stimme geschlichen. »Na, ich werde sehen, was ich machen kann, und melde mich dann bei Ihnen.«

Als sich Herzfeld bei dem Ermittler bedankt und aufgelegt hatte, fragte er sich, ob es vielleicht nicht nur in Petersens eigenem Leben, sondern auch in dessen Krankenakten noch viel tiefere Abgründe gab als die, aufgrund derer die Polizei bisher ermittelt hatte. Es war zwar nur ein vages Gefühl, das Herzfeld da gerade beschlich, aber dafür ein ausgesprochen unangenehmes.

31

6. Februar, 12.40 Uhr
Itzehoe. Elbklinikum, Büro Paul Herzfeld

An diesem Montagmorgen war Herzfeld mit dem Versuch beschäftigt, Ordnung in das Chaos zu bringen, das das vorzeitige Ableben seines Vorgängers verursacht hatte. Um sich einen Überblick zu verschaffen, welche Krankenakten und Patientendaten aus der Pathologie im klinikinternen System überhaupt fehlten und ob sich Daten gegebenenfalls wiederherstellen ließen, hatte er zunächst zweieinhalb Stunden in der IT-Abteilung des Elbklinikums zugebracht. Der eigentlich zuständige ITler war allerdings für die gesamte Woche bei einer Fortbildung, und seine Vertreterin, eine zwar bemühte, aber doch sichtlich mit der Problematik überforderte junge Frau mit störrischen rostroten Haaren hatte Herzfeld letztlich nicht weiterhelfen können. Weder die Ursache des Datenverlustes in der Pathologie noch dessen Zeitpunkt konnte sie rekonstruieren, da offensichtlich auch alle Sicherungskopien samt der zugehörigen Nutzer-Zugriffsdaten verloren waren – so zumindest die erste Arbeitshypothese der Rothaarigen.

Frustriert und genervt war Herzfeld danach in sein Büro zurückgekehrt und hatte mit der Unterstützung von Levke Hermanns zunächst das in der Prosektur geführte Sektionsbuch, das die Namen der Obduzierten, das Sektionsdatum und das wesentliche Ergebnis der Sektion jeweils tabellarisch auflistete, mit dem Programm zur digitalen Verwaltung der Patientendaten abgeglichen. Keiner der Todesfälle, die Petersen während der letzten zwei Jahre im Elbklinikum untersucht hatte, war im System vorhanden. Danach nahmen die beiden sich das Eingangsbuch der Histologie vor und glichen die dortigen Daten mit dem System ab. In ein paar Fällen ließen sich die Patientendaten und Befunde zwar im elektronischen System finden, aber es fehlte auch hier der überwiegende Teil der Fälle, in denen Petersen Biopsate und Exzisate, kleinste Gewebeproben lebender Patienten, am Mikroskop untersucht und befundet hatte.

Herzfelds weitere Recherche, diesmal bei dem auf Neudeutsch als Facility Manager der Klinik bezeichneten Hausmeister, hatte ergeben, dass bis auf wenige Akten, die nach den Löscharbeiten völlig durchnässt aus dem Brandschutt des Archivgebäudes geborgen worden waren, nichts an Unterlagen erhalten geblieben war – schon gar keine Befundberichte oder andere Papiere, die Herzfeld hinsichtlich Hannes Klaasen hätten weiterhelfen können.

Was blieb, war für Herzfeld die sich ihm zunehmend aufdrängende Frage, inwieweit es einen Zusammenhang gab zwischen dem Brand und dem Verlust fast sämtlicher Daten von Patienten, mit denen Petersen in irgendeiner Form an der Klinik zu tun gehabt hatte. Herzfeld hatte nur einen kurzen Blick auf die angekokelten und von Löschwasser arg in Mitleidenschaft gezogenen Pappordner geworfen, die der Hausmeister ihm in einem Kellerraum gezeigt hatte, und festgestellt, dass es sich dabei um Krankenakten aus der grauen Vorzeit der Klinik handelte. Als Herzfeld der intensive Geruch nach kalter Asche, der den Ordnern anhaftete, reichte, hatte er sich von dem Hausmeister verabschiedet und war abermals zurück in sein Büro geeilt. Er befürchtete, dass er das Brandaroma den restlichen Tag nicht mehr aus seiner Nase bekommen würde. Ein Umstand, den er von Brandleichen-Obduktionen nur zu gut kannte

Während Herzfeld hinter seinem Schreibtisch sitzend gerade überlegte, welche Konsequenzen der fast komplette Verlust von Petersens Daten für seine eigene Arbeit in der Pathologie im Elbklinikum bedeutete und was er den Angehörigen Klaasens mitteilen sollte, klopfte es energisch an seiner Bürotür.

»Ja, bitte!«, rief Herzfeld.

»Sie sind also schwer beschäftigt, wie ich sehe«, sagte Levke Hermanns mit ironischem Unterton, nachdem sie eingetreten war und ihr Blick auf Herzfelds nahezu komplett leere Schreibtischplatte gefallen war.

»Wenn Sie mir verraten könnten, wie ich an Petersens verschwundene Akten und die dazugehörigen Patientendaten im System komme, würden Sie mich wesentlich beschäftigter erleben. So bleiben mir momentan nur die aktuellen Fälle, und von der Warte des Rechtsmediziners oder vielmehr des Pathologen aus sind das im Moment ziemlich magere Aussichten«, erwiderte Herzfeld und rang sich ein Lächeln ab.

»Verstehe«, sagte Levke Hermanns. »Dann wird es Sie sicher interessieren, dass wir heute doch noch eine Obduktion im Hause haben werden.«

»Wirklich?«, fragte Herzfeld freudig überrascht. »Was ist es für ein Fall?«

»Leider betrifft uns das nur indirekt, Doktor Herzfeld. Ich habe einen Anruf von der Itzehoer Kripo bekommen, dass sie unseren Sektionssaal ab 13 Uhr benötigen.«

»Sie sprechen in Rätseln, was genau soll denn nun in unserem Sektionssaal passieren?«.

»Es geht um eine gerichtliche Obduktion«, erklärte Levke Hermanns, und noch während sie weitersprach, spürte Herzfeld, wie sich sein Puls zu beschleunigen begann. Von dem Anflug der Langeweile von eben war nun nichts mehr zu spüren.

32

6. Februar, 13.10 Uhr
Itzehoe. Elbklinikum, Sektionsvorraum

Als Herzfeld den Vorraum zum Sektionssaal erreichte, traf er dort auf Hauptkommissar Denecke nebst zwei uniformierten Polizisten. Ausgerechnet Denecke. Als dieser Herzfeld erblickte, verengten sich seine Augen in dem geröteten Gesicht zu schmalen Schlitzen.

»Hallo, Herr Denecke«, begrüßte Herzfeld den Ermittler. Dieser warf ihm als Erwiderung nur einen übellaunigen Blick zu, dem er aber doch noch ein knappes Nicken folgen ließ. Seine beiden uniformierten Begleiter grüßten wesentlich freundlicher, einer lächelte sogar ein bisschen, als sich Herzfeld in seinem weißen Kittel ihnen kurz als Mitarbeiter der hiesigen Pathologie vorgestellt hatte.

»Hier ist gesperrt!«, verkündete Denecke und deutete auf die Tür hinter ihm, die in den Sektionsraum führte. »Da liegt eine beschlagnahmte Leiche drin.«

»Ich weiß, deshalb bin ich hier. Meine Kollegin –«

»Für Ihre Anwesenheit besteht wirklich kein Grund, Herr Doktor«, unterbrach ihn Denecke schnaufend. »Die Rechtsmediziner aus Hamburg sind schon auf dem Parkplatz und müssten jeden Moment hier eintreffen. Sie werden also wirklich nicht gebraucht.«

Wie aufs Stichwort öffnete sich die Tür zum Sektionsvorraum, und drei Männer traten ein. Alle drei waren Herzfeld bestens aus seiner Zeit am Hamburger Institut für Rechtsmedizin bekannt, wo er bis vor knapp einem Jahr als Assistenzarzt gearbeitet hatte. Als seine ehemaligen Kollegen ihn sahen, begrüßten sie ihn freudig, was Denecke mit einem missmutigen Brummen quittierte.

»Hallo Sönke, Jakob, Herr Schäfer«, begrüßte Herzfeld die Männer und streckte ihnen nacheinander die Hand hin, die diese jeweils ergriffen und herzlich schüttelten. Schäfer war der leitende Sektionsassistent der Hamburger Rechtsmedizin. Er hatte zwei große silberfarbene Hartschalenkoffer aus Aluminium zur Tür hereingewuchtet und neben sich abgestellt. Herzfeld wusste nur zu gut, was seine ehemaligen Kollegen hierherführte – eine sogenannte Außensektion. Diese wurden in unregelmäßigen Abständen von Rechtsmedizinern größerer Institute für Kriminalpolizeistellen in ländlichen Gegenden durchgeführt, in denen es keine eigene Rechtsmedizin gab. Herzfeld hatte selbst in seiner Hamburger Zeit mehrfach an Außensektionen teilgenommen: in Brunsbüttel und in Lüneburg, und sogar nach Helgoland hatte es ihn zweimal zur Untersuchung tödlicher Stürze von den charakteristischen roten Felsen auf Deutschlands einziger Hochseeinsel geführt. Aber nach Itzehoe hatte ihn diese durchaus abwechslungsreiche Tätigkeit nie verschlagen. Außensektion, das bedeutete raus aus dem Institut und mit dem Pkw zu teilweise sehr einfachen Prosekturen kleinerer und größerer Krankenhäuser. Manchmal wurde sogar in Friedhofskapellen unter primitiven Bedingungen obduziert. Nicht nur Schäfer, der ihm in den ersten Monaten seines Berufslebens als Rechtsmediziner und auch danach noch viele Tricks und Kniffe bei der Exenteration von Leichen, also der Entnahme der inneren Organe aus den Körperhöhlen, gezeigt hatte, war ihm bestens vertraut, auch die beiden anderen Kollegen kannte Herzfeld von seiner Facharztausbildung sehr gut.

»Paul!«, sagte der größere und ältere der beiden, der einen wuchtigen Backenbart trug und seine mittellangen dunkelblonden Haare, die von ersten grauen Strähnen durchzogen wurden, streng nach hinten gegelt hatte. Er war Sönke Dethlefsen, Oberarzt am Hamburger Institut. »Mensch, das nenne ich ja mal eine nette Überraschung. Was verschlägt dich denn hierher? Habt ihr in Kiel nicht mehr genug zu tun, dass du uns unsere Arbeit wegnehmen willst?«, fragte er mit einem breiten Grinsen in seinem pausbäckigen Gesicht.

»Ach, das ist eine längere Geschichte«, erwiderte Herzfeld. »Ich arbeite immer noch am Kieler Institut. Hier bin ich sozusagen nur aushilfsweise in der Pathologie. Aber ich glaube« – Herzfeld schaute in die Richtung von Denecke und den beiden Schutzpolizisten –, »im Moment ist nicht der Zeitpunkt für Small Talk.«

»Stimmt, uns drängt leider die Zeit ein bisschen«, sagte der dritte von Herzfelds ehemaligen Hamburger Kollegen. Jakob Heinemann, ein aus Österreich stammender Assistenzarzt von Anfang dreißig, hatte nur wenige Monate vor Herzfelds Weggang am Hamburger Institut begonnen. »Wir müssen nach der Obduktion hier noch weiter nach Brunsbüttel. Ein Verkehrsunfall mit drei Toten. Heute ist sozusagen Großeinsatz für uns.«

Denecke schüttelte den dreien nun ebenfalls reihum die Hand, und Herzfeld stellte fest, dass der Kriminalbeamte die Hamburger Rechtsmediziner offensichtlich schon von früheren Zusammentreffen kannte, denn eine persönliche Vorstellung entfiel.

Während Herzfeld noch überlegte, welche Rolle er bei der heutigen Sektion spielen oder wie er sich überhaupt im Spiel halten könnte, ehe Denecke ihn hinauskomplimentierte, trat Schäfer, der Sektionsassistent, zu Dethlefsen und sprach leise zu ihm. »Ausgezeichnete Idee!«, sagte Dethlefsen daraufhin und wandte sich dann an Denecke. »Herr Hauptkommissar, sicher haben Sie nichts dagegen, wenn Kollege Herzfeld unserer Obduktion beiwohnt – Paul, natürlich nur, wenn es deine Zeit erlaubt.«

»Es wäre mir ein Vergnügen«, erwiderte Herzfeld erfreut.

»Also, ich weiß nicht«, wandte Denecke ein, nun jedoch deutlich weniger entschieden als vorhin bei seiner Abfuhr gegenüber Herzfeld.

»Glauben Sie mir, Herr Denecke«, entgegnete Dethlefsen, »Kollege Herzfeld war einer unserer Top-Leute in Hamburg, bis es ihn höher in den Norden zog. Es gilt in der deutschen Rechtsmedizin zwar das Vieraugenprinzip, aber ein Paar zusätzlicher Augen hat noch nie geschadet.«

»Aber er ist doch gar nicht offiziell involviert und …«, ereiferte sich Denecke, verstummte dann aber, ohne den Satz zu beenden.

»Nun, Herr Denecke, Paul Herzfeld ist Facharzt für Rechtsmedizin«, sagte Dethlefsen jetzt mit Nachdruck. »Wir würden es wirklich begrüßen, ihn mit uns am Tisch zu haben. Insbesondere, weil später noch weitere Arbeit auf uns wartet. Und eine rasche und gründliche Aufklärung der Todesumstände liegt ja wohl in unser aller Interesse, nicht wahr?«

Denecke nickte widerstrebend.

»Schön«, sagte Dethlefsen. »Und jetzt möchte ich Sie bitten, uns den derzeitigen Stand der Ermittlungen mitzuteilen.«

»Also«, begann der Hauptkommissar und deutete hinter sich auf die Tür zum Sektionssaal, »da drin liegt die Leiche von Nils Klüver, elf Jahre alt. Wohnte mit seiner Mutter in Hohenlockstedt, das ist etwa zehn Kilometer von hier im Itzehoer Umland. Der Junge wurde heute Morgen tot aus einem Bachlauf geborgen. Seine Mutter hatte ihn, Moment …« – Denecke holte ein flaches Notizbuch aus der Brusttasche seines Jacketts, schlug es auf und blätterte dann darin herum, bis er die entsprechende Stelle gefunden hatte – »… seine Mutter hat ihn gestern Abend gegen zwanzig Uhr bei uns als vermisst gemeldet, nachdem er nicht wie vereinbart zum Abendessen nach Hause zurückgekehrt ist. Sie hat sich besonders wegen des Starkregens Sorgen um ihren Jungen gemacht, als der nicht zu Hause auftauchte.«

»Danke«, sagte Dethlefsen. »Was können Sie über die Auffindesituation des Jungen berichten?«

»Seine Leiche wurde gegen acht heute Morgen von einer Spaziergängerin gefunden, die sofort die Polizei rief. Als für uns klar war, dass es sich um den vermissten Nils handelt, haben wir eine Kollegin und eine unserer Psychologinnen zu seiner Mutter geschickt.«

»War er gestern zu Fuß oder mit dem Fahrrad unterwegs?«, wollte Herzfeld wissen.

»Mit dem Fahrrad«, antwortete Denecke. »Die Mutter sagte aus, es habe nicht wie sonst bei ihr vor dem Haus gestanden. Man hat das Fahrrad später unweit der Leiche auf einem Weg liegend gefunden.«

»Okay, und was vermuten Sie, was dem Jungen zugestoßen ist? Haben Sie vor Ort schon irgendwelche Verletzungen an seinem Körper feststellen können?«, fragte Dethlefsen.

»Ich gehe zum jetzigen Zeitpunkt davon aus, dass er von jemandem angesprochen und vom Rad gezerrt wurde. Was der dann mit Nils angestellt hat, werden Sie mir hoffentlich gleich sagen können. Der Junge hat am Hinterkopf eine deutlich sichtbare Platzwunde. Stammt von einem Schlag, würde ich sagen. Und er hat Abwehrverletzungen an seinen Händen, was belegt, dass er sich gewehrt haben muss«, sagte Denecke.

»Wie wurde er aufgefunden, ich meine, wie lag er in dem Bachlauf?«, wollte Herzfeld jetzt wissen.

»Der Junge lag mit dem Gesicht nach unten im Bach, Atemöffnungen unter Wasser, ich denke –«

»Haben Sie Fotos von der Auffindesituation?«, unterbrach Herzfeld ihn.

»Die hat mein Kollege Hübner von der Kriminaltechnik auf seiner Kamera. Die Kollegen von der KT sichern am Fundort noch die letzten Spuren, und dann kommt Hübner hierher. Wir wissen schon, was wir tun, Herr Herzfeld, das können Sie mir ruhig glauben«, blaffte Denecke, der offenbar enorm mit seiner Beherrschung zu kämpfen hatte, nicht nur, weil er von Herzfeld unterbrochen worden war, sondern sich auch noch gemaßregelt fühlte, was die Qualität seiner Arbeit anbelangte.

»Und wer das war«, fuhr Denecke fort, ohne auf eine Erwiderung Herzfelds zu warten, »wer für den Tod des Jungen verantwortlich ist, das kann ich mir auch schon denken.«

Die Rechtsmediziner sahen Denecke an.

»Ja. Zwei meiner Leute sind gerade bei einem Verdächtigen und befragen ihn bereits seit über einer Stunde. Sollte sich der Tatverdacht erhärten, kassieren wir ihn direkt ein und fahren dann noch mal mit einem richterlichen Durchsuchungsbeschluss hin.«

»Was hat Sie denn so schnell auf die Spur dieses Verdächtigen gebracht?«, mischte sich Assistenzarzt Heinemann ein.

»Der Bachlauf, in dem wir den Jungen gefunden haben, liegt in unmittelbarer Nähe eines ganz bestimmten Bauernhofs. Der Kerl, der da wohnt und dem meine Kollegen gerade einen Besuch abstatten, ist bekannt dafür, dass er jeden, der sich seinem Grundstück auch nur nähert, bedroht und beschimpft. Mehr als einmal hat er angekündigt, seinen Schäferhund auf Leute zu hetzen, die ihm seiner Meinung nach zu nahe gekommen sind, und das betrifft sogar Kinder. Der Mann ist ein Raufbold und ein Trinker, und gegen ihn liegen auch diverse Anzeigen wegen Sachbeschädigung vor.«

Dethlefsen und Herzfeld warfen sich stumm einen Blick zu.

»Und deshalb halten Sie ihn gleich für den Mörder eines kleinen Jungen?«, fragte Herzfeld dann. »Ehe überhaupt feststeht, woran und wie das Kind gestorben ist? Ist das nicht eine etwas gewagte Vermutung?« Er konnte nicht glauben, auf welch unprofessionelle Weise Denecke versuchte, sich eine Beweiskette zurechtzuzimmern. Dabei ließ er sich offenbar maßgeblich von Vorurteilen und vagen Verdachtsmomenten leiten, anstatt emotionslos und präzise der Spur der Fakten bis zu ihrem unwiderlegbaren Ergebnis zu folgen.

»Sie wissen ja wohl ganz genau Bescheid, Herzfeld, oder? Was glauben Sie eigentlich –«, ereiferte sich Denecke erneut, wurde aber diesmal von Dethlefsen unterbrochen, der bemüht war, die Wogen zu glätten.

»In ein oder zwei Stunden wissen wir sicher Genaueres«, sag-

te er besänftigend, an Denecke gewandt. »Ich danke Ihnen für die Schilderung Ihrer bisherigen Ermittlungserkenntnisse. Jetzt sind wir zunächst ausreichend über die Vorgeschichte und unsere Ausgangssituation informiert. Wollen wir?«
Heinemann nickte, und Herzfeld wollte es ihm gerade gleichtun, hielt jedoch noch einmal kurz inne und fragte: »Herr Denecke, wie heißt denn eigentlich Ihr Verdächtiger, dieser Mann mit dem Bauernhof und seinem Schäferhund?«
»Lüdgers«, antwortete Denecke. »Geert Lüdgers, vom Moorlandhof.«

33

6. Februar, 13.36 Uhr
Itzehoe. Elbklinikum, Sektionssaal

An der Streckseite der rechten und linken Hand des toten Kindes klafften zwei jeweils mehrere Zentimeter durchmessende rundliche Defekte, die den Blick auf das daruntergelegene gelbliche Weichgewebe und die Muskulatur des Handrückens freigaben. Die dort verlaufenden Strecksehnen der Finger lagen ebenfalls frei, was auf den ersten Blick so aussah, als hätte ein Puppenspieler grobe Stricke am Handrücken des Jungen befestigt, um in einem makabren Puppenspiel auch noch nach dem Tode seine Fingermotorik betätigen zu können.

Dethlefsen und Herzfeld sahen sich kurz an, und Dethlefsen nickte Herzfeld ermunternd zu, der daraufhin das Wort an Denecke richtete.

»Das sind keine Abwehrverletzungen, Herr Denecke. Was wir hier vor uns haben, ist postmortaler Tierfraß durch Nagetiere. Ich würde mal auf Ratten tippen. Hier …« Herzfeld ergriff mit einer seiner behandschuhten Hände den Unterarm des toten Kindes und hielt Denecke den Handrücken mit der Verletzung entgegen. »Sehen Sie die feinen gezackten Ränder der Wunde? Und diese feinen parallelen Ausläufer am Wundrand zur unverletzten Haut hin? Typisch für Nager, aber zu groß für Mäuse.« Er deutete mit dem Zeigefinger auf die betreffenden Stellen.

»Und eindeutig postmortal entstanden, keine Unterblutungen der Wundränder«, ergriff jetzt Dethlefsen das Wort. »Kollege Herzfeld hat recht. Typischerweise gehen die Biester im frühen postmortalen Intervall – und in diesem Stadium der Todeszeit befinden wir uns hier noch, was die Ausbildung von Totenstarre und Totenflecken anbelangt – an die Streckseiten und nicht an die Beugeseiten der Hände. Und zwar aus dem einfachen Grund, weil die Totenstarre postmortal die Hände zu Fäusten schließt. Die Finger verhindern so Tierfraß an den Handinnenflächen.«

Denecke atmete hörbar aus und ließ für einen kurzen Moment die Schultern sinken. Doch dann streckte er seinen Rücken durch und blaffte Herzfeld an, ohne die anderen Obduzenten am Tisch eines Blickes zu würdigen: »Und die Kopfplatzwunde, da habe ich mich wohl auch geirrt?«

»Nein, die hat der Junge ohne Zweifel«, erwiderte Herzfeld.

Denecke grinste. Das Grinsen war jedoch nach wenigen Augenblicken wieder aus seinem Gesicht verschwunden, als er hörte, was Herzfeld noch zu sagen hatte.

»Allerdings ist seine Kopfverletzung nicht unbedingt in schlagtypischer Lokalisation«, fuhr Herzfeld fort, während er auf die relativ geradlinig verlaufende, tief klaffende Kopfplatzwunde des Kindes am Hinterkopf zeigte. An den Wundrändern fehlten einige Haarbüschel, ansonsten bedeckten etwa sechs Zentimeter lange blonde Haare die Kopfhaut. Die Wunde war knapp vier Zentimeter lang und befand sich einen Zentimeter schräg oberhalb des linken Ohres. »Diese Verletzung liegt etwa in Höhe der Hutkrempenlinie. Verletzungen am Schädel im Verlauf dieser gedachten, etwa fünf Zentimeter breiten Linie, wie hier im Fall von Nils, resultieren von Stürzen. Dagegen ist eine Kopfverletzung, die über der Hutkrempenlinie liegt, Folge eines Schlages. Wie gravierend Nils' Kopfverletzung ist beziehungsweise ob sein Gehirn im Schädelinneren in Mitleidenschaft gezogen wurde und ob dieses Trauma, was auch immer es hervorgerufen hat, gegebenenfalls mittodesursächlich war, wissen wir gleich, wenn wir die Kopfhöhle geöffnet haben.«

Nachdem Sektionsassistent Schäfer die Kopfhaut am Hinterhaupt des toten Jungen von einem Ohr zum anderen eingeschnitten hatte und die Kopfschwarte, ähnlich einer Skalpierung, mit einem schmatzenden Geräusch abgezogen und nach hinten geklappt hatte, lag der Schädelknochen des toten Jungen frei. Genau unterhalb der Stelle, an der sich eben noch die Kopfplatzwunde befunden hatte, zeigte sich jetzt eine ebenfalls bogenförmig verlaufende Impressionsfraktur des knöchernen Schädeldaches, deren Beschreibung von Dethlefsen für das Sektionsprotokoll in sein Diktafon gesprochen wurde, genau wie zuvor schon alle Befunde der äußeren Leichenschau. Nachdem Schäfer dann den frei liegenden Schädelknochen kreisförmig mit der Knochensäge eröffnet und das Gehirn des Kindes entnommen hatte, stand fest, dass die Wunde am Hinterkopf den Jungen zwar schwer verletzt und ihn möglicherweise in seiner Reaktions- und Handlungsfähigkeit auch stark eingeschränkt, ihn jedoch definitiv nicht getötet hatte, denn das Gehirn des Kindes wies keinerlei Traumafolgen auf.

Deneckes Mordtheorie löste sich also in Luft auf, was dem bulligen Mann mit dem militärischen Kurzhaarschnitt zusetzte, wie Herzfeld unschwer an den immer intensiver werdenden hektischen roten Flecken im Gesicht des Polizeibeamten erkennen konnte – und auch an der zunehmenden Nässe, die sich beidseits unter den Achseln seines hellblauen Hemdes als Schweißflecken abzeichnete. Mehrfach verließ der Kriminalhauptkommissar während der Obduktion den Sektionssaal.

Der wesentliche und für die Todesursache des Elfjährigen entscheidende Befund zeigte sich schließlich an seinen Lungen. Sie waren massiv überbläht und hatten völlig trockene Schnittflächen. Denn im Gegensatz zu der laienhaften Annahme, dass man bei Ertrunkenen Wasser in den Lungen findet, ist zum Zeitpunkt der Obduktion das beim Ertrinken eingeatmete Wasser nicht mehr nachzuweisen. Der Unterschied im osmotischen Druck zwischen Süßwasser und Blut führt nämlich dazu, dass das in die Lungenbläschen eingeatmete Süßwasser in das Blut abströmt. Auch die Befunde an

den übrigen inneren Organen belegten die entsprechende Einschätzung der Obduzenten.
Nils Klüver war ertrunken.
»Todesursache ist ein Süßwasserertrinken. Keine vorbestehenden Erkrankungen bei dem Jungen. Postmortaler Tierfraß an den Streckseiten der Hände. Eine in sturztypischer Lokalisation am Hinterkopf gelegene, vier Zentimeter lange Kopfplatzwunde am linken Hinterkopf. Ansonsten keine Zeichen einer äußeren Gewalteinwirkung. Kein Angriff gegen den Hals, keine Abwehrverletzungen oder sonstigen Kampfspuren am Körper, kein Hinweis auf ein Sexualdelikt. Leichenliegezeit zwischen fünfzehn und zwanzig Stunden«, fasste der erste Obduzent Dethlefsen das Sektionsergebnis schließlich zusammen.
Denecke nahm die Ausführungen stumm zur Kenntnis, schüttelte dabei allerdings mehrfach den Kopf, so als wolle er das Obduktionsergebnis, das seine krude Mordtheorie widerlegte und ihn damit vor den Rechtsmedizinern ziemlich dumm dastehen ließ, nicht hinnehmen.
Dethlefsen zog Herzfeld und Heinemann beiseite, während Sektionsassistent Schäfer, der gerade die Körpervorderseite des toten Jungen mit Autopsiegarn wieder vollständig verschlossen hatte, das Glas mit Formalin, in dem sie kleine Organstückchen für spätere mikroskopische Untersuchungen zurückbehielten, und die kleinen Plastiktöpfchen und Röhrchen mit den Proben für die toxikologischen Untersuchungen in einem seiner Alukoffer verstaute.
Dethlefsen sprach leise zu seinen beiden Kollegen, sodass Denecke, der das Sektionsergebnis jetzt am Telefon seinen Kollegen von der Kriminaltechnik, die am Leichenfundort von Nils Klüver noch mit der Spurensicherung beschäftigt waren, mitteilte, seine Worte nicht mitbekam. »Dass der Junge ertrunken ist, sehr wahrscheinlich nach einem Sturz irgendwo am Rand des Bachlaufs, in dem er gefunden wurde, und sich das Ganze nach Abschluss der kriminalpolizeilichen

Ermittlungen als tragisches Unfallgeschehen herausstellen wird, dürfte uns wohl klar sein.«
Herzfeld und Heinemann nickten stumm.
»Eine rechtsmedizinische Leichenfundortbegehung ist trotzdem unerlässlich. Jakob und ich müssen aber dringend weiter nach Brunsbüttel zu den drei Verkehrstoten. Paul, würdest du das vielleicht übernehmen?«
Herzfeld seufzte. Er hätte lieber auf eine weitere Konfrontation mit Denecke verzichtet, der offenbar eine gravierende Abneigung ihm gegenüber pflegte. Trotzdem antwortete er: »Ich kann das übernehmen. Aber, Sönke, das klärst besser du mit dem Hauptkommissar.«

34

6. Februar, 15.11 Uhr
Hohenlockstedt. Felder nahe Moorlandhof

Nachdem sich Herzfeld von den Hamburger Kollegen verabschiedet hatte, stieg er in Deneckes Dienstfahrzeug ein, um gemeinsam mit dem Ermittler zum Fundort der Leiche von Nils Klüver zu fahren. Deneckes angesäuerter Gesichtsausdruck ließ keinen Zweifel daran, was er davon hielt, dass Herzfeld ihn nun auch noch dorthin begleitete, nachdem er sich schon in die Obduktion eingemischt und Deneckes Darstellung der Ereignisse angezweifelt hatte.
Während der gesamten Fahrt sprachen die beiden Männer kein Wort, sodass Herzfeld ausreichend Gelegenheit hatte, die draußen vorbeiziehende Landschaft zu betrachten. Es war allerdings ein ziemlich trostloser und trister Anblick. Der Regen und die Sturmböen der letzten Tage hatten die Landschaft in einem einheitlich schlammähnlichen Farbton zurückgelassen – nur hier und da durchsetzt von einem vereinzelten Flecken schmutzig weißer Schneereste. Wenn man den bleigrauen Wolken, die über den Himmel trieben, trauen durfte, würde sich an dieser Wetterlage so schnell nichts ändern, auch wenn sich die Regenschauer gerade eine kurze Pause gönnten.
Nach ein paar Minuten Fahrt erreichten sie einen leicht ansteigenden Feldweg, der auf der linken Seite in unregelmäßigen Abständen von einigen verdorrten Obstbäumen flankiert wurde. Auf der rechten Seite erhob sich der übermannshohe, grasbewachsene Abhang eines schlammigen Feldes, zu dessen Füßen – eingefasst in einen oben offenen, etwa siebzig Zentimeter breiten Betonkanal – das trübe Wasser eines Baches dahinrauschte, der langsam zur Größe eines Flüsschens heranwuchs.

Als sie ausstiegen, schloss Herzfeld seinen Parka mit dem Reißverschluss hoch bis zum Kinn und ging dann gemeinsam mit Denecke auf die drei Männer zu, die ihnen entgegenkamen. Zwei davon in schlammbespritzten, ehemals weißen Schutzanzügen, einer in Zivil mit einer knallgelben Regenjacke, dem für die Region früher typischen Friesennerz. Seine ausgeblichenen Jeanshosenbeine steckten in ebenfalls knallgelben Gummistiefeln.

»Hübner, Chef unserer Kriminaltechnik«, brummte Denecke eine mehr als knappe Vorstellung und deutete dabei auf den Mann im Friesennerz, einen ernst wirkenden Mittfünfziger mit Glatze, gepflegtem Kinnbart und markanten Wangenknochen. »Herzfeld, Rechtsmediziner«, stellte er kurz vor.

Herzfeld und der Leiter der Spurensicherung schüttelten sich die Hände. Die beiden Mitarbeiter Hübners vorzustellen, hielt Denecke nicht für nötig, Herzfeld nickte ihnen kurz zu, was die beiden ebenfalls mit einem stummen Nicken erwiderten. Auf eine Geste Hübners hin begaben sich die beiden ein Stück den Weg hinauf, wo die Kriminaltechniker offenbar gerade dabei gewesen waren, die Reste ihrer Markierungsfähnchen und sonstiger Ausrüstung einzusammeln und sie in dem hellblauen VW-Bus zu verstauen, der dort stand.

»Können Sie mir bitte die Fotos der ursprünglichen Auffindesituation des Jungen zeigen?«, sagte Herzfeld an Hübner gewandt, der ihn mit einem kurzen, aber intensiven Blick aus seinen nussbraunen Augen musterte.

»Sicher«, sagte er und zog eine Digitalkamera aus einer der Seitentaschen seines gelben Regenmantels, schaltete sie ein und ließ Herzfeld auf das Display blicken, während er langsam von einem Bild zum nächsten weiterklickte.

Die Fotos zeigten die Leiche von Nils Klüver, wie ihn die Spaziergängerin am Morgen gefunden hatte. Oberkörper und Kopf des Kindes lagen bäuchlings in dem Bachlauf. Nase und Mund des Jungen befanden sich unter Wasser – nur der

Hinterkopf und die Schulterpartien schauten aus der Wasseroberfläche heraus –, während seine Hüfte und Beine leicht zur Längsachse des Oberkörpers verdreht waren. Sie hatten sich in einer Ansammlung von Gestrüpp verfangen, das sich an einer Seite der Betonrinne angesammelt hatte.

»Danke«, sagte Herzfeld. »Das Rad des Jungen soll nicht unweit von seiner Leiche auf einem Weg aufgefunden worden sein, sagten Sie, Herr Denecke. Wo genau ist die Stelle?«

Der Angesprochene gab ein Schnaufen von sich und zog die Augenbrauen hoch, was Herzfeld darauf zurückführte, dass der Hauptkommissar entweder dem genauen Fundort des Fahrrades keinerlei Bedeutung zumaß oder es Herzfeld ein weiteres Mal übel nahm, dass sich dieser in die eigentliche Polizeiarbeit einzumischen schien.

»Sein Fahrrad wurde hier oberhalb des Bachlaufs auf dem Feldweg gefunden«, erklärte Hübner und zeigte Herzfeld ein weiteres Foto. Darauf war ein mächtiger, knorriger, zu dieser Jahreszeit blattloser Obstbaum zu erkennen, der sich deutlich von all den anderen Bäumen, die den schmalen Feldweg säumten, unterschied.

Herzfeld hob den Blick und suchte die Bäume am Wegesrand ab.

»Es ist der da vorn«, sagte Hübner. »Kommen Sie, ich führe Sie hin.« Denecke machte zunächst keinerlei Anstalten, die beiden Männer zu begleiten, und sah ihnen mit zusammengekniffenen Augen und gerunzelter Stirn hinterher.

Als sie den auffälligen Baum in etwa fünfzig Metern Entfernung auf einer kleinen Anhöhe erreicht hatten, stellte sich Herzfeld exakt an die Stelle, an der das Rad des kleinen Nils gelegen hatte, und ließ seinen Blick in die Umgebung schweifen. Von hier hatte man einen ebenerdigen Zugang zu den morastigen Feldern rechts des Weges, ohne einen übermannshohen Abhang hinaufklettern zu müssen, wie das bei dem etwas tiefer liegenden Wegstück der Fall gewesen war, auf dessen Höhe Nils' Leiche im Bachlauf gelegen hatte.

Der Junge wollte vermutlich über diese Felder, als er sein Fahrrad hier ablegte, dachte Herzfeld. *Aber wohin?*
Er trat an den Rand des von hier aus frei zugänglichen Feldes, ohne sich dabei um seine Schuhe zu kümmern, die sofort einen guten Zentimeter tief im Morast versanken. Dann schaute er konzentriert in die Umgebung. Neben brachliegenden Feldern, die immer wieder von der typischen schleswig-holsteinischen Knicklandschaft – mit Büschen und kleineren Bäumen bepflanzte niedrige Erdwälle – unterbrochen wurden, konnte er in einiger Entfernung auch ein Maisfeld erkennen, das im letzten Jahr offensichtlich nicht abgeerntet worden war und dessen Maisstauden jetzt verfaulten.
Und dann sah er etwas, das seine Aufmerksamkeit erregte.
»Diese grauen Schächte dort«, wandte er sich an Hübner, »die da aus dem Boden schauen, wozu sind die gut?«
»Das sind die Einstiegsschächte zur Wartung der unterirdisch verlaufenden Drainagekanäle, die die Felder entwässern«, antwortete Hübner.
»Kann man da reinsteigen?«
Hübner nickte.
Herzfelds Jagdfieber war nun endgültig geweckt – und das Ende seiner Schuhe gleichermaßen besiegelt. Eiligen Schrittes stapfte er über das Feld auf eine kegelstumpfförmige Erhebung aus Beton zu, die dort aus dem Boden ragte. Hübner und Denecke, der mittlerweile zu ihnen aufgeschlossen hatte, folgten ihm, während ihre Schuhe mit schmatzenden Geräuschen immer wieder in dem völlig durchweichten Boden versanken.
Der Einstiegsschacht war mit einem rostverkrusteten Stahldeckel verschlossen, der aussah, als sei er seit Jahrzehnten nicht von der Stelle bewegt worden. Herzfeld ging trotz aller Widrigkeiten bis zu einem zweiten Betongebilde weiter, das in etwa fünfzig Metern Entfernung lag und etwa drei Handbreit aus dem Boden ragte. Dieser Einstieg war nicht verschlossen, der Deckel – ebenso rostig wie der vorherige – lehnte an dem kegelstumpfförmigen Betonschacht.

»Laufen die Drainagekanäle komplett unter den Feldern her?«, wollte Herzfeld an Hübner gewandt wissen.
»Kilometerweit«, bestätigte Hübner, der sich damit offenbar gut auskannte. »Da es in unserer Region häufig heftige Regenfälle gibt, wird über dieses Tunnelsystem eine Überflutung und damit eine Vernichtung von Saatgut oder Ernte verhindert. Ein Großteil des Entwässerungssystems ist begehbar, wenn auch nur in gebückter Haltung, damit man hineingespülte Hindernisse wie Äste, Gestrüpp oder tote Tiere entfernen kann.«
Herzfeld und die beiden Kriminalbeamten schauten durch die Öffnung hinab in einen etwa zweieinhalb Meter tiefen, finsteren Schacht. In der Tiefe hörten sie Wasser plätschern, und als Hübner mit einer starken Stabtaschenlampe, die sich in einem unter seinem Friesennerz verborgenen Hüftgürtel mit diversen Ausrüstungsgegenständen befunden hatte, hinableuchtete, konnten sie am Grund einen Wasserlauf ausmachen. Auf der einen Seite waren in der Wand des kreisrunden Betonschachts mehrere rechteckige Metallsprossen eingelassen, die bis hinab zu dem künstlichen unterirdischen Bachlauf führten. Die Wände und die verrosteten Sprossen waren mit grünlichen Flecken gesprenkelt, wo das über seitliche Öffnungen von den Feldern einströmende Regenwasser im Laufe der Jahre eine glitschige Schicht aus Moos gebildet hatte.
»Sie glauben, er ist da runter?«, fragte Hübner mit einer Stimme, in der ein Anflug ungläubigen Respekts mitschwang.
Herzfeld nickte, dann schwang er sein Bein über den Rand der Kanalöffnung und trat auf die erste Sprosse. »Vorsicht!«, warnte er seine beiden Begleiter, als er bemerkte, dass sein Fuß kaum Halt auf den rutschigen Sprossen fand. »Die Stufen sind spiegelglatt.«
Hübner und Denecke folgten dem Rechtsmediziner in den steil absteigenden Schacht. Unten fanden sich die Männer in einem horizontal verlaufenden Gang mit einem Durchmesser von etwa 1,20 Meter wieder, was Herzfeld zu einer gebück-

ten Haltung zwang, als er sich in den Tunnel vorwagte. Die Temperatur hier unten war noch um einige Grad kälter als die Außentemperatur. Feinste Eiskristalle hatten sich an der Betondecke der Tunnelröhre gebildet und schimmerten im Licht der Stabtaschenlampe wie Gebilde in einem Kaleidoskop, das nur schwarz-weiße Bilder projizierte. Aufgrund des schweren, muffigen Geruchs, der hier unten herrschte, fiel es den Männern schwer zu atmen. Da das Drainagesystem jedoch nicht zur Ableitung für Fäkalien angelegt war und die Düngesaison lange zurücklag, war der Geruch erträglich – gerade für Herzfeld, der im Sektionssaal und an diversen Tatorten ganz andere olfaktorische Belästigungen gewohnt war. Der Boden der schlammverkrusteten Betonröhre war etwa zwei Handbreit mit Wasser bedeckt, das plätschernd in Richtung eines Ausgangs floss. *Das ist leider ein idealer Abenteuerspielplatz für Kinder,* dachte Herzfeld, der spürte, dass sein Instinkt ihn nicht getäuscht hatte.
Herzfeld suchte, breitbeinig stehend, an den runden Tunnelwänden Halt, um sein ohnehin schon arg in Mitleidenschaft gezogenes Schuhwerk nicht völlig unter Wasser zu setzen, aber das misslang ihm gründlich. Er ignorierte deshalb stoisch das eisige Wasser, das durch das Leder seiner schwarzen Halbschuhe drang, während sich Hübner schnaufend nach vorn beugte und dann abwechselnd mit seiner Stablampe in beide Richtungen des Tunnels in die Finsternis leuchtete.
Plötzlich blieb der Lichtkegel an einem etwa tennisballgroßen Haufen struppigen Fells hängen, den Herzfeld als den Körper einer toten Ratte identifizierte, der in einer Vertiefung in der seitlichen Tunnelwand neben ihnen steckte.
»Scheiße!«, schrie Denecke erschrocken, stolperte einen Schritt nach hinten und stützte sich dann keuchend an der Tunnelwand ab. Sein lauter Ausruf hallte mit einem gespenstischen Echo von den Wänden der Röhre wider und erstarb schließlich irgendwo weiter hinten. »Was machen wir hier eigentlich? Ganz schön verrückt, kein Mensch weiß, dass wir

hier unten sind«, flüsterte er, doch er erhielt keine Antwort außer dem wispernden Echo seiner eigenen Stimme.
»Ratten«, erklärte Herzfeld. »Das bestätigt meine Feststellung bei der Obduktion, was den postmortalen Tierfraß durch Nagetiere an den Streckseiten von Nils' Händen anbelangt.« Denecke erwiderte nichts.
»Können Sie bitte mal auf die Sprossen da leuchten?«, wandte sich Herzfeld an Hübner. »Ich glaube, dort eben etwas gesehen zu haben.«
Hübner kam der Bitte nach, machte einen Schritt dorthin, wo der Schacht nach oben ging, und ließ den Strahl der Taschenlampe langsam von oben nach unten über die in die Schachtwand eingelassenen Metallsprossen gleiten, deren Umrisse bizarre Schatten an die nackten Betonwände warfen wie die Figuren bei einem surrealistischen Schattenspieltheater.
»Moment!«, sagte Herzfeld und beugte sich vor. »Diese Sprosse bitte noch mal, die vierte von unten müsste es sein.«
Nun kamen auch Denecke und der Leiter der Kriminaltechnik näher heran. Herzfeld deutete im hellen Schein der Lampe auf die Kante einer der flachen Metallsprossen. Dort klebte etwas. Ein kleines Büschel etwa sechs Zentimeter langer blonder Haare, fixiert im Fleck einer geronnenen Flüssigkeit, die sich von der Farbe her nur wenig von Rost unterschied.
»Okay, jetzt fügt sich alles langsam zusammen«, sagte Herzfeld leise, mehr zu sich selbst als zu den Männern. Dann berichtete er Denecke und Hübner seine Vermutungen. »Wenn sich herausstellt, dass diese Haare und das Blut von Nils stammen – und ich gehe davon aus, dass die DNA-Analyse das bestätigen wird –, dann könnte es sich wie folgt zugetragen haben: Nils sieht, dass der Einstieg hier in das Tunnelsystem nicht verschlossen ist. Er selbst wird dieses kiloschwere Eisenmonstrum wohl kaum von der Einstiegsluke genommen haben. Er klettert über diesen Einstiegschacht nach unten und gleitet auf einer der oberen Stufen aus, glitschig genug sind sie ja, das haben Sie soeben selbst gemerkt. Im Fallen schlägt der

Junge unglücklich mit dem Kopf hier gegen.« Herzfeld deutete auf die vierte Metallsprosse von unten. »Die bei der Obduktion festgestellte Verletzung am Hinterkopf des Jungen ist mit der Kante dieser Sprosse hier vereinbar, sie kommt als Verursacher der Kopfplatzwunde in Betracht, sowohl was das Aussehen als auch die Lokalisation der Verletzung betrifft.«

»Ja, ja«, stieß Denecke mürrisch hervor und wandte sich an Hübner. »Fotodokumentation und eintüten, Hübner. Dann ab damit ins Labor, eine Blutprobe des Jungen von der Obduktion ist schon rübergegangen an Ihre Leute.«

Wortlos übergab Hübner Herzfeld die Stablampe, der den Lichtkegel auf die betreffende Metallsprosse richtete, zog seine Digitalkamera aus einer der Seitentaschen seines Friesennerzes und fotografierte das Asservat von allen Seiten. Nachdem er die Bilder auf dem Display seiner Kamera überprüft hatte, zog er sich weiße Gummihandschuhe an und legte das blonde Haarbüschel in einen Asservatenbeutel aus durchsichtigem Kunststoff, ehe er die umliegenden blutsuspekten Anhaftungen sorgfältig mit einem kleinen Plastikspatel abkratzte und vorsichtig in ein kleines Plastikbehältnis hineinbröseln ließ.

»Das ist eine gewagte Theorie. Aber wir werden dem natürlich nachgehen«, wandte sich Denecke an Herzfeld. Der Fortgang der Ermittlungen schien ihm überhaupt nicht zu behagen. »Aber wir wissen immer noch nicht, ob er nicht vielleicht hier runter *geworfen* wurde, und falls ja, wer Nils anschließend hier wieder rausgeschleppt und in den Bach geworfen hat – und wieso. Immerhin gibt es Leute, die sind pervers genug, um –«

»Ich bezweifle, dass hier eine Gewalteinwirkung von fremder Hand im Spiel war«, unterbrach Herzfeld die Ausführungen Deneckes.

»Wie bitte?«, fragte der leitende Ermittler und schnaufte.

»Wenn wir davon ausgehen, dass die Haare tatsächlich von Nils Klüver stammen, hätte ich auch eine recht plausible Theorie für den Rest des Unfallhergangs. Eine Theorie, die nicht nur erklärt, warum sich die Haarbüschel des Jungen hier befinden, sein Körper aber über einhundert Meter von dieser Einstiegsluke entfernt in dem Bachlauf lag. Und die auch durch unser Sektionsergebnis untermauert wird.«

»Schon wieder Ihre aus der Luft gegriffene Unfalltheorie!«, ereiferte sich Denecke, dem jetzt auch Hübner leicht verstörte Blicke zuwarf, als befürchte er, der leitende Beamte in diesem Todesermittlungsverfahren würde jeden Moment anfangen, wild um sich zu schlagen.

»Und können wir jetzt mal langsam wieder raus hier? Hier unten kriegt man ja einen Koller!«

»Raus hier, genau das habe ich vor, Herr Denecke«, sagte Herzfeld betont ruhig. »Herr Hübner, leuchten Sie doch bitte mal in die Richtung, in die das Wasser abfließt. Was glauben Sie, wie hoch das hier drinnen während eines Starkregens wie gestern Abend steht?«

»Ziemlich hoch«, sagte der leitende Kriminaltechniker nachdenklich. »Wir waren als Kinder manchmal in diesen Tunneln unterwegs, haben uns allerdings nie weiter als zehn oder fünfzehn Meter vom Einstieg weggetraut. Wenn es mal ein paar Tage ordentlich geregnet hatte, Mannomann ... dann haben Sie hier drin einen regelrechten Wildbach, das können Sie mir glauben.«

Herzfeld nickte. Genau das hatte er angenommen. Er deutete nach vorn, in Richtung des jetzt ruhig dahinplätschernden Wassers. »Gehen wir«, sagte er.

Hübner nickte und ging schnaufend in gebückter Haltung mit der Taschenlampe voran, gefolgt von Herzfeld.

»Und wohin gehen wir, wenn ich fragen darf?«, rief ihnen Denecke mit unsicherer Stimme hinterher.

»Zum Ausgang, Herr Denecke, genau wie Sie vorgeschlagen haben.«

35

6. Februar, 15.32 Uhr
Hohenlockstedt. Felder nahe Moorlandhof

Hübners Mitarbeiter hatten sich zu einer Zigarettenpause entschlossen, während sie auf die Rückkehr ihres Chefs warteten. Die beiden Kriminaltechniker fuhren synchron herum, als immer lauter hallende Stimmen zu hören waren, die direkt aus dem Abhang über der Stelle zu kommen schienen, wo die Leiche von Nils Klüver gefunden worden war.

Doch da war niemand. Auch oben, am Rand des Feldes, waren keine Menschen zu sehen.

»Was zum Teufel war das?«, fragte der eine den anderen, der nur ratlos den Kopf schüttelte.

Plötzlich kam Bewegung in eine der größeren morastigen Erdaufschüttungen in dem Abhang. Erdbrocken lösten sich und kullerten herunter, dann einige Grasbüschel. Ein Paar Hände in ehemals weißen, jetzt aber schmutzverkrusteten Latexhandschuhen schoben restliche Erde und Gras beiseite wie einen Vorhang. Dann kroch Hübner aus einer Öffnung im Abhang oberhalb des Bachlaufs, die bislang von dichtem Grasbewuchs und abgerutschtem Morast verborgen gewesen war. Er kam auf die Füße, drückte sich vom Boden ab, sprang und landete auf der Seite des Bachlaufs, auf der sich die beiden Kriminaltechniker gerade aufhielten. Er verfehlte den Bach bei seinem Sprung nur um Haaresbreite. Ihm folgten ein grinsender Herzfeld und zum Schluss ein reichlich blasser Hauptkommissar Denecke.

Als Denecke und Herzfeld, der trotz der pitschnassen Schuhe und reichlich Schlammspritzern an Hose und Parka bester Laune zu sein schien, bei Hübner und dessen Kollegen angekommen waren, rekonstruierte der Rechtsmediziner den Ablauf des Geschehens vor Nils' Tod, wie er sich aus seiner Sicht vermutlich zugetragen hatte, wobei seine Ausführungen gelegentlich von einem Nicken Hübners bestätigt wurden.

»Ich nehme an, dass Nils, nachdem er beim Einstieg in den Entwässerungskanal ausglitt, stürzte, sich den Kopf aufschlug und zunächst bewusstlos oder zumindest stark mitgenommen und handlungsunfähig liegen blieb. Der zu dieser Zeit einsetzende Starkregen spülte seinen Körper dann irgendwann von seinem Aufschlagpunkt unterhalb des Einstiegs weiter das Kanalsystem entlang, wobei er, ohne sein Bewusstsein oder seine Handlungsfähigkeit wiederzuerlangen, ertrank. Dort …« – er deutete auf die jetzt gut sichtbare Öffnung auf der gegenüberliegenden Seite in dem Abhang – »… wurde er herausgespült aus dem Tunnelsystem.«

Denecke setzte zu einer Erwiderung an, doch Herzfeld war noch nicht fertig.

»Um das herauszufinden, mussten wir nur dem Lauf des Wassers folgen. Dann spülte das aus dem Kanalsystem herausströmende Regenwasser den Körper von Nils noch ein Stück weiter den Hang hinunter bis zu der Stelle im Bachlauf, wo seine Leiche im Gestrüpp hängen blieb und er dann schließlich gefunden wurde. Dass die Öffnung jetzt bedeckt war, ist ebenfalls auf den Starkregen zurückzuführen, der Morast und Schlamm oberhalb der Öffnung den Abhang heruntergespült hat.«

»Ergibt Sinn«, sagte Hübner und nickte ernst, seine beiden Mitarbeiter von der Spurensicherung taten es ihm gleich.

Denecke schwieg.

Aber sein Gesichtsausdruck sprach Bände.

36

6. Februar, 15.43 Uhr
Hohenlockstedt. Felder nahe Moorlandhof

Hauptkommissar Denecke war deutlich anzusehen, was er davon hielt, dass Herzfeld ihn in Vertretung der Hamburger Rechtsmediziner nun auch noch zu dem Mann begleitete, der für ihn bis vor Kurzem noch der ideale Verdächtige gewesen war. Und das, nachdem Herzfeld schon der Obduktion beigewohnt und danach quasi im Alleingang das mutmaßliche Unfallgeschehen des Jungen rekonstruiert und plausibel erklärt hatte – und somit Deneckes Mordtheorie zerpflückt hatte wie ein Kind ein Gänseblümchen.
Aber da die beiden Männer zum Gehöft nur einen kurzen Fußweg über die angrenzenden schlammigen Felder zurückzulegen hatten, blieb ihm nichts anderes übrig. So war es die einzige Genugtuung des hitzköpfigen Ermittlers, dass sich Herzfeld bei diesem Marsch auch noch die Hosenbeine bis auf Kniehöhe gehörig mit Schlamm einsaute, wo doch seine Schuhe nach dem Besuch in den Röhren vermutlich nur noch zum Wegwerfen taugten.
Herzfeld wiederum fragte sich während des kurzen Weges, den die Männer schweigend zurücklegten, was Denecke wohl davon hielt, dass seine und die rechtsmedizinische Expertise der Hamburger Kollegen ihn vor der Blamage bewahrt hatten, einen unschuldigen Mann, nur weil er als Störenfried galt, wegen des Verdachts der Beteiligung an einem Tötungsdelikt zu verhaften – das es nie gegeben hatte.
Hier in der Gegend hätte niemand was dagegen, wenn dieser Lüdgers mal für eine Weile weggesperrt würde. Diese Worte, geäußert von Kießling, kamen Herzfeld wieder in den Sinn. Die Frage war allerdings, wie weit ein Mensch wie

Hauptkommissar Denecke gehen würde, um die öffentliche Ruhe zu schützen und Recht und Ordnung, oder vielmehr das, was der Ermittler dafür hielt, in Itzehoe wiederherzustellen.
Herzfeld wusste, dass er sich durch die für Denecke unliebsame Wendung im Todesfall von Nils Klüver einen unberechenbaren Feind gemacht hatte.

37

6. Februar, 16.14 Uhr
Hohenlockstedt. Moorlandhof

Der U-förmige Moorlandhof von Bauer Lüdgers, oder was davon noch übrig war, machte einen derart desolaten Eindruck, dass man meinen konnte, die verfallenen Gebäudeteile seien schon seit vielen Jahren unbewohnt. Das Dach des auf der rechten Seite neben der Hofauffahrt gelegenen Wirtschaftsflügels musste schon vor Ewigkeiten zu großen Teilen eingestürzt sein, große Löcher klafften darin und gaben den Blick auf morsche Dachbalken frei, sodass es Herzfeld entfernt an das Skelett eines gigantischen prähistorischen Tieres mit gebrochenem Rückgrat erinnerte. Der linke Gebäudeflügel war in einem ähnlich katastrophalen Zustand, bis auf das innenliegende Drittel, das als Garage für einen vorsintflutlichen Traktor diente.

Davor befand sich ein metallener Zwinger, in dem ein riesiger Schäferhund mit angelegten Ohren in ihre Richtung blickte und die Zähne seines beeindruckenden Gebisses fletschte, während er bedrohliche Knurrlaute ausstieß, sobald sich die Männer dem Hof genähert hatten. Kaum hatten Denecke und Herzfeld den Innenhof betreten, sprang der Hund gegen das Gitter, richtete sich zu seiner vollen Größe auf und begann, lautstark und bedrohlich zu bellen.

Einzig das Wohnhaus, das die Stirnseite des Hofes bildete, machte einen einigermaßen bewohnbaren Eindruck. Das Gebell des Hundes schallte über den Hof und wurde nur gelegentlich von einem tiefen Knurren unterbrochen, das keinen Zweifel daran ließ, was er mit den Besuchern anstellen würde, wenn ihn die dicken Eisenstangen des Zwingers nicht davon abhielten.

Als sie den Hof fast durchquert hatten, öffnete sich die Tür des Wohnhauses, und zwei uniformierte Polizisten traten heraus, einen hochgewachsenen, hageren Mann im Schlepptau, bei dem es sich nur um Geert Lüdgers handeln konnte. Der Mann mit der auffälligen Hakennase starrte die Neuankömmlinge aus aggressiv funkelnden, blutunterlaufenen Augen an. Etwas an seinem Gang erinnerte Herzfeld an ein Raubtier, das nach seiner nächsten Beute Ausschau hielt. Ansonsten stand seine zerlumpte Erscheinung der seiner Behausung in nichts nach. Ein paar fettige Strähnen seines nur noch spärlich vorhandenen Haupthaars standen von seinem Kopf ab und bewegten sich bei jedem seiner Schritte wie die verdorrten Ranken einer abgestorbenen Pflanze. Auf seinen gellenden Pfiff hin verstummte der riesige Schäferhund im Zwinger sofort.

»Na großartig, noch mehr von eurer Sorte«, grunzte Lüdgers, als sich Denecke und Herzfeld ihm näherten. Als er Denecke erkannte, legte sich ein hässliches Grinsen auf sein Gesicht, bei dem etliche schiefe, bräunliche Zähne und mindestens ebenso viele Lücken dazwischen zum Vorschein kamen.

»Ah!«, rief er und deutete eine höhnische Verbeugung an, »Hier kommt der Herr Kommissar persönlich, welche Ehre! Der Kommissar geht um! Wofür wollt ihr Schwachköpfe mich denn diesmal an den Pranger stellen, hm? Die beiden hier« – er deutete auf die uniformierten Polizisten – »haben sich nämlich bislang nicht mal die Mühe gemacht, mir das zu verraten.«

Herzfeld bemerkte, wie ein Zucken durch Deneckes bulligen Körper ging, der sich offenbar nur schwer zurückhalten konnte, nicht auf der Stelle über Lüdgers herzufallen, so wie es der Hund eben vermutlich nur allzu gern mit ihnen gemacht hätte. Herzfeld entging auch nicht, dass sich Deneckes Hände zu Fäusten ballten, bis seine Knöchel weiß hervortraten. Auch Lüdgers schien das zu bemerken, und sein Grinsen wurde noch ein bisschen breiter.

»*Ich* stelle hier die Fragen«, presste Denecke hervor.

»Na, jetzt zittere ich aber!«, rief Lüdgers und ging einen Schritt auf Denecke zu.

»Ist gut, lasst ihn gehen«, knurrte Denecke unvermittelt den Uniformierten zu, ohne Lüdgers weiter zu beachten.

»Wie bitte?«, fragte einer der beiden, offenbar in dem Glauben, sich verhört zu haben.

»Ja, hat sich erledigt«, zischte Denecke. »Es war ein Unfall.«

»Was?«, wiederholte der Polizist.

»Der Junge, er ist allem Anschein nach durch ein Unglück gestorben.« Als Denecke fortfuhr, warf er Herzfeld einen bösen Blick zu. »Ein Tötungsdelikt kommt aus rechtsmedizinischer Sicht erst mal nicht in Betracht.«

Die beiden Schutzpolizisten traten von Lüdgers weg, der sich jetzt feixend an seinem stoppelbärtigen Kinn kratzte, wobei er Denecke nicht aus den Augen ließ. »Ich würde die Herren Schutzpolizisten ja zu einem kleinen Umtrunk einladen, immerhin habe ich wohl was zu feiern, wie? Aber leider ist mir gerade das gute Zeug ausgegangen, Sie verstehen …«

»Haben Sie getan, was ich Ihnen vorhin am Telefon aufgetragen hatte?«, fuhr Denecke den einen der beiden Polizisten an, der gerade nervös an dem Funkgerät herumnestelte, das an seiner Koppel befestigt war. Der Mann hob den Blick, zog die Augenbrauen hoch und starrte Denecke verständnislos an.

»Himmel! Ich meine: Haben Sie sich auf dem Gelände hier mal umgesehen, wie ich es Ihnen aufgetragen hatte, Mann? Sie wissen doch wohl noch, wonach Sie suchen sollten«, ereiferte sich Denecke mit immer lauterer Stimme. Allmählich wurde er sich wohl selbst der Tatsache bewusst, dass seine bisherigen Ermittlungen zunehmend zur Farce gerieten.

»Ach so, das. Ja, klar«, sagte der Polizist, ein pickliger Jüngling, der aussah, als wäre er kaum zwanzig Jahre alt. »Wir haben etwas gefunden. Drüben in der Scheune … Garage … jedenfalls da, wo der Traktor steht.«

»Na sieh mal einer an«, sagte Denecke, offensichtlich genervt davon, dem Beamten jede weitere Information aus der Nase ziehen zu müssen. »Und was haben Sie da gefunden?«

»Äh, rote Farbe, Herr Hauptkommissar«, erklärte der Angesprochene. Lüdgers' Blick war während des Gesprächs zwischen Denecke und dem Uniformierten hin- und hergewandert, aber nun starrte er Denecke mit unverhohlenem Hass aus seinen blutunterlaufenen Augen an.

»Und wo ist diese Farbe?«, wollte Denecke wissen.

»In einem Regal an der hinteren Wand.«

»Dann mal los, holen Sie die verdammte Farbe her!«, brüllte Denecke.

Der Polizeibeamte machte auf dem Absatz kehrt und rannte zu dem linken Gebäudeflügel von Lüdgers' Gehöft, der als Garage genutzt wurde. Nach wenigen Augenblicken kam er mit einem metallenen Halblitereimer mit roter Farbe zurück und übergab ihn Denecke.

»Und, Lüdgers, möchtest du mir nicht mal erklären, wozu diese Farbe in deiner Garage steht?«, wandte sich Denecke an Lüdgers.

»Wollte den Schuppen anstreichen«, antwortete der prompt. »Was geht Sie das überhaupt an?«

»Pass mal auf, Freundchen«, sagte Denecke. »Ich verrate dir, was jetzt passiert. Wir werden diese Farbe mitnehmen, nachdem wir noch ein paar Fotos von deiner Müllhalde hier gemacht haben. Und dann werden meine Kriminaltechniker diese Farbe« – er hielt den Farbeimer triumphierend in die Höhe – »mit den Farbspuren vergleichen, die wir nach dem Anschlag auf Herrn Nommensen am dortigen Tatort gesichert haben.«

»Anschlag? Tatort? Ich weiß von keinem Anschlag«, brummte Lüdgers und erweckte den Eindruck, als fühle er sich plötzlich alles andere als wohl in seiner Haut. Herzfeld stellte fest, dass er selten einen Mann so schlecht hatte lügen sehen.

»Der Anschlag auf Herrn Nommensens Villa, Lüdgers. Mit einem Farbbeutel, der an einem Stein befestigt war. Ein Farbbeutelwurf, der an einer Seite des Wintergartens einige Tausend Euro Schaden verursacht hat. Ein Stein, der in voller Absicht auf eine versammelte Menschenmenge geschleudert wurde und der leicht hätte –«

»Anders ist ihm ja nicht beizukommen!«, rief Lüdgers. Dann verstummte er abrupt, als ihm offenbar dämmerte, dass er sich soeben selbst belastet hatte.

»Scheiße!«, zischte er leise.

38

7. Februar, 16.27 Uhr
Itzehoe. Elbklinikum

Am frühen Dienstagmorgen, dem Tag nach seiner Exkursion in die Entwässerungskanäle unter den Feldern von Hohenlockstedt, war Herzfeld von Sönke Dethlefsen aus der Hamburger Rechtsmedizin angerufen worden. Dethlefsen hatte sich bei Herzfeld bedankt und ihm die weiteren Ergebnisse der polizeilichen Ermittlungen geschildert, so wie sie ihm von Hauptkommissar Denecke in anscheinend auffallend knappen Worten mitgeteilt worden waren.

Das Haarbüschel an der Metallsprossenleiter stammte tatsächlich von Nils, wie die DNA-Analyse ergeben hatte. Damit hatte sich Herzfelds Rekonstruktion des Unfallhergangs bestätigt, von Mord oder Beteiligung eines Dritten am Tod des kleinen Nils sprach inzwischen niemand mehr. Inzwischen gab es auch eine weitere Bestätigung für den von Herzfeld geschilderten Ablauf der Ereignisse: Ein Schulfreund des Jungen hatte seinen Eltern inzwischen berichtet, dass Nils ihm gegenüber des Öfteren den Plan geäußert hatte, in die Kanäle unter den Feldern hinabzusteigen, jedoch hatte der Freund aus Furcht immer abgelehnt, ihn zu begleiten. Und offenbar hatte sich Nils am schicksalhaften Sonntagnachmittag entschieden, seinen Plan allein in die Tat umzusetzen, und war in den Schacht gestiegen.

»Die *chain of evidence* ist geschlossen, damit haben wir eine lückenlose Beweiskette«, hatte sich Dethlefsen gefreut und Herzfeld zu seinem richtigen Riecher beglückwünscht. »Allerdings werde ich den Eindruck nicht los, dass du dir mit deiner Spürnase und Akribie bei der örtlichen Polizei nicht nur Freunde gemacht hast«, hatte Dethlefsen noch angemerkt, bevor sich die beiden Männer freundschaftlich verabschiedeten.

Der Beitrag, den Herzfeld im Sektionssaal und am weiteren Leichenfundort zur raschen Aufklärung des Todes von Nils Klüver geleistet hatte, war mittlerweile auch dem Ärztlichen Direktor und anderen Mitarbeitern des Elbklinikums zu Ohren gekommen. Einige seiner neuen Kollegen hatten Herzfeld aufgesucht, um ihn persönlich zu seiner erfolgreichen Arbeit zu beglückwünschen, und Herzfeld hatte den Eindruck, dass ihn viele Mitarbeiter der Klinik jetzt mit anderen Augen sahen. Offenbar war er dem Ruf, der ihm vorausgeeilt war, gerecht geworden.

Lediglich Kießlings Besuch in seinem Büro fiel ein wenig kühl aus, und der Ärztliche Direktor versäumte es nicht, Herzfeld darauf hinzuweisen, dass die Erfüllung seiner Pflichten als Pathologe immer noch seine oberste berufliche Priorität sei. »Auch wenn Sie vielleicht der Meinung sind, dass diese Arbeit ein wenig unter Ihrem Niveau liegt«, hatte er noch bissig hinzugefügt.

Als seine Arbeit in der Pathologie für diesen Tag erledigt war, beschloss Herzfeld, in die Innenstadt zu fahren, um ein paar Besorgungen zu machen. Zwar wurde er in der Kantine der Klinik ausreichend und gar nicht mal schlecht verköstigt, aber er hatte schlicht keine Lust, jeden Tag am selben Ort zu essen, und im Kühlschrank seines kleinen Apartments gähnte eine geradezu erschütternde Leere.

Herzfeld war völlig in Gedanken versunken, als er das Klinikgebäude verließ und zu seinem dunkelblauen Passat ging. So nahm er den Mann mit dem breitkrempigen Hut, der nur wenige Meter neben seinem Wagen stand, zunächst gar nicht wahr.

Als Herzfeld die Tür seines Wagens öffnete, trat der Mann auf ihn zu. »Herr Doktor Herzfeld?«

Herzfeld zuckte kurz zusammen. Sofort stellte er fest, dass ihm der auffallend große Mann, den er auf Ende sechzig oder Anfang siebzig schätzte, irgendwie bekannt vorkam. Auch wenn er jetzt keinen dunklen Mantel, sondern eine gesteppte Winterjacke trug, erkannte er ihn an seinem Hut und den auffallend knochigen Wangenpartien. Es war der Mann, den er vor ein paar Tagen in der Nähe des abgebrannten Archivgebäudes hatte stehen sehen, als er aus seinem Bürofenster auf das Klinikgelände geschaut hatte. Aus der Nähe betrachtet, hatte der Mann das wettergegerbte Gesicht eines Matrosen, dessen Haut mit ihren unzähligen Falten und Runzeln an ein Stück altes, zähes Leder erinnerte, und Herzfeld fielen beim zweiten Hinsehen die hinter beiden Ohrmuscheln des Mannes verborgenen hautfarbenen Hörgeräte auf.

»Ja, bitte?«, antwortete er und sah dem Mann direkt ins Gesicht.

»Auf *Sie* habe ich gewartet«, sagte der Mann. »Ich muss mit Ihnen sprechen.«

39

7. Februar, 16.34 Uhr
Itzehoe. Elbklinikum, Parkplatz

»Es geht um meinen Sohn«, sagte der Mann und nahm den Hut ab, den er sofort zwischen seinen kräftigen Fingern knetete.

»Ihren Sohn?«, fragte Herzfeld verwundert.

»Ja. Mein Name ist Petersen, Lennart Petersen. Doktor Jan Petersen war mein Sohn. Ich weiß, was die Polizei ihm vorwirft und warum er sich umgebracht haben soll. Diese schrecklichen Dinge … Fotos und Videos auf seinem Computer … Von …« Petersens Stimme brach, es fiel ihm offenbar schwer weiterzusprechen. »Er soll sich Fotos von Kindern angeschaut haben, die … also, jedenfalls hat die Polizei so was bei ihm gefunden, auf seinem Arbeitscomputer im Büro. Das behaupten sie zumindest.«

»Behaupten?«, wiederholte Herzfeld.

»Ich weiß doch, dass das nicht stimmt!«, brach es plötzlich aus Petersen heraus. »Er würde … Jan hätte so etwas nie gemacht. Und er hat sich auch nicht umgebracht.«

»Und das glauben Sie, weil …?«, fragte Herzfeld vorsichtig nach.

»Er war zwar ein stiller, aber auch ein sehr empathischer Mensch«, führte Petersen weiter aus. »Er achtete seine Mitmenschen, und in den beiden Jahren, die er an der Klinik tätig war, hat er absolut tadellos gearbeitet. Und er hatte Spaß an dem, was er tat … das hat ihn erfüllt, wissen Sie? Man bringt sich doch nicht um, wenn man ein erfülltes Leben hat – und schon gar nicht in diesem Archivgebäude!«

»Wie meinen Sie das?«

»In diesem Gebäude lag das Resultat der medizinischen Arbeit von vielen Jahren, auch der meines Sohnes. Die Grundlage seiner Forschungen, auch wenn ich nicht weiß, woran genau er gearbeitet hat. Er hätte das nie gefährdet, geschweige denn vernichtet. Unter keinen Umständen. Er hätte ...« Petersen schien nach den richtigen Worten zu suchen. »Im Gegenteil, er hätte die im Archivgebäude gelagerten Unterlagen und besonders die Gewebeproben mit seinem Leben beschützt.«

»Ich muss zugeben, einiges davon deckt sich mit dem, was ich bisher über Ihren Sohn gehört habe«, sagte Herzfeld. »Haben Sie darüber mal mit den ermittelnden Beamten gesprochen?«

»Wollen Sie mich auf den Arm nehmen?«, erwiderte Petersen mit einem verächtlichen Lachen. »Mir hört doch da niemand zu. Sie haben Hauptkommissar Denecke doch sicher schon kennengelernt.«

Herzfeld nickte knapp.

»Ich habe auch versucht, mit Doktor Kießling zu sprechen, aber der hat mich bei meinem dritten Besuch des Klinikgeländes verwiesen. Hausverbot hat er mir erteilt! Er hat gesagt, ich dürfe diese Klinik künftig nur noch in *einem* Fall betreten: als medizinischer Notfall über die Notaufnahme.«

»Wie bitte?«, fragte Herzfeld verblüfft. Langsam entstand bei ihm der Eindruck, dass sein neuer Vorgesetzter nicht annähernd so kompetent agierte, wie es sein Posten erforderte. Auch während ihrer gemeinsamen Heimfahrt nach der Party bei Nommensen, als das Gespräch auf Geert Lüdgers gekommen war, hatte sich der Ärztliche Direktor mehr als fragwürdig verhalten. Oder als er Kießling in dessen Büro bezüglich Petersens Tod befragt hatte. Dieser Mann, das wusste Herzfeld mittlerweile, hatte zwei Gesichter.

Petersen nickte. »Und jetzt dachte ich mir, da Sie doch die Wahrheit ans Licht gebracht haben, was die Todesumstände des kleinen Klüver betrifft ...«

»Aber wie sollte ich Ihnen helfen können?«, fragte Herzfeld

während er sich wünschte, eine Antwort für den trauernden Lennart Petersen parat zu haben.

»Haben Sie Kinder, Herr Doktor Herzfeld?«

Herzfeld antwortete nicht auf diese Frage, sondern öffnete stattdessen die Beifahrertür seines Wagens und bot Petersen an, ihn nach Hause zu fahren, damit sie sich im Auto weiter unterhalten konnten und ihr Gespräch nicht auf dem windigen Parkplatz vor der Klinik fortsetzen mussten. Ein Angebot, das der alte Mann dankbar annahm.

40

7. Februar, 16.50 Uhr
Itzehoe. Viertkoppel, Wohnhaus Lennart Petersen

Petersen hatte ihn zu einem Einfamilienhaus aus gelben Backsteinen in einer Straße namens Viertkoppel am Stadtrand von Itzehoe geleitet. Das Haus lag etwas zurückgesetzt von der Straße und durch eine übermannshohe Hecke vor allzu neugierigen Blicken verborgen zwischen anderen Einfamilienhäusern, die augenscheinlich alle aus den frühen 1960er-Jahren stammten.

Herzfeld parkte seinen dunkelblauen Passat in der Einfahrt vor dem eher schmucklosen Heim der Familie Petersen, die, so vermutete er, jetzt nur noch aus Lennart Petersen bestand. Er konnte die Trauer des alten Mannes durchaus nachvollziehen und die Verzweiflung angesichts des Trümmerhaufens, den das Leben seines verstorbenen Sohnes plötzlich darstellte. Und damit auch seines eigenen. Herzfeld hatte auch eine recht gute Vorstellung davon, wie es fortan um das Ansehen von Petersen senior in Itzehoe bestellt sein würde. Die Gerüchteküche brodelte in derartigen Fällen selbst in größeren Städten, und hier, wo jeder jeden zu kennen schien, würde es lange dauern, bis sich alles wieder beruhigen würde.

Nachdem Herzfeld kurz gezögert hatte, als Petersen ihn bat, ihn ins Haus zu begleiten, hatte er schließlich doch zugestimmt. Sie durchquerten einen kleinen Vorgarten, der zum größten Teil aus einer gepflegten Grünfläche bestand.

»Ihr Sohn hat hier bei Ihnen gewohnt?«, fragte Herzfeld, während der Mann den Schlüssel der Haustür im Schloss umdrehte.

»Ja«, sagte Petersen. »Ich bin recht genügsam und bewohne

nur zwei Zimmer im ersten Stock. Das Erdgeschoss hatte er ganz für sich und seine Arbeit.«

»Arbeit?«, fragte Herzfeld. »Er hat auch zu Hause gearbeitet? Darf ich fragen, woran? Sie sagten vorhin, die Grundlage seiner Forschungen hätten sich in dem Archivgebäude befunden – hatte das was mit dieser Arbeit zu tun?«

»Woran er geforscht hat, weiß ich wie gesagt leider nicht. Er hat nicht mit mir darüber gesprochen. Ich hatte jedoch gehofft, dass Sie sich vielleicht einen Reim darauf machen können. Immerhin kommen Sie ja aus demselben medizinischen Fach.«

»Na ja«, sagte Herzfeld zögernd, »eigentlich bin ich Rechtsmediziner. Und Ihr Sohn war Facharzt für Pathologie. Aber Sie haben recht, es gibt bei unseren Fachgebieten gewisse Überlappungen.«

Nach einem kurzen Gang durch einen dunklen Flur, an dessen Wänden ein paar nichtssagende Kunstdrucke hingen, öffnete Petersen die Tür zu einem Raum am anderen Ende.

»Das Arbeitszimmer meines Sohnes«, erklärte er und trat ein. Herzfeld tat es ihm gleich und prallte regelrecht zurück, als er des in dem Zimmer herrschenden Chaos gewahr wurde. Doch nachdem er den Anblick eine Weile lang auf sich hatte wirken lassen, wurde ihm klar, dass dieser Zustand mutwillig herbeigeführt worden sein musste und keinesfalls den Arbeitsstil des verstorbenen Jan Petersen widerspiegelte. Davon zeugten die aufgerissenen Schubladen und die wahllos auf dem Boden verteilten Bücher, die wohl aus mehreren, fast völlig leer geräumten Bücherregalen an den Wänden stammten.

»Was, um Himmels willen, ist denn hier passiert?«, fragte Herzfeld. »Stammt das von der polizeilichen Durchsuchung?«

Petersen nickte zunächst nur stumm, dann berichtete er, was sich am Abend des Todestages seines Sohnes in seinem Haus zugetragen hatte. »Hauptkommissar Denecke hat mich aus dem Bett geklingelt, als … als es passiert ist. Ich hatte oben schon geschlafen, als er und sein Stoßtrupp hier anrückten. Ich hatte meine Hörgeräte nicht drin, weshalb ich annehme, dass er wohl eine ganze Weile geklingelt und geklopft haben muss. Er hielt mir den Durchsuchungsbeschluss unter die Nase, während seine Männer schon ins Haus stürmten, direkt in Jans Arbeitszimmer. Die schienen sich hier im Haus ganz genau auszukennen. Als ich ihnen folgte, hat Denecke mir verboten, bei der Durchsuchung anwesend zu sein, weil ich ja Beweismittel hätte entfernen können, wie er sich ausdrückte. Seitdem habe ich Jans Arbeitszimmer nicht mehr betreten. Ich konnte mich bisher nicht überwinden, hier aufzuräumen, ich meine … was soll das jetzt denn auch noch bringen?«

»Und wonach haben Deneckes Leute konkret gesucht?«

»Das ist es ja eben. Sie wissen doch, was man meinem Sohn vorwirft, daher verstehe ich nicht, wieso sie auch noch seine Bücher so durcheinanderbringen mussten, das hat doch nun wirklich nichts damit zu tun. Als ich Denecke später danach fragte, sagte der mir, sie hätten durch die Durchsuchung bestätigt gefunden, dass mein Sohn Bargeld und Kleidung für seine angebliche Flucht vor den Behörden zusammengerafft hat. Sie haben seine Reisetasche mit Kleidung und mehreren Tausend Euro im Kofferraum seines Wagens gefunden. Direkt vor dem abgebrannten Archivgebäude.«

Herzfeld schaute ihn irritiert an.

»Aber da ist noch etwas viel Merkwürdigeres, Herr Doktor Herzfeld. Als ich Denecke nämlich fragte, was mit dem Laptop meines Sohnes ist, schaute der mich mit großen Augen an. Ich sagte ihm, dass ich den Laptop nach den polizeilichen Untersuchungen unbedingt zurückbekommen will, da Jan alle unsere Familienfotos, auch aus der Zeit, als seine Mutter noch lebte, in digitalisierter Form darauf gespeichert hat.«

»Lassen Sie mich raten: Und Denecke sagte, er habe keinen Laptop gefunden?«

»Genau. Aber natürlich besaß Jan einen Laptop, denn damit hat er doch schließlich nächtelang in seinem Arbeitszimmer gearbeitet, er hatte hier zu Hause gar keinen anderen Computer. Und woher das viele Bargeld, das sie in seinem Wagen gefunden haben, herkommen soll, erschließt sich mir auch nicht. Jan hat seine Geldgeschäfte online erledigt, und zwar ebenfalls von seinem Laptop aus. Mein Sohn hatte nie mehr als hundert Euro im Portemonnaie! Ich habe gestern seine Kontoauszüge von der Bank bekommen, da gibt es keinerlei Abhebungen größerer Geldbeträge in den letzten Wochen und Monaten. Mir ist das alles ein Rätsel.«

»Guter Punkt«, sagte Herzfeld. »Und was sagt die Polizei dazu?«

»Nichts. Dort spricht man nicht mit mir über den Fall. ›Laufendes Ermittlungsverfahren‹, heißt es immer nur, und dass man mich in Kenntnis setzen würde, sobald die Sache abgeschlossen ist«, antwortete Petersen.

Herzfeld schwieg. *War Jan Petersen tatsächlich in einem Tauschring für Kinderpornografie tätig gewesen? Das wäre zumindest eine Erklärung für die mehreren Tausend Euro, die die Polizei in seinem Wagen gefunden hat. Und das würde auch erklären, weshalb das Ermittlungsverfahren noch weiter betrieben wird, obwohl der Hauptverdächtige tot ist: Jetzt versucht man, die anderen Mitglieder des Tauschrings ausfindig zu machen. Interessant ist auch der Punkt mit dem verschwundenen Laptop, ich werde Tomforde darauf ansprechen, vielleicht findet er sich unter den Asservaten im Kieler Präsidium.*

Inzwischen hatte sich die draußen einsetzende Dunkelheit über Petersens Arbeitszimmer gesenkt. Der durchwühlte Raum machte im letzten Tageslicht einen noch deprimierenderen Eindruck.

»Wie ist Ihr Sohn eigentlich identifiziert worden? Ich meine, wer hat die Leiche aus dem abgebrannten Archivgebäude untersucht und dann festgestellt, dass es sich bei dem Toten tatsächlich um Ihren Sohn handelt?«

»Das weiß ich nicht. Die Nachricht von seinem Tod und die Durchsuchung seines Arbeitszimmers waren bisher alles, was ich direkt von den Ermittlungen gegen ihn mitbekommen habe«, entgegnete Petersen.

»Aber er muss doch obduziert worden sein! Ich meine, bei so einem Fall –«

»Nein« unterbrach Petersen ihn. »Eine Obduktion hat definitiv nicht stattgefunden. Jans Leichnam wurde schon am nächsten Tag von der Staatsanwaltschaft freigegeben. Er ist dann einige Tage später beerdigt worden.«

Herzfeld war fassungslos.

Jan Petersen war nicht obduziert worden!

Selbstverbrennungen waren in der Rechtsmedizin eigentlich nur in Verbindung mit politischen Konflikten oder aus religiösen Gründen ein Thema mit dem Ziel, dass die Tat dem Suizidenten oder seiner politischen oder religiösen Gruppierung die erhoffte Aufmerksamkeit verschaffen sollte. *Jan Petersen hat überhaupt keinen vernünftigen Grund gehabt, Aufmerksamkeit auf seine Situation zu lenken,* ging es Herzfeld durch den Kopf. *Und wie um alles in der Welt können die Ermittlungsbehörden hier in Itzehoe überhaupt von einer Selbstverbrennung ausgehen, wenn das nicht von Obduktionsbefunden mit dem Nachweis von Brandbeschleuniger in den Atemwegen und Vitalzeichen untermauert wird? Die ganze Sache stinkt noch mehr als fünfzig faule Wasserleichen aus der Elbe auf einen Schlag.*

41

8. Februar, 19.40 Uhr
Kiel. Polizeipräsidium

Tomforde konnte sich ein weiteres Mal ein Kopfschütteln nicht verkneifen, als er am PC in seinem Büro im Kieler Polizeipräsidium auf die nächste Seite der Ermittlungsakte im Fall von Doktor Jan Petersen scrollte. Bald nach Herzfelds Anruf hatte er die Akte aufgerufen und sie seitdem ein paarmal durchgelesen, wobei er immer zu demselben Schluss gelangt war, nämlich, dass hier einiges nicht stimmte.

Während er sich über seinen Pferdeschwanz strich, las er erneut den Teil der Ermittlungsakte, der mit »Todesermittlungsverfahren zum Nachteil Doktor Jan Petersen (Suizid)« überschrieben war. Schon bei der früheren Lektüre dieses Abschnitts war Tomforde aus dem Staunen darüber nicht mehr herausgekommen, mit welcher Oberflächlichkeit die Ermittlungen von den Kollegen der Itzehoer Kripo geführt worden waren. Außer dem Ärztlichen Direktor Kießling waren so gut wie keine Zeugen befragt worden, und dessen Aussage legte nahe, dass dieser am wenigsten zur Aufklärung dieser Sache beitragen konnte und am Privatleben seines Mitarbeiters überhaupt keinen Anteil genommen hatte. In der fraglichen Nacht, als offenbar sehr viele Dinge nahezu gleichzeitig passiert waren, hatte der Ärztliche Direktor nach eigenen Angaben in seinem heimischen Bett geschlummert. Andere Mitarbeiter der Klinik waren nicht einmal befragt worden. Und somit gab es weder Augenzeugen noch sonst irgendwelche objektiven Feststellungen zu den Ereignissen in der Nacht, als Doktor Petersen mitsamt dem Archivgebäude auf dem Klinikgelände verbrannt war.

Den Itzehoer Kollegen muss es wirklich sehr gelegen gekom-

men sein, dachte Tomforde, *dass sich der Hauptverdächtige der Kinderpornografie-Ermittlungen anscheinend selbst gerichtet hat – obwohl er kurz zuvor offenbar noch seine Flucht geplant hatte. Das hätte man nun wirklich nur mit einem unterschriebenen Geständnis noch übertreffen können.*
Kopfschüttelnd schloss Tomforde die Datei. Er würde dringend mit Herzfeld über diese Dinge reden müssen.

42

8. Februar, 20.30 Uhr
Kiel. Wohnung Paul Herzfeld

Am Abend, als Hannah schon zu Bett gegangen war, saß Herzfeld mit Petra auf der Couch, allerdings mit einigem räumlichen Abstand und, wie Herzfeld fürchtete, auch mit reichlich emotionaler Distanz zwischen ihnen. Im Fernsehen lief eine Reisedokumentation über die Karpaten, der sie beide allerdings schon seit einer guten halben Stunde keinerlei Aufmerksamkeit mehr schenkten. Petra hatte den Ton heruntergedreht, damit sie sich unterhalten konnten, aber Herzfelds Gedanken schweiften immer wieder zu Hannah, mit der er einen sehr schönen Nachmittag im Kino erlebt hatte. Diesen spontanen Familienbesuch in Kiel mitten in der Woche verdankte er mehreren Umständen: Hannah hatte bei ihren Großeltern so starkes Heimweh gehabt, dass Petra sie schon letzte Woche vorzeitig nach Hause geholt hatte. Zudem lief der aktuelle Disney-Zeichentrickfilm heute zum letzten Mal in den Kieler Kinos. Und auch die Tatsache, dass Kießling, der seit dem Vorfall mit Nils Klüver seinem neuen Mitarbeiter Herzfeld gegenüber um einiges distanzierter wirkte, plötzlich auf den zeitnahen Abbau entstandener Überstunden achtete, hatte Herzfeld in die Karten gespielt.

Die Erinnerung an seine Tochter mit ihren leuchtenden Augen und der Tüte Popcorn im Kinosessel ließ Herzfeld schmunzeln. *Es müsste viel mehr von diesen Momenten geben,* dachte er, bemerkte aber gleichzeitig, dass die Bilder des schönen Nachmittags in seinen Gedanken bereits wieder von denen verdrängt wurden, die mit dem Fall Petersen zu tun hatten. Er konnte offenbar einfach nicht anders. Petra schien davon allerdings zum Glück nichts mitzubekommen.

»Du gefällst mir schon viel besser, Paul«, sagte sie, jetzt offensichtlich etwas versöhnlicher gestimmt als noch vor ein paar Tagen. »Dieser neue Job scheint dir gutzutun. Du scheinst sogar hin und wieder etwas Schlaf zu bekommen«, ergänzte sie scherzend.
Herzfeld nickte und schenkte ihr aus der Flasche Bordeaux nach, die vor ihnen auf dem Couchtisch stand. Er selbst hatte sich bisher zurückgehalten und kaum an seinem Glas genippt.
»Du kannst ruhig auch etwas trinken, weißt du?«, sagte Petra und lächelte ihn an. »Ich habe nicht vor, dich heute Abend rauszuschmeißen, und ...« Sie machte eine bedeutungsschwere Pause. »Und auf der Couch wirst du auch nicht schlafen müssen, Paul.«
»Es ist lieb, dass du das sagst«, antwortete Herzfeld, ebenfalls mit einem Lächeln. Petra in deutlich besserer Laune zu sehen war eine ungeheure Erleichterung für ihn, nachdem sie noch bis vor Kurzem zu kaum mehr fähig gewesen war, als sich auf der Couch einzuigeln und auf den Fernseher zu starren. Herzfeld nahm einen kräftigen Schluck von dem Wein.
»Ich habe nachgedacht, Paul.«
Vorsichtig stellte er sein Glas ab.
»Ich will, dass das mit uns funktioniert«, fuhr sie fort. »Natürlich erwarte ich so was wie jetzt nicht jeden Abend, aber dass du mit Hannah etwas unternimmst und dann auch hin und wieder mal ein bisschen Zeit für mich hast, das ist einfach schön.«
»Das ist es«, stimmte Herzfeld ihr zu.
»Ein ganz normales Familienleben ...«
»Das möchte ich auch, aber –«
»Pscht!«, machte Petra, rutschte auf der Couch näher an ihn heran und legte ihm liebevoll den Zeigefinger auf die Lippen. Herzfeld verstummte. »Ich will, dass unsere Familie funktioniert, Paul. Dass Hannah einen Vater hat, der für sie da ist, ihr gelegentlich mal bei den Hausaufgaben über die Schulter schaut, was mit ihr unternimmt, solche Sachen. Jemanden,

der nicht nur am Wochenende als Zaungast bei der Familie am Tisch sitzt und sonst nie wirklich präsent ist.«

Herzfeld nickte. Sie hatte recht, natürlich, und alles, was sie gesagt hatte, wollte er auch. Aber trotzdem hatte er an dem Abend, als Bohses Leiche gefunden worden war, offenbar nichts Besseres zu tun gehabt, als auf der Stelle nach Kiel in die Rechtsmedizin zu rasen, um sich wieder einmal mit dem Fall Schneider zu beschäftigen, der ihn und Petra fast das Leben und danach so viele schlaflose Nächte gekostet hatte – es war wie verhext.

»Aber damit das funktioniert, musst du dich auch ein bisschen ändern. Ich verstehe, dass du für deine Arbeit brennst. Das hast du schon immer getan, und ich bewundere dich dafür.« Sie machte eine kurze Pause, ehe sie weitersprach. »Ich habe oft das Gefühl, der Tod begeistert dich mehr als alles andere im Leben. Aber, Paul, die Toten sollten nicht wichtiger sein als die Lebenden.«

Herzfeld gingen in diesem Moment eine Menge Dinge durch den Kopf. Menschenleben, die durch seine Arbeit gerettet worden waren – nicht nur, weil Täter überführt werden konnten, jetzt im Gefängnis saßen und somit von ihnen zunächst einmal keine weitere Gefahr ausging. Sondern auch, weil er bei Obduktionen schon erblich bedingte Erkrankungen hatte feststellen können, deren Kenntnis den Angehörigen die Chance gab, sich selbst in die richtige lebensrettende Behandlung zu begeben. Unschuldige, die er mit seinen Gutachten vor langjährigen Gefängnisstrafen bewahrt hatte. Familien, die nach Tagen oder gar Jahren der Ungewissheit endlich Frieden gefunden hatten und zu trauern beginnen konnten, weil er die Wahrheit, so schrecklich sie auch sein mochte, auf seinem Sektionstisch und mit seinen Rekonstruktionen ans Licht gebracht hatte. Und dann waren da noch der Nervenkitzel und die Herausforderung, die seine Arbeit in solchen Fällen stets begleiteten. Als Rechtsmediziner musste er sich – im Gegensatz zu allen anderen Ärzten, die ihre Patienten auf deren Leidensweg, gegebenenfalls bis zu ihrem Tod, begleiteten und von diesen aus erster Hand Erkenntnisse über Symptome und Untersuchungsergebnisse bekamen – seinen Weg zurück zu den Todesumständen eines Menschen bahnen, ohne für das, was sich im Umfeld des Todes ereignete, Zeugen zu haben. Als Rechtsmediziner musste er quasi bei null, nämlich bei dem Tod des Betreffenden anfangen und sich anhand der Ergebnisse von Leichenschau und Obduktion Punkt für Punkt eine Kausalkette aufbauen, bis zu den letzten Minuten im Leben des Menschen. Wie zuletzt im Fall von Nils Klüver. Die professionelle Befriedigung, die Herzfeld daraus zog, ließ die zahllosen Überstunden, seine ständige Müdigkeit, den fast völligen Verzicht auf Sozialkontakte außerhalb des Kollegenkreises und den übermäßigen Genuss von Kaffee als lächerlich geringen Preis erscheinen. Doch die eigene Familie zu vernachlässigen – war *dieser* Preis nicht tatsächlich zu hoch?

»Du hast recht, Petra«, sagte Herzfeld entschlossen. »Ich werde mit Professor Schwan reden, sobald ich aus Itzehoe zurück bin. Die Tage dort haben mir mehr als deutlich gemacht, was ich verlieren würde, wenn …«

In dem Moment begann Herzfelds Telefon zu vibrieren, das er vor sich auf den Tisch gelegt hatte.

Es war Tomforde.

Mist, dachte Herzfeld, *ausgerechnet jetzt.*

»Entschuldige«, sagte er zu Petra. »Ich muss da kurz rangehen, dauert aber nicht lange, versprochen.«

Sie starrte ihm wortlos nach, als er in die Küche verschwand, um ungestört telefonieren zu können.

Tomforde berichtete Herzfeld ohne Umschweife, dass auch ihm einiges daran, wie die Ermittlungen im Fall Doktor Jan Petersen in Itzehoe geführt worden waren, übel aufstieß. Das etwa zehnminütige Telefonat war allerdings auch in anderer Hinsicht für Herzfeld aufschlussreich, denn von einem bei Petersen zu Hause oder in seinem Auto beschlagnahmten

Laptop wusste Tomforde nichts, versprach aber, dass er das noch einmal überprüfen würde. Herzfeld vereinbarte schließlich mit Tomforde, am nächsten Tag, wenn er seinen Dienst im Elbklinikum beendet hatte, erneut nach Kiel zu kommen und sich gegen 18 Uhr mit ihm im kriminaltechnischen Labor des Kieler Polizeipräsidiums zu treffen, damit sie ihr Gespräch fortsetzen konnten – und zwar im Beisein eines Experten für Computerforensik. Der Mann hatte Tomforde versprochen, ihnen dann einen Einblick in die digitalen Untiefen von Petersens PC aus dem Elbklinikum zu gewähren.

Nachdem er eine Weile nachdenklich auf das Display seines Handys gestarrt hatte, ging er zurück ins Wohnzimmer. Der Fernseher war ausgeschaltet und die Couch verlassen. Petra war bereits zu Bett gegangen.

43

9. Februar, 11.16 Uhr
Itzehoe. Elbklinikum, Sektionssaal

Dieser Donnerstagmorgen hielt für Herzfeld etwas Ablenkung von seinem seit der Aufklärung der Todesumstände von Nils Klüver eher eintönigen Arbeitsalltag bereit. Der 41 Jahre alt gewordene Ghanaer, den Herzfeld an diesem Morgen obduzierte, war fünf Tage zuvor von der Beerdigung seiner Mutter aus Ghana zurückgekehrt und hatte seitdem über Unwohlsein, Fieber und Durchfall geklagt – allerdings keinen Arzt aufgesucht. Am Dienstag war er im Beisein seiner Lebensgefährtin in der gemeinsamen Wohnung auf dem Weg ins Badezimmer kollabiert. Der nur wenige Minuten später vor Ort eingetroffene Notarzt hatte den Mann zunächst noch kurzfristig stabilisieren und ins Elbklinikum transportieren können, allerdings verstarb er fünfzig Minuten nach seiner stationären Aufnahme, ohne dass in der Klinik noch eine ausreichende ärztliche Diagnostik der zugrunde liegenden Erkrankung erfolgen konnte. Aufgrund der Möglichkeit, dass der seit einem knappen Jahr in Itzehoe ansässige Mann an einer aus Ghana mitgebrachten, übertragbaren Infektionskrankheit verstorben war, hatte seine Lebensgefährtin ohne große Umschweife in die Durchführung einer klinischen Sektion eingewilligt.

Herzfeld hatte Levke Hermanns – gegen ihren Willen – aus dem Sektionssaal verbannt, bevor er mit der Untersuchung des Toten begann. »Es reicht, wenn sich einer von uns beiden potenziellen Krankheitserregern aussetzt, und das werden in diesem Fall nicht Sie sein«, hatte er der protestierenden Sektionsassistentin im Vorraum des Sektionssaals mitgeteilt. Dann hatte er über seine Sektionssaalkleidung einen speziell für die Obduktion möglicherweise hochinfektiöser Leichen vorgesehenen hellblauen Ganzkörperschutzanzug angezogen. Er bestand aus einer überdimensionierten Kopfhaube mit Plexiglasvisier und zwei Schläuchen im Hinterkopfbereich für die Zu- und Ableitung der Ein- beziehungsweise Ausatemluft des Trägers. Nachdem Levke Hermanns widerstrebend die Atemschläuche an einem kleinen Luftfiltergerät von der Größe einer Autobatterie angeschlossen, das tragbare Gerät an einer Halterung im Hüftbereich des Schutzanzugs befestigt und eingeschaltet hatte, war Herzfeld, dessen Aussehen jetzt eher einem Astronauten als einem Obduzenten ähnelte, mit dem summenden Gerät an seiner Hüfte im Sektionssaal verschwunden.

Sowohl die äußere Leichenschau als auch die Untersuchung der inneren Organe waren zunächst unauffällig gewesen – bis sich Herzfeld nun an die Untersuchung des Darms machte. Die Darmschlingen des Toten waren auffällig überbläht. Herzfeld nahm die Darmschere aus der Instrumentenablage am Sektionstisch, eine etwa zwanzig Zentimeter lange Metallschere mit unterschiedlich langen Scherenblättern, von denen das längere Blatt nicht spitz, sondern in einer etwa kirschkerngroßen Kugel endete. Damit schnitt er den Dünndarm, den er vorher von seiner Verankerung in der Bauchhöhle gelöst hatte, in seiner gesamten Länge von vier Metern auf. Zunächst floss ihm wässriger, jauchig riechender Darminhalt entgegen, bis ihm mehrere jeweils vier Zentimeter lange und etwa fingerdicke, von durchsichtigem Klebeband umwickelte Päckchen sowie ein größeres Knäuel von durchsichtigen Klebestreifenfolien entgegenfielen. Nachdem Herzfeld den gesamten Dick- und Dünndarm in Längsrichtung aufgeschnitten hatte, lagen insgesamt dreizehn mit durchsichtigem Klebeband umwickelte Päckchen, deren Inhalt weißlich hindurchschimmerte, und zwei faustgroße Konglomerate durchsichtiger Klebebandstreifen vor ihm auf dem Sektionstisch.

Er winkte Levke Hermanns, die in der letzten Stunde nicht aus dem Sektionsvorraum gewichen war und jeden von Herzfelds Arbeitsschritten aufmerksam durch die Scheibe zwischen Vorraum und Sektionssaal beobachtet hatte, zu sich heran. Auf ihren fragenden Blick hin gab er ihr ein weiteres Handzeichen, das ihr bedeutete, es sei gefahrlos, den Sektionssaal zu betreten.

Gleich darauf steckte Levke Hermanns den Kopf durch die Tür, während Herzfeld mit von der Kopfhaube seines Schutzanzugs dumpf tönender und leicht verzerrter Stimme verkündete: »Der Mann hier hat offensichtlich nach der Beerdigung seiner Mutter noch einen kleinen Abstecher gemacht – wenn die Beerdigung seiner Mutter überhaupt der Anlass für seine Reise nach Ghana war. In jedem Fall war es aber ein Ausflug zu einer Beerdigung, nämlich zu seiner eigenen.« Die Sektionsassistentin sah Herzfeld mit fragendem Blick an. »Bodypacking«, erklärte Herzfeld. »Er ist an keinem Parasiten oder hochgefährlichen Virus gestorben. Der Mann war ein Bodypacker. Das hier sind Drogenpäckchen. Ich möchte wetten: Kokain. Dreizehn Päckchen sind noch intakt, und der Menge der Klebefolie nach, die ich aus seinem Darm gezogen habe, sind mindestens zwei weitere in seinem Darm aufgegangen.«

Interessiert trat Levke Hermanns näher. »Ich sehe so etwas zum ersten Mal«, sagte sie mit Blick auf den ungewöhnlichen Darminhalt.

»Und ich habe das in der Hamburger Rechtsmedizin zwei- bis dreimal im Jahr gesehen«, erwiderte Herzfeld. »Meistens handelte es sich um junge Männer, die als Drogenkuriere aus Südamerika kamen. Die Drogen werden in Kondome, kleine Plastiktüten oder wie hier mit Klebebandumwicklungen verpackt und wenige Stunden, bevor der Kurier das Flugzeug besteigt, heruntergeschluckt. Am Zielort nimmt der Bodypacker dann Abführmittel, um die Drogen wieder auszuscheiden, was in unserem Fall hier offensichtlich nicht funktioniert hat. Bei den Fällen, die ich früher untersucht habe, war das ähnlich. Die Bodypacker sind entweder schon im Flugzeug oder nach der Landung auf dem Hamburger Flughafen tot zusammengebrochen. Eines oder mehrere der Drogenpäckchen hatten sich im Darm geöffnet. Bei diesem Mann hier scheinen sich die Päckchen allerdings extrem langsam geöffnet zu haben, sonst wäre er wahrscheinlich sofort an der Kokainvergiftung gestorben. Und das erklärt auch seine Beschwerden über den relativ langen Zeitraum von fünf Tagen.«

»Warum ist er denn nur nicht zum Arzt gegangen?«, fragte Levke Hermanns.

»Vermutlich, weil er dem Arzt dann Hinweise auf die Ursache seiner Beschwerden und damit auf die Straftat, die er begangen hat, hätte geben müssen. Er wird gehofft haben, dass die Päckchen noch rechtzeitig, ehe sich sein Zustand weiter verschlimmert, seinen Körper auf natürlichem Weg wieder verlassen.«

Levke Hermanns schüttelte ungläubig den Kopf.

»Wir machen hier fürs Erste Schluss und schließen den Sektionssaal ab. Sie, Frau Hermanns, rufen bitte die Polizei, damit wir die Drogen übergeben können. Ich unterrichte Doktor Kießling«, fasste Herzfeld die nächsten Schritte zusammen. »Danach nehmen wir Organstückchen und Körperflüssigkeiten als Asservate, und ich diktiere das Protokoll, während Sie den Leichnam wieder zumachen. Informieren Sie mich bitte, wenn die Beamten da sind.«

44

9. Februar, 18.30 Uhr
Kiel. Polizeipräsidium

Herzfeld hatte seinen Arbeitstag im Elbklinikum pünktlich um 16.30 Uhr beendet. Auf dem Weg nach Kiel hatte ihm allerdings ein Stau auf der A7 einen Strich durch seine Zeitplanung gemacht, sodass er mit einer halben Stunde Verspätung im Polizeipräsidium eintraf.

Dort wurde er jetzt von Tomforde im Eingangsbereich auf dem mit ausgetretenem und fleckigem Linoleum ausgelegten Flur in Empfang genommen, wo sich die Aromen von alten Pappheftern, abgestandenem Kaffee und Schweiß unzähliger Überstunden zu dem Herzfeld vertrauten Geruch vermengten, den er bereits von früheren Besuchen kannte.

»Entschuldigen Sie, aber die Autobahn war dicht«, erklärte Herzfeld seine Verspätung mit einem entschuldigenden Lächeln.

»Kein Problem. Malte Andresen, unser fähigster Computerexperte, ist nicht von seiner Arbeit wegzukriegen, wenn er sich erst mal in ein Problem verbissen hat«, sagte Tomforde und bat Herzfeld dann mit einem Kopfnicken, ihm zu folgen. Während sie auf den Aufzug zuschritten, der sie zu den im Untergeschoss des Polizeipräsidiums gelegenen Laboratorien der kriminaltechnischen Abteilung bringen würde, bemerkte Herzfeld: »Am Telefon sagten Sie, Sie hätten einige Merkwürdigkeiten und Ungereimtheiten in den Ermittlungsunterlagen Ihrer Itzehoer Kollegen in der Causa Petersen festgestellt.«

»Ja, das kann man wohl sagen«, erwiderte Tomforde und stieß ein humorloses Lachen aus, während er den Kopf schüttelte, sodass sein dünner Pferdeschwanz hin- und herflog.

»Stichwort: oberflächlich geführte polizeiliche Ermittlungen. Was ich Ihnen jetzt sage, bleibt aber bitte unter uns. Der Leiter der Ermittlungen im Fall Petersen, Hauptkommissar Denecke, scheint ein großer Freund von Schüssen aus der Hüfte zu sein. Als er von dem Verdacht auf Besitz von kinderpornografischem Material gegen Doktor Petersen erfuhr, hat er erst mal gar nichts unternommen, und dann ging plötzlich alles Schlag auf Schlag.«

»Apropos Verdacht gegen Petersen: Wie hat man eigentlich von dem Material auf seinem Büro-Rechner erfahren?«, wollte Herzfeld wissen.

»Gute Frage. In den Akten steht etwas von einer E-Mail, die man direkt an Denecke geschickt hat. Anonym. Der Hinweis stammt angeblich von einem White-Hat-Hacker-Kollektiv, das einen Händlerring für Kinderpornografie ins Visier genommen hatte und dabei auf Petersen gestoßen ist beziehungsweise auf die IP-Adresse seines Computers und –«

»Moment«, unterbrach ihn Herzfeld. »Da komme ich nicht mehr mit. Ich bin nicht besonders computeraffin und schon gar kein Hacker.«

»Ich auch nicht«, gab Tomforde augenzwinkernd zu. »Ich habe mir das alles von unseren IT-Experten erklären lassen. Also, diese White-Hat-Typen sind Hacker, die in fremde Computer eindringen, sich dabei aber für die Guten halten, weil sie irgendeinem moralischen Ehrenkodex folgen.«

»Und was genau machen diese White-Hat-Typen?«, fragte Herzfeld stirnrunzelnd, während der Fahrstuhl rumpelnd zum Stehen kam und sich die Metalltüren zur Seite schoben. Der Sound von Tomfordes schweren Bikerboots hallte gespenstisch von den Wänden des menschenleeren Flurs wider, den die beiden Männer jetzt betraten. Auch im Erdgeschoss des Präsidiums waren die meisten Büroräume schon verwaist gewesen, aber hier in den Kellerräumen herrschte eine nahezu gespenstische Stille – beinahe wie in einer Gruft.

»Zum Beispiel spionieren sie Sicherheitslücken in den Computernetzwerken größerer Firmen aus und teilen diese dann den Betreibern mit. Oder sie stellen illegale Datensammler bloß – und manchmal eben auch Mitglieder krimineller Organisationen.«

»Aber das Eindringen in fremde Computer stellt doch ebenfalls eine Straftat dar?«, bemerkte Herzfeld.

»Natürlich, und da liegt ja die Krux aus juristischer Sicht. Aber das würde hier zu weit führen. Zurück zu dieser E-Mail, die ging nämlich *nicht* an das BKA, sondern direkt an Deneckes Dienststelle in Itzehoe. Und man hat auch keine Liste von IP-Adressen oder Namen geschickt, sondern nur die von Doktor Petersen und den Hinweis auf seinen PC im Elbklinikum.«

»Vielleicht war es für diese White-Hat-Hacker zu riskant?«, vermutete Herzfeld. »Immerhin verfügt das BKA über ganz andere Mittel, um eine Mail zurückzuverfolgen, als eine Polizeidienststelle in Itzehoe.«

»Das wäre möglich, ja«, bestätigte Tomforde. »Aber damit hören die Merkwürdigkeiten ja noch nicht auf.«

»Inwiefern?«, wollte Herzfeld wissen.

»Nach Eingang dieser Mail passierte, wie gesagt, erst einmal gar nichts, und dann rückte plötzlich mitten in der Nacht ein anscheinend in aller Eile zusammengestelltes Einsatzkommando aus, um Petersens Büro im Elbklinikum und zeitgleich sein Wohnhaus zu durchsuchen. Und das nur kurze Zeit bevor Doktor Petersen im Archivgebäude den Flammentod starb.«

»Ja, Petersen soll kurz vor seinem angeblichen Suizid noch versucht haben zu fliehen. Eine größere Summe Bargeld und eine gepackte Reisetasche, die in seinem Wagen gefunden wurden, stützen wohl die Fluchttheorie der Itzehoer Ermittler. Zumindest sagte mir das sein Vater.«

»Diese Nacht-und-Nebel-Aktion der Itzehoer Kollegen kam bestimmt auch der Klinikleitung entgegen«, gab Tomforde zu bedenken.

»Sie meinen, das war mit der Klinikleitung, sprich Kießling, abgestimmt?«, fragte Herzfeld nachdenklich.
»Genau. Mitten in der Nacht dürften kaum Besucher, Patienten oder Klinikpersonal auf dem Gelände herumgelaufen sein, zumal bei diesem Wetter. Ich habe das beim Wetterdienst prüfen lassen, es hat wie aus Kübeln gegossen in dieser Nacht. Daher dürfte das Polizeiaufgebot, das Petersens Büro zu dieser späten Stunde einen Besuch abgestattet hat, nicht viel Aufsehen erregt haben, weil kein Mensch bei dem Wetter draußen unterwegs war.«
Wir sind hier in Itzehoe. Hier ist man durchaus bemüht, gut miteinander auszukommen, gingen Herzfeld die Worte von Kießling durch den Kopf. *Das erklärt natürlich auch, warum eine für das Klinikum und dessen Verantwortlichen so heikle Angelegenheit überhaupt keine Wellen in der Presse geschlagen hat.*
»Wir sind da«, riss ihn Tomforde aus seinen Gedanken. Sie hatten die Tür des Labors für Computerforensik erreicht, wie Herzfeld dem Schild neben dem Türrahmen entnehmen konnte.

45

9. Februar, 18.42 Uhr
Itzehoe. Feldkamp, Wohnhaus Selina Novak

Selina Novak stand in dem Wohnzimmer im Erdgeschoss, das nur spärlich und künstlich illuminiert wurde: von dem matten Schimmer der drei Computermonitore und den zahllosen grünen und roten Lämpchen, die in chaotischen Mustern an der Vorderseite mehrerer Serverschränke aufblinkten und wieder verloschen. Das Ganze gab dem Raum etwas von der Kulisse eines Science-Fiction-Films. Die großen, schwarzen Serverschränke waren zwischen die Biedermeierschränke und -kommoden gestopft, die den Raum möblierten, und untereinander mit dicken Kabelsträngen verbunden, die sich über den hochflorigen Teppich wanden wie schwarze Schlangen in Dschungelgras.

Die junge Frau spähte angestrengt aus der bodentiefen Fensterfront über die Terrasse in den hinter dem Haus gelegenen Garten. Vor wenigen Minuten hatte sie alle Lampen im Raum ausgeschaltet, denn es beschlich sie plötzlich das ungute Gefühl, dass jemand sie von draußen beobachtete. Sie hatte kurz geglaubt, im Garten einen Schatten huschen zu sehen, war sich aber kurz darauf nicht mehr sicher gewesen, so schnell war, was immer sich dort draußen auch bewegt hatte, wieder verschwunden.

Ihr Blick schweifte durch die geöffnete Wohnzimmertür zu dem aus der Zeit gefallenen und fast nostalgisch anmutenden Telefonapparat, ihrem Festnetzanschluss. Der dunkelgrüne Apparat stand auf dem verschnörkelten Beistelltisch in der Diele, der von einer einzelnen kleinen Stehlampe angeleuchtet wurde.

Der Doktor hat sich immer noch nicht gemeldet.

Das war an sich nichts Ungewöhnliches, schließlich war der Mann ihr keine Rechenschaft schuldig. Allerdings hatte er bei ihrem letzten Telefonat kurz nach Weihnachten ungewöhnlich aufgeregt geklungen und verlauten lassen, dass er nun alle Daten habe, die er für seine weitere Arbeit brauche, und Selinas Arbeit für ihn damit abgeschlossen sei. Als sie ihn vorsichtig gefragt hatte, was er denn mit all diesen Daten eigentlich konkret anzustellen gedenke, hatte er sich zwar weiterhin in Schweigen gehüllt, jedoch angedeutet, dass er kurz vor dem »Durchbruch« stehe – und ihr alles bald erklären würde, sobald die Sache wissenschaftlich abschließend überprüft sei. *Ihr und der ganzen Welt*, das waren seine exakten Worte gewesen.
Und nun Funkstille von seiner Seite, aber musste sie das überhaupt kümmern? Er war letztlich nur ein weiterer Auftraggeber für ihre illegale Beschaffung von Daten. Und er hatte, neben einer guten Bezahlung, ein gutes Argument gehabt. Er benötigte die medizinischen Daten für eine wissenschaftliche Studie, die aufgrund ihrer Brisanz niemals von den involvierten Kliniken unterstützt worden wäre.
Ein Argument, das sie zwar auf seinen Wahrheitsgehalt nicht überprüft hatte, aber der Mann war Arzt am Elbklinikum und hatte sich bisher nichts zuschulden kommen lassen, das hatte sie abgecheckt.
Doch er wirkte manchmal auch ein wenig naiv, beinahe weltfremd – wie versunken in seiner eigenen Welt, ein zerstreuter Professor. Einer, auf den man vielleicht ein bisschen aufpassen musste.
Er hat gesagt, er meldet sich bald, und das war vor über sechs Wochen. Verdammt!
Vielleicht war diese letzte Aktion ja doch keine so gute Idee gewesen? Aber das war absurd. Kein Hahn würde nach den Patientendaten krähen, die sie von den zentralen Servern verschiedener Krankenhäuser heruntergeladen und für ihn kopiert hatte. Auch wenn das nicht auf legalem Wege passiert

war, diente es der Wissenschaft und Patientensicherheit, so hatte ihr zumindest der Doktor versichert.

Andererseits, wer unter Datensicherheit verstand, seine Server mit dem guten alten »Passwort123« zu sichern, musste sich eigentlich nicht wundern. Das war also nicht das Problem gewesen, und außerdem war sie sicher – sehr sicher sogar –, alle digitalen Spuren ihres Eindringens sorgfältig verwischt zu haben. Wie sonst auch.

Aber auch bei einem scheinbar simplen Job kann man den falschen Leuten auf die Füße treten, dachte Selina und zog ihr graues Oversize-Sweatshirt fester um ihre schmalen Schultern, während sie die Brille mit dem dicken, roten Plastikgestell, die ihr auf die Nasenspitze heruntergerutscht war, wieder hochschob.

Dann sah sie erneut nach draußen in den Garten. Die große Trauerweide ließ ihre weit ausladenden Äste träge herunterhängen, und die Buchsbaumhecke warf im Schein der Außenbeleuchtung des benachbarten Hauses einen scharfen Schattenstrich auf den Rasen. *Verdammt, ich kann doch jetzt nicht nur hier herumstehen und mich fragen, wann er anruft! Schließlich habe ich noch jede Menge andere Arbeit zu tun, und die Computerprogramme schreiben sich schließlich nicht von selbst.*

Mit einem Seufzen zog sie die schweren Vorhänge vor der breiten, bis zum Boden reichenden Fensterfront des Wohnzimmers von beiden Seiten zu und beschloss, ihre eigene Paranoia verfluchend, nach oben in ihr Schlafzimmer zu gehen und von dort aus einen Blick auf den Vorgarten des Hauses zu werfen. *Nur zur Sicherheit. Man weiß ja nie.*

Als sie gerade im ersten Stock angekommen war, ertönte von der Straße vor dem Haus das Geräusch eines aufheulenden Motors. Selina fuhr erschrocken zusammen. Sie rannte zum Schlafzimmerfenster und schaute zwischen den Lamellen der heruntergezogenen Jalousie nach draußen. Die Rücklichter eines Wagens, der auf der gegenüberliegenden Straßenseite gerade gestartet wurde, flammten rot auf. Es war ein schwarzer Porsche 911er. Im Schein einer Straßenlaterne konnte sie ihn gut erkennen. So einen Wagen hatte sie hier in der Gegend noch nie gesehen.

46

9. Februar, 18.53 Uhr
Kiel. Polizeipräsidium

Malte Andresen, der von Tomforde als der fähigste Computerexperte der IT-Forensik in Kiel bezeichnet worden war, trug ein schwarzes T-Shirt mit dem weißen Aufdruck *Psycho Chiller*, was Herzfeld schmunzeln ließ, da er die Hommage an den großartigen Song *Psycho Killer* der Talking Heads sofort verstand. Dazu hatte der IT-Mann knallgrüne Turnschuhe an. Andresen bemerkte Tomforde und Herzfeld zunächst gar nicht, als diese das IT-Labor betraten, so vertieft war er in das Geschehen, das sich auf vier dicht nebeneinanderstehenden, überdimensionierten Monitoren auf seinem Schreibtisch abspielte. Seine vornübergebeugte Haltung mit den hochgezogenen Schultern, den Kopf weit nach vorn gereckt, erinnerte Herzfeld ein wenig an ein Huhn auf Futtersuche. Auch sein Haar, das in knapp schulterlangen, ungekämmten Strähnen herunterhing, verstärkte diesen Eindruck. Mit ruckartigen Bewegungen schnellte sein Kopf bald hierhin, bald dorthin, während seine langen Finger in blitzartiger Geschwindigkeit auf einer der Tastaturen herumhackten.

»Hey, Malte!«, rief Tomforde in den mit Tischen und Pappkartons vollgestellten Raum, an dessen Wänden sich in Regalen bis knapp unter die Decke unzählige Computergehäuse und alle Arten elektronischer Geräte stapelten. Der IT-Spezialist schien die Ankömmlinge immer noch nicht zu bemerken.

»Hallo! Erde an Malte! Du hast Besuch. Herr Doktor Herzfeld ist hier. Könntest du dich mal für einen Moment von deinen virtuellen Welten losreißen?«

»Sofort!«, entgegnete der junge Mann, doch anstatt sich zu seinen Besuchern umzudrehen, malträtierte er die Tastatur nur noch intensiver, was Herzfeld dazu nutzte, Tomforde zu fragen: »Konnten Sie klären, ob sich Petersens Laptop bei den übrigen Asservaten befindet, oder steht überhaupt etwas von einem Laptop in der Akte Petersen?«

»Nichts. Von einem Laptop ist nicht die Rede, ich habe das heute Morgen sorgfältig überprüft«, entgegnete Tomforde. »Im Asservatenverzeichnis ist die Rede von *einem PC*, dem aus Petersens Büro in der Klinik. Kein mobiles Gerät oder überhaupt irgendwelche darüber hinaus beschlagnahmte Technik.«

»Was?«, fragte Herzfeld erstaunt. »Nicht einmal ein Handy?«

»Ja, da bin ich mir ganz sicher«, sagte Tomforde. »Ich bin die Asservatenliste durchgegangen. In Petersens Wohnung hat man lediglich ein paar handgeschriebene Notizbücher sichergestellt, weil man glaubte, sie könnten vielleicht Hinweise auf Tauschpartner im Internet enthalten. Es waren dann aber allesamt alte Tagebücher von vor zehn Jahren und früher. Der Inhalt ist völlig unerheblich für die jetzigen Ermittlungen.«

»Höchst merkwürdig«, murmelte Herzfeld und musste dann doch noch mal nachhaken: »Und es sind auch keine medizinischen Unterlagen aus Petersens Büro im Elbklinikum sichergestellt worden?«

»Nichts an Unterlagen, außer den alten Tagebüchern«, erwiderte Tomforde.

Herzfeld schüttelte irritiert den Kopf. *Was ging hier vor? Weder die medizinischen Patienten- und Forschungsunterlagen, die aus den Aktenschränken in Petersens Büro verschwunden waren, noch der Laptop des Pathologen befanden sich in der Asservatenkammer?*

»Guten Abend, Herr Andresen«, sagte Herzfeld und versuchte, nun seinerseits die Kontaktaufnahme mit dem jungen

Mann und streckte ihm die Hand entgegen, was dieser nur mit einem knappen Nicken quittierte, während er weiter auf seine Monitore starrte und Buchstaben- und Zahlenkombinationen über die Tastatur eingab. »Oberkommissar Tomforde hat mir versprochen, dass wir mal gemeinsam auf den Rechner schauen können, der im Todesfall von Doktor Jan Petersen aus Itzehoe beschlagnahmt wurde. Mich würde interessieren, was darauf zu finden ist. Und zwar nicht die Bilder und Videos, wegen derer das Gerät beschlagnahmt wurde, sondern es geht mir um medizinische Daten, um digitale Patientenakten.«

»Ja, das interessiert mich auch brennend«, antwortete Andresen, der nun im Hier und Jetzt angekommen schien. Er nahm sich einen Keks aus einer angebrochenen Packung, die zwischen den Tastaturen auf dem von Krümeln übersäten Schreibtisch lag.

»Wie meinst du das, Malte?«, mischte sich Tomforde in strengem Ton ein. »Du hattest mir doch versprochen, dich schon mal auf der Festplatte von Petersens Rechner umzusehen?«

Andresen stieß ein kehliges Lachen aus. »Hab ich auch, irgendwas ist da oberfaul. Sie vermuten doch medizinische Akten auf der Festplatte? Eine Art Patientenarchiv, korrekt?«

»Ganz genau«, sagte Herzfeld.

»Ja, und da liegt das Problem. Auf der Festplatte befinden sich natürlich ein Betriebssystem und das Übliche, auch ein paar medizinische Programme, aber es gibt keine mit diesen Programmen bearbeiteten lokalen Dateien, keine einzige! Die wurden nämlich alle gelöscht, und zwar sehr gründlich.«

»Wie bitte?«, mischte sich jetzt Tomforde in das Gespräch ein.

»Du hast richtig gehört. Da ist nichts mehr drauf. *Nada, niente, rien.* Rein gar nichts«, sagte Andresen. »Und es wird noch besser. Denn auch das Datum der Löschung ist *sehr* aufschlussreich.«

»Inwiefern?«
»Weil dieser Tag just jener war, an dem dieser Petersen starb.« Andresen, der den beiden Männern bisher den Rücken zugewandt und weiter seine Tastatur bearbeitet hatte, drehte sich nun auf seinem Bürostuhl um und schaute Herzfeld an. »Ihre Fragen haben mich erst darauf gebracht, da mal etwas tiefer zu graben. Wenn Sie nicht gezielt nach den Krankenakten gefragt hätten –«
»Ich kann es mir nur so erklären, dass Petersen selbst die Dateien gelöscht hat«, unterbrach ihn Herzfeld ungeduldig. »Vielleicht hat er ja versucht, klar Schiff zu machen, um irgendwelche Beweise zu vertuschen, und dabei hat er gleich sämtliche Dateien auf seinem PC gelöscht.«
»Und ausgerechnet das belastende Material lässt er auf seiner Festplatte?«, wandte Andresen ein. »Die pornografischen Bilder und Videos sind ja alle da drauf, und nicht einmal gut versteckt.«
»Wie bitte?«
»Das ganze Kinderpornozeugs ist mit einer einfachen Bildersuche vom Startmenü aus zu finden. Vollkommen amateurhaft.«
»Sie wollen also sagen, dass es den Anschein hat, dass Petersen im Angesicht seiner drohenden Verhaftung das belastende Material auf seinem PC belassen hat und stattdessen nichts Besseres zu tun hatte, als irgendwelche Patientendaten zu löschen?«, fragte Herzfeld ungläubig. »Welchen Sinn sollte das ergeben?«
»Keinen, wenn Sie mich fragen, aber ich bin hier nicht der Ermittler, ich bin nur der Computerfreak«, erwiderte Andresen und sah auffordernd zu Tomforde, der jedoch nur die Schultern in einer ratlosen Geste hochzog. Dann deutete Andresen auf den ganz rechten der vier Monitore. Darauf war ein grünes Rechteck zu sehen, dessen Inhalt sich langsam mit einem Balken füllte, der nun fast sein Ziel erreicht hatte. »Um das herauszufinden, versuche ich nämlich bereits seit

fast vier Stunden, die gelöschten Dateien wiederherzustellen.«

Jetzt starrten alle drei Männer angestrengt auf den Bildschirm, auf dem der Balken soeben 98 Prozent erreicht hatte. Dort verweilte er ein bisschen, dann sprang er ruckartig das letzte Stück nach rechts, und der Computer gab ein leises *Ping!* von sich. *Data recovery completed,* war anschließend zu lesen.

»Verdammt!«, rief Andresen aufgeregt. Sein Kopf ruckte zu einem der Bildschirme auf der linken Seite des Schreibtischs herum, während er abwechselnd auf mehrere der Tastaturen einhackte. »Das darf doch wohl nicht wahr sein!«

»Was ist denn los?«, erkundigte sich Herzfeld alarmiert.

»Die Daten!«, stieß Andresen hervor, warf sich in seinem Stuhl zurück und raufte sich mit beiden Händen die Haare, während er wütend auf die Monitore starrte. Dann schlich sich so etwas wie professionelle Anerkennung in seine Stimme. »O Mann, da hat jemand aber richtig saubere Arbeit geleistet! Und zwar jemand, der genau wusste, was er da tat. Hier wurde ein ziemlich ausgefeilter ›Shredder‹ benutzt – also ein Programm, mit dem man Daten zuverlässig löschen kann, vergleichbar mit einem Aktenvernichter, nur eben für digitale Akten. Die Speicher sind richtiggehend leer gefegt. Wow!«

»Also ist alles verloren?«, rief Herzfeld. »Sie können keine der Daten wiederherstellen?«

»Moment«, sagte Andresen und wandte sich erneut den Monitoren zu. »Ein paar Datensätze hat mein Recovery-Programm wiederherstellen können, aber viel ist es nicht. Mannomann, hier steht was von geschätzt null Komma null zwei fünf Prozent der ursprünglichen Datenmenge. Ich vermute aber, Sie waren an *allen* gelöschten Dateien interessiert und nicht nur an einem winzigen Bruchteil, Herr Doktor?«

»Da vermuten Sie richtig«, sagte Herzfeld und konnte sich

des Gedankens nicht erwehren, dass Petersen hinter irgendetwas her gewesen war, was nun mit dem Verlust der Daten vielleicht für immer verloren gegangen war.
Was hast du bloß herausgefunden, Petersen? Und wem bist du damit auf die Füße getreten?

47

10. Februar, 10.08 Uhr
Itzehoe. Feldkamp, Wohnhaus Selina Novak

Selina Novak drehte sich vom Fenster weg und starrte nachdenklich auf den mittleren der drei Computermonitore, aber sie sah gar nicht richtig hin, was darauf passierte.

Habe ich diesmal einen Fehler gemacht?

Sie hatte am Abend zuvor, weil ihr das Thema einfach keine Ruhe ließ, bei ihrer Internetrecherche herausgefunden, dass Petersen verstorben war. Das war aber auch schon alles gewesen, nirgendwo fanden sich Informationen zu den Todesumständen oder der Todesursache des Pathologen. Daraufhin hatte sie ein paar ihrer alten Kontakte aus der Szene aktiviert, um herauszufinden, auf welche Weise er gestorben war, aber auch die erfahrenen Hacker hatten nichts Näheres in Erfahrung bringen können. Ausgesprochen beunruhigend. Sie hatte die ganze letzte Nacht kein Auge zugetan.

Selinas Blick fokussierte sich jetzt wieder, sie ergriff die Computermaus und klickte sich zu dem Ordner auf der Festplatte eines ihrer PCs durch, der nun einer der wesentlichen Gründe für ihre Sorge war.

Mit ein paar routinierten Klicks rief sie ein von ihr selbst geschriebenes Programm auf, markierte dann die Dateien in jenem Ordner und schob sie auf ein kleines grafisches Symbol, das die Oberfläche des von ihr entwickelten Verschlüsselungsprogramms darstellte – eine symbolische Burg mit hochgezogener Zugbrücke. Innerhalb von Minuten würde das Programm dafür sorgen, dass niemand, der nicht über einen komplizierten digitalen Schlüssel und ihr 16-stelliges Passwort verfügte, auf diese Dateien zugreifen konnte. Außerdem würde sie es auf einer für den Laien unsichtbaren

Partition der Festplatte verstecken, wo nur wenige Experten die verschlüsselte Datei überhaupt je vermuten, geschweige denn finden würden, und die Originaldateien dann mit einem Shredder-Programm zuverlässig vernichten.

Das Verschlüsselungsprogramm ging in den automatischen Modus über, und Selinas Blick fiel wieder auf den Ausdruck der Traueranzeige, der auf der Schreibtischplatte vor ihr lag. Bei ihrer Internetrecherche war sie relativ schnell im Archiv des Schleswig-Holsteinischen Zeitungsverlages bei den Online-Traueranzeigen fündig geworden. Die Schaltung der Anzeige war zwar schon über drei Wochen her, aber die Traueranzeigen waren bis zu neunzig Tage danach noch verfügbar.

In tiefer Trauer verabschiede ich mich
von meinem geliebten Sohn

Doktor Jan Petersen

Dein Tod reißt ein Loch in mein Leben,
das sich nie wieder füllen wird.
Warum?

Dein Dich immer liebender Vater
Lennart Petersen

Ja, warum? *Das ist die große Frage, nicht wahr?*

Petersens Traueranzeige war für sie der Auslöser gewesen, dass sich ihre Paranoia der letzten Tage in echte Angst, in das Gefühl einer real existierenden Bedrohung verwandelt hatte. *Natürlich kann es auch nur Zufall sein, dass Petersen, kurz nachdem er die Datensätze von mir erhalten hat, verstarb, aber was, wenn nicht?*, dachte sie. Sie richtete den Blick über den Rand ihrer Nerdbrille mit dem roten Plastikgestell wieder auf den Monitor und klickte sich zu einem ihrer Internetbrowser durch, wo sie bereits eine Seite für Flugbuchungen geöffnet hatte. Sie musste lediglich noch per Kreditkarte bezahlen.

Seit sie ihr Studium abgeschlossen hatte, war der Plan in ihrem Kopf herumgegeistert, ein Sabbatjahr einzulegen und sich für diese Zeit weitgehend aus der digitalen Welt zu verabschieden. Schließlich gab es da draußen noch eine richtige Welt zu entdecken. Doch sie hatte das immer wieder aufgeschoben. Was, wenn sie nun dabei war, alles wegen dieser dämlichen kleinen Hackeraktion aufs Spiel zu setzen? Keiner schien zu wissen, was Petersen zugestoßen war, aber ihr Gefühl sagte ihr, dass hier möglicherweise etwas für sie Unkontrollierbares im Spiel war. Und dass vielleicht jetzt der richtige Zeitpunkt für sie gekommen war, eine Auszeit zu nehmen. Manchmal sollte man einfach darauf hören, wenn die inneren Alarmglocken ansprangen. »Also«, flüsterte sie mit einem unterdrückten Seufzen. »Wann, wenn nicht jetzt?«

Dann rief sie die Seite mit den Flugangeboten wieder auf und klickte auf »Verbindlich buchen«.

48

10. Februar, 10.24 Uhr
Itzehoe. Elbklinikum, Büro Paul Herzfeld

Herzfeld saß in seinem Büro am Schreibtisch und murmelte ein leises Stoßgebet, während er die Daten von dem Stick, den ihm Malte Andresen überlassen hatte, auf seinen Büro-PC kopierte. Am Morgen war er kurz in der Stadt gewesen, um sich eine eigene Kaffeemaschine für sein Büro zu besorgen, weil sich in der Klinik kein genießbarer Kaffee auftreiben ließ und er nicht ständig auf Levke Hermanns angewiesen sein wollte. Das Wetter hatte ihn jedoch auf dem schnellsten Weg zurück in die Klinik getrieben. Die intensiven Regenfälle, die das Land bereits in den letzten Tagen fest im Griff gehabt hatten, waren an diesem Morgen noch durch heftige Windböen ergänzt worden, die das Gebäude heulend umtosten und die Fensterscheiben erzittern ließen.

Herzfeld warf einen Blick auf die erste digitale Krankenakte, die sich gerade vor ihm auf dem Monitor des Computers aufbaute.

Es ging um einen achtundachtzig Jahre alt gewordenen Mann, der drei Jahre zuvor im Nordfriesland-Klinikum in Husum laut Totenschein an einem akuten Rechtsherzversagen verstorben war. Die Krankengeschichte des Mannes war für Herzfeld auf den ersten Blick unspektakulär. »Chronisches Lungenemphysem, zunehmende rechtsventrikuläre Dysfunktion, stenosierende Herzkranzgefäßsklerose des LCA und RCX«, las Herzfeld von dem PDF-Dokument ab, für das hohe Lebensalter des Mannes nicht unübliche Grunderkrankungen. Aufgrund einer chronischen Überblähung der Lunge war die Pumpfunktion des rechten Herzens des hochbetagten Mannes stark eingeschränkt gewe-

sen, was ihn durch eine zusätzliche Herzkranzgefäßsklerose sehr wahrscheinlich deutlich in seinem Gesundheits- und damit auch Allgemeinzustand eingeschränkt hatte. *Aber immerhin ist er damit ja fast neunzig geworden,* dachte Herzfeld gerade, als sein Blick an einer Diagnose etwas weiter unten in der Epikrise, also der zusammenfassenden Beurteilung des Krankheitsverlaufs durch den behandelnden Arzt, hängen blieb. Dort war vermerkt: »Anaplastisches Karzinom des linken Schilddrüsenlappens ohne Nachweis von Metastasen. Aufgrund der Multimorbidität des Patienten wird, im Einvernehmen mit ihm selbst und den Angehörigen, auf eine invasive Therapie verzichtet.« *Ein ausgesprochen seltener und bösartiger Tumor,* ging Herzfeld durch den Kopf, *der zwar seinen Ursprung in der Schilddrüse hat, aber nicht vom Schilddrüsengewebe selbst ausgeht, weshalb man ihn auch nicht hormonell oder mit Bestrahlung behandeln kann. Auch eine Operation kann das Leben der Betroffenen nicht retten, allenfalls nur für sehr kurze Zeit verlängern. Die Überlebenszeit nach Diagnosestellung beträgt in der Regel nicht mehr als ein halbes Jahr.*
Er las weiter. Die Diagnose des Schilddrüsenkrebses war drei Monate vor dem Tode des Mannes mittels Feinnadelpunktion im Krankenhaus in Husum gestellt worden. Herzfeld suchte nach irgendeinem Hinweis, was Petersens Beitrag zu der Krankengeschichte des Patienten gewesen war, konnte aber nirgendwo Informationen dazu finden, dass Petersen vielleicht die in Husum gestellte Diagnose »Anaplastisches Karzinom« noch einmal konsiliarisch im Rahmen einer Zweitbegutachtung überprüft hatte. Auch hatte sein Vorgänger das Schilddrüsengewebe des Mannes in seiner Eigenschaft als Pathologe weder untersucht, noch war er irgendwie anderweitig auch nur im Entferntesten mit dem Patienten in Berührung gekommen. Zudem gab es nirgendwo, in keinem Arztbrief oder Befund in der digitalen Krankenakte, den leisesten Hinweis darauf, dass sich der erkrankte Mann über-

haupt zu irgendeinem Zeitpunkt im Elbklinikum in Itzehoe in Behandlung befunden hatte.

Im Gegenteil, offensichtlich war er nie hier Patient gewesen.

Moment, dachte Herzfeld. *Das ist ungewöhnlich. Was hat die digitale Akte eines Patienten, der in einer Klinik in Husum unter absolut unspektakulären Umständen verstirbt und mit dem Petersen anscheinend nicht mal indirekt Kontakt hatte, überhaupt auf seiner Festplatte zu suchen?*

Mit einem Schlag war Herzfelds volle Aufmerksamkeit erwacht.

Er öffnete seinen Internetbrowser, rief Google Maps auf und ließ sich die Entfernung zwischen Husum und Itzehoe berechnen. Knapp neunzig Kilometer. Das war eine nicht geringe Entfernung zwischen den beiden Städten. Und es gab neben der Nordfriesland-Klinik, in der sich der alte Mann in Behandlung befunden hatte, noch zwei weitere größere Krankenhäuser in fast unmittelbarer Nähe seines ehemaligen Wohnsitzes, einer Altersresidenz in der kleinen nordfriesischen Gemeinde Simonsberg, wie Herzfelds weitere Recherche im Internet ergab.

Das knapp neunzig Kilometer entfernte Elbklinikum Itzehoe war keines davon.

Eine knappe halbe Stunde später hatte Herzfeld den gesamten kläglichen Bestand der von Malte Andresen geretteten Patientenakten durchgesehen und war stirnrunzelnd zu dem Schluss gekommen, dass hier etwas ganz gewaltig nicht stimmen konnte.

Herzfeld hob den Hörer seines Telefons ab und wählte die Nummer von Levke Hermanns.

49

10. Februar, 11.05 Uhr
Nahe Itzehoe. Wohnsiedlung

Snø streckte sich und machte ein paar Dehnübungen, bevor sie wieder ihren Platz vor dem kleinen Monitor einnahm, der in den Deckel eines ihrer beiden Koffer eingelassen war. Der andere Hartschalenkoffer war inzwischen leer und stand geschlossen am Fußende der Matratze, die ihr als provisorische Bettstatt diente.

Der Monitor zeigte einige Autos im Feldkamp aus der Vogelperspektive, die am Straßenrand neben zwei Reihen fast identischer Rotklinkerbauten geparkt waren. Snø betätigte mit wenigen gekonnten Handgriffen den kleinen Joystick, der in das Bedienelement auf dem Boden des Kofferinneren eingelassen war, und die Perspektive auf dem Monitor schwenkte langsam herum, während sich die Kamera der Drohne um ihre eigene Achse zu drehen begann. Ein aus roten Ziegelsteinen und spitz abfallendem Satteldach bestehendes Einfamilienhaus, das auf den ersten Blick von den Nachbarhäusern kaum zu unterscheiden war, kam jetzt in den Fokus der Drohnenkamera. Langweilige Eintönigkeit, nur gelegentlich aufgelockert von einer Variation in der Grundstücksaufteilung, der Art des Vordachs im Eingangsbereich oder der Höhe der perfekt gestutzten Buchsbaumhecken, alles in das trübe Licht eines bedeckten Wintertages getaucht und damit nur noch eintöniger.

Nach ein paar weiteren Manövern hatte die Kamera der Drohne das Haus, in dem die Zielperson wohnte, näher herangezoomt. Im Gegensatz zu den Nachbargebäuden waren dort im Erdgeschoss alle Vorhänge zugezogen und die Zimmer im ersten Stock hinter heruntergelassenen Jalousien ebenfalls nicht einsehbar.

Bei näherem Hinsehen entdeckte Snø noch eine weitere Auffälligkeit an dem Häuschen, die sie veranlasste, ein paar rasche Bewegungen mit dem Joystick zu vollführen. Unter dem Vordach über der Eingangstür war eine unauffällige Plastikkugel angebracht – zweifellos eine kleine Kamera, die der Bewohnerin des Hauses verriet, wer da vor der Tür stand und Einlass begehrte. Einen leisen Fluch zischend, da ihr dieses Detail entgangen war, als sie die Gegebenheiten vor Ort am Abend zuvor im Dunkeln persönlich in Augenschein genommen hatte, versicherte sich Snø, dass die Überwachungskamera lediglich das Geschehen, das sich vor der Haustür abspielte, erfassen konnte und nicht den Luftraum oberhalb des Vordachs. Diesen Umstand hatte Snø schon mehrfach zu ihrem Vorteil genutzt: Selbst außergewöhnlich wachsame Personen, die ihre Umgebung beobachteten, taten das üblicherweise nur bis auf Augenhöhe – nur wenige Menschen kamen jemals auf die Idee, den Kopf zu heben und nach einer Gefahr Ausschau zu halten, die ihnen aus der Luft drohte.

50

10. Februar, 19.24 Uhr
Itzehoe. Viertkoppel, Wohnhaus Lennart Petersen

Nachdem Herzfeld geläutet hatte, dauerte es ein paar Minuten, bevor ein Poltern und das Aufflammen von Licht im Flur verrieten, dass jemand zu Hause war. Herzfeld presste sich in dem kaum überdachten Hauseingang an die Haustür, um wenigstens ein bisschen Schutz vor den windgepeitschten Regenschauern zu haben, was ihm jedoch eher schlecht als recht gelang.

Die Tür öffnete sich, und das müde Gesicht von Lennart Petersen erschien. Allerdings hellte sich seine Miene etwas auf, als er den Rechtsmediziner erkannte.

»Herr Doktor Herzfeld, was für eine unerwartete Überraschung! Ich war mir nicht sicher, ob ich Sie noch einmal wiedersehen würde. Ich hatte nämlich das Gefühl, Sie mit meinen Mutmaßungen zu den Ungereimtheiten von Jans Tod doch etwas überfallen und vielleicht sogar belästigt zu haben.«

»Guten Abend, Herr Petersen«, sagte Herzfeld freundlich. »Offen gestanden haben Ihre Mutmaßungen inzwischen tatsächlich einigen Staub aufgewirbelt.«

»Oh!«, sagte der Mann und machte ein erschrockenes Gesicht. »Ich hoffe doch, dass Ihnen die Angelegenheit keine Unannehmlichkeiten bereitet, Herr Doktor. Aber was stehe ich hier so in der Tür! Kommen Sie doch bitte herein.«

Nachdem er in den ersten Stock vorangegangen war und Herzfeld dort im Wohnzimmer auf eine breite dunkelbraune Ledercouch gebeten hatte, verschwand Petersen in der angrenzenden Küche. Das Wohnzimmer hatte holzgetäfelte Wände mit bis zur Decke reichenden Bücherregalen, wobei sich der Inhalt der Bücher größtenteils um geschichtliche Aspekte der Seefahrt zu drehen schien. Herzfeld vermutete, dass der alte Petersen früher selbst zur See gefahren war oder zumindest irgendein Familienmitglied der Petersens etwas mit Schifffahrt zu tun gehabt hatte.

»Machen Sie sich bitte keine Umstände meinetwegen!«, rief Herzfeld dem älteren Mann hinterher.

»Nicht doch«, kam Petersens Stimme gedämpft aus der Küche. »Ich wollte mir ohnehin gerade einen Tee kochen.«

Herzfeld zwang sich zur Ruhe, auch wenn ihm jede Menge drängender Fragen unter den Nägeln brannten. Schließlich erschien Petersen, ein Tablett mit zwei Tassen und einer Teekanne balancierend, das er vor Herzfeld auf den flachen Couchtisch stellte.

»Nun«, fragte er, nachdem Herzfeld an seinem Tee genippt hatte, »haben Sie ihn denn gefunden, den Laptop meines Sohnes?«

»Leider nein. Der Laptop befindet sich nicht in der Asservatenkammer des Kieler Polizeipräsidiums«, antwortete Herzfeld.

»Das dachte ich mir schon«, entgegnete Petersen. »Aber es war trotzdem sehr freundlich von Ihnen, dass Sie das überprüft haben.«

»Ich muss gestehen«, sagte Herzfeld, »dass mir, wie Ihnen auch, der Verbleib seines Laptops ein Rätsel ist. Ein Rätsel, das ich gern gelöst hätte, denn möglicherweise würde sich mit den Daten darauf einiges erklären lassen.«

Was mir nämlich wie ein Stein im Magen liegt, ist die Tatsache, dass Levke Hermanns mir heute Vormittag im Vertrauen von einer heftigen und lautstarken Meinungsverschiedenheit erzählt hat, die Petersen einige Wochen vor seinem Tod mit Kießling gehabt haben soll und bei der es um die Forschungsaktivitäten Petersens ging, mit denen Kießling aber nichts zu tun haben wollte. Die er wohl sogar vehement abgelehnt hat. Ich frage mich ernsthaft, welcher Art diese vom Ärztlichen

Direktor nicht gewünschten akademischen Forschungsinteressen Petersens waren. Und diese Frage könnten mir möglicherweise Petersens Dateien auf dem verschwundenen Laptop beantworten.

»Aber Sie suchen weiter?«, fragte Petersen.

»Da seien Sie unbesorgt«, erwiderte Herzfeld und begann, den alten Petersen in seine Überlegungen einzuweihen. »Je mehr ich über die Arbeit Ihres Sohnes an der Klinik erfahre, desto mehr neige ich zu der Ansicht, dass es ausgesprochen interessant wäre, etwas über das Thema seiner Forschungen zu erfahren. Und Aufschluss darüber hatte ich mir von seinem Laptop erhofft.«

»Ach, wieso denn das?«, fragte der alte Mann, der nun plötzlich hellwach und konzentriert wirkte, obwohl er Sekunden zuvor noch abwesend auf den abgetretenen Wohnzimmerteppich gestarrt hatte.

»Ich habe mittlerweile auch von anderer Seite erfahren, dass Ihr Sohn wissenschaftlich sehr aktiv gewesen sein soll, und das durchaus über den Rahmen seiner Arbeit an der Klinik hinausgehend. Ich meine, das Elbklinikum ist weder Universitätsklinik mit einem Auftrag in Lehre und Forschung noch ein akademisches Lehrkrankenhaus. Aber Ihr Sohn hat – vermutlich im Rahmen eines von ihm initiierten privaten Forschungsprojekts – über Patientendaten von anderen Krankenhäusern verfügt, und das bringt mich zu der Frage: Warum hat er das getan, mit welchem Ziel?«

Petersen stellte den Untersetzer mit der Teetasse behutsam auf der breiten Lehne seines Sessels ab und schüttelte bedauernd den Kopf. »Glauben Sie mir, ich wünschte wirklich, ich könnte Ihnen diesbezüglich weiterhelfen.«

»Nun, aber vielleicht können Sie mir eine andere Frage beantworten: Hatte Ihr Sohn Kontakt zu anderen Kollegen? Wissenschaftlern, Ärzten? Zu irgendwem außerhalb von Itzehoe?«

»Das weiß ich leider auch nicht«, erwiderte Petersen, aber

jetzt hatte sich ein verschmitztes Lächeln in seine alten, von Falten zerfurchten Züge geschlichen. »Vielleicht würde es Ihnen aber helfen, wenn Sie wüssten, mit wem er in letzter Zeit telefonischen Kontakt hatte?«

»Wie bitte?«, fragte Herzfeld perplex. »Natürlich würde das helfen, ganz enorm sogar! Haben Sie denn eine Liste seiner Kontakte oder so etwas? Hat er die Gespräche vielleicht von Ihrem Hausanschluss geführt oder –«

»Nein«, unterbrach ihn Petersen mit einem schwachen Lächeln. »Viel besser. Ich habe sein Handy.«

51

10. Februar, 20.05 Uhr
Itzehoe. Feldkamp, Wohnhaus Selina Novak

Selina Novak wurde von einem schrillen Klingeln jäh aus ihrer Arbeit an einem Computerprogramm gerissen. Für einen Augenblick sah sie sich verwirrt im Zimmer um, bis sie begriff, dass das Geräusch von dem altertümlichen Telefonapparat in der Diele ausging, der auf dem verschnörkelten Beistelltisch in der Diele von Onkel Ivo stand.

Normalerweise telefonierte sie ausschließlich mit ihrem Mobiltelefon, und das befand sich fast immer nur im Vibrationsmodus. Auf dem Festnetz hatte sie, seitdem sie hier wohnte, nur ein einziger Mensch angerufen.

Nein, das kann er unmöglich sein.

Derjenige war tot.

Sie stand auf, ging in die Diele hinüber und hob den Hörer ab.

»Wer ist da?«, fragte sie vorsichtig.

»Guten Abend«, sagte eine etwas raue, männliche Stimme am anderen Ende. »Hier ist Doktor Herzfeld. Sie kennen mich nicht, aber ich habe Ihre Nummer von Herrn Petersen. Von Doktor Jan Petersen. Der sagt Ihnen sicher was?«

Selina Novak biss sich auf die Lippen. *Verdammt, das war exakt die Art von Situation, die sie jetzt gar nicht gebrauchen konnte. Was wollte dieser Typ von ihr?*

»Doktor Petersen ist tot«, sagte sie vorsichtig und dachte: *Ich sollte auflegen. Jetzt sofort. Hätte überhaupt nicht rangehen sollen.* Aber irgendetwas in der Stimme des Mannes ließ sie zögern.

»Das stimmt«, sagte er. »Aber sein Vater hat mir sein Handy, mit dem ich Sie jetzt gerade anrufe, gegeben, weil wir beide der Meinung sind, dass es sich lohnt, die näheren Umstände des Todes von Doktor Petersen nochmals genauer unter die Lupe zu nehmen.«

»Also sind Sie von der Polizei?« *Nicht gut. Gar nicht gut.*

»Nein«, sagte der Mann. »Petersen war ein Kollege von mir, genau genommen habe ich jetzt seine Stelle am Elbklinikum übernommen, ich bin sozusagen sein Nachfolger.«

»Oh, okay«, sagte sie und beruhigte sich etwas. *Vielleicht ist der Mann ja wirklich der, der er zu sein vorgibt.* Aber sie musste auf Nummer sicher gehen.

Dann hatte sie eine Idee. »Hören Sie, könnte ich wohl einmal kurz mit Herrn Petersen sprechen? Senior, meine ich.«

»Aber natürlich«, sagte der Mann, und sie vernahm, wie er das Telefon übergab.

»Hier ist Lennart Petersen«, meldete sich die Stimme eines älteren Mannes. Sie klang wie eine deutlich gealterte Version der Stimme von Jan Petersen, mit dem sie eine Zeit lang sehr oft und bisweilen auch recht lange telefoniert hatte. Die Ähnlichkeit war unverkennbar. *Aber trotzdem …*

Krampfhaft überlegte Selina, dann fiel ihr schließlich etwas ein, das nur der *wirkliche* Lennart Petersen wissen konnte. Einmal, während einer längeren Sitzung zu Beginn ihrer Zusammenarbeit, hatte sich Petersen erboten, etwas zu essen mitzubringen, und sie gefragt, ob sie gegen irgendwelche Speisen Abneigung hege. Bei dieser Gelegenheit hatten sie festgestellt, dass sie beide überhaupt keinen Fisch mochten, was Petersen vor allem deshalb schon immer unangenehm gewesen war, da sein Vater, der viele Jahre zur See gefahren war, in Petersens Kindertagen so ausdauernd wie vergeblich versucht hatte, seinem Sohn verschiedene Meeresdelikatessen schmackhaft zu machen.

»Okay«, sagte sie. »Wenn Sie tatsächlich Lennart Petersen sind, wissen Sie doch sicher auch, welche Sorte Ostseefisch Ihr Sohn am liebsten mochte.«

»Jan und Fisch?«, sagte der Alte mit einem Anflug von Rührseligkeit. »Er hat Fisch immer gehasst, sehr zu meinem Leidwesen.«

»In Ordnung«, sagte Selina daraufhin, und nachdem Herzfeld das Telefon wieder übernommen hatte, fragte sie: »Und was wollen Sie nun von mir, Doktor Herzfeld?«

»Wie wäre es für den Anfang mit Ihrem Namen? Doktor Petersen hat es nämlich leider versäumt, diesen bei Ihrer Nummer zu notieren. Hier steht nur ein großes ›S‹.«

52

10. Februar, 21.32 Uhr
Itzehoe. Elbklinikum, Gästeapartment Paul Herzfeld

»Das ist nicht dein Ernst, Paul, oder?«, erklang es am anderen Ende der Leitung.

Doch leider, dachte Herzfeld und biss sich auf die Lippen. Soeben hatte er Petra telefonisch mitgeteilt, dass er am morgigen Samstag erst nachmittags nach Kiel kommen würde und nicht, wie eigentlich geplant, zum gemeinsamen Familienfrühstück – und zwar aus beruflichen Gründen.

Herzfeld saß auf einem der billigen Plastikstühle, die um einen kippeligen Tisch in dem spartanisch möblierten Gästeapartment standen, und vermied es, zum Fenster mit den darauf heftig einprasselnden Regentropfen zu sehen – das Unwetter, das sich gerade am Telefon mit Petra anbahnte, genügte ihm völlig.

»Und natürlich ist es mal wieder wegen der Arbeit.«

»Petra, sie brauchen mich hier nun mal momentan über die normale Arbeitszeit hinaus«, log Herzfeld und fühlte sich im selben Moment schlecht.

Selina Novak, deren Nummer im Verzeichnis der ausgehenden Anrufe von Petersens Handy unter dem Kürzel ›S‹ so häufig vertreten war, hatte nach einiger Überredungskunst schließlich zugestimmt, sich am nächsten Tag um halb zwölf mit Herzfeld zu treffen. Dies war der entscheidende Schritt, so hoffte er, bei dem er endlich erfahren würde, woran Petersen gearbeitet hatte, was der Gegenstand seiner Forschungsarbeiten gewesen war.

Und wofür er möglicherweise mit seinem Leben bezahlt hatte. Aber so weit wollte Herzfeld in Gedanken noch nicht gehen. Es fehlten noch zu viele Puzzleteile, und was das Gesamtbild ergeben würde, war noch nicht absehbar.

»Auszeit und so – du erinnerst dich?«, versuchte Herzfeld Petra zu beschwichtigen. »Und ich habe hier in der Klinik viel um die Ohren.« Wieder biss er sich auf die Lippen.

»Na gut«, sagte Petra mit matter Stimme. »Vielleicht hätte ich nicht einfach voraussetzen sollen, dass sich der viel beschäftigte Doktor Paul Herzfeld einfach so und ohne Vorankündigung oder schriftliche Einladung per E-Mail herablassen würde, der ersten Aufführung seiner kleinen Tochter beizuwohnen.«

»Moment«, fragte Herzfeld verwirrt. »Was für eine Aufführung, wovon redest du?«

»Ach, Paul, jetzt tu nicht so, als hättest du das nicht mitbekommen. Als hättest du nicht gewusst, dass Hannah seit Tagen ihr Kostüm in ihrem Rucksack mit sich herumträgt, wegen der Proben für das Märchensingspiel im ›Schlumpfenland‹.«

»Was?«, fragte Herzfeld, nun ernstlich aus dem Konzept gebracht. »Welche Proben, was für ein Märchensingspiel? In ihrer Kita?«

»Du hast sie doch abgeholt, Paul, letzten Freitag, aus dem Schlumpfenland, erinnerst du dich nicht? Da hatten sie gerade für das Märchensingspiel geprobt, das sie morgen aufführen werden. Sie ist übrigens eine Fee. Unsere Tochter wird auf der Bühne eine süße, kleine Fee sein. Die Kinder werden singen, furchtbar schief und krumm, und die Hälfte von ihnen wird vermutlich sowieso den Text vergessen. Es ist wichtig für sie, dass wir dabei sind.«

»Ich habe das nicht gewusst, Petra, ehrlich. Du hättest mir doch einen Wink geben können.«

»Ja, da ist er mal wieder. Paul Herzfeld, das Adlerauge der Nation, so aufmerksam, dass ihm nicht das kleinste Detail entgeht, wenn er irgendwelche Toten aufschneidet. Aber wenn es um die Belange seiner Familie geht, da übersieht er gern mal etwas.«

»Ich finde es wirklich unfair, dass du mir vorwirfst, ich würde mich nicht für Hannah interessieren, Petra. Ich habe es einfach nicht gewusst.«

Schweigen am anderen Ende, dann ein tiefes Durchatmen.
»Wann genau ist diese Aufführung denn?«, versuchte Herzfeld einzulenken.
»Morgen Nachmittag, um fünfzehn Uhr.«
»Wäre es schlimm, wenn ich direkt von hier zur Aufführung in die Kita komme?«
Wenn er sich morgen nicht mit Selina Novak traf, würde er damit sehr wahrscheinlich jede Chance verpassen, hinter die rätselhaften und widersprüchlichen Vorgänge im Zusammenhang mit Jan Petersens Tod zu kommen, und zwar für immer. Morgen Abend würde Selina Novak nämlich einen Flieger besteigen, weil sie vorhatte, den Rest des Jahres mit einer Work-and-Travel-Reise in Australien zu verbringen. »Ohne Handy, ohne E-Mail«, wie sie ihm während ihres Telefonats erklärt hatte. »Einfach mal ein bisschen weg von alldem hier, Abstand von der Hightechzivilisation bekommen.«
»Klar, Paul«, sagte Petra schließlich. »Natürlich geht das, auch wenn wir beide uns gefreut hätten, dich zum Frühstück hier zu haben. Ich werde es Hannah schon irgendwie beibringen.«
»Danke, Petra. Und anschließend gehen wir zusammen was essen, ja? Hannah darf sich aussuchen, wo, als kleine Wiedergutmachung.«
»Okay, das klingt gut, Paul. Da wird sie sich bestimmt freuen. Aber eins noch …«
»Ja?«
»Ich weiß nicht, wie lange ich noch Lust habe, gegenüber unserer Tochter ständig Ausreden dafür zu erfinden, warum du immer wieder nicht da bist, warum du so vieles von ihrem Leben verpasst.«
»Petra, ich …«, begann Herzfeld.
Aber da hatte seine Verlobte schon aufgelegt.

53

11. Februar, 3.36 Uhr
Itzehoe. Elbklinikum, Parkplatz

Der riesige Gebäudekomplex des Elbklinikums lag in den frühen Morgenstunden still und verlassen da – abgesehen von einem Rettungswagen, der vor einer halben Stunde mit Blaulicht und laut schrillendem Martinshorn vor der Notaufnahme des Klinikums vorgefahren und wenige Minuten später wieder davongefahren war. Snø hatte das Klinikgelände kurz vor Mitternacht erreicht. Seitdem saß sie fast regungslos auf dem Fahrersitz ihres Porsches, nur wenige Meter entfernt von Herzfelds dunkelblauem Passat. Nur wenige weitere Fahrzeuge, sehr wahrscheinlich von Ärzten und dem Pflegepersonal der Nachtschicht, befanden sich zu dieser Zeit auf dem Parkplatz.

Snø öffnete lautlos die Fahrertür des 911er und glitt hinaus, ohne die Wagentür hinter sich zu schließen. Nur ein Schatten war zu sehen, als sie die kurze Entfernung zu Herzfelds Wagen mit schnellen Schritten und in geduckter Haltung zurücklegte, ein kleines dunkles Metallkästchen in ihrer rechten Hand. An dem Fahrzeug angekommen, hockte sie sich neben den rechten Kotflügel des Passats, während sie sich mit einem letzten Blick in alle Richtungen davon überzeugte, dass sie nach wie vor der einzige Mensch auf dem riesigen Klinikparkplatz war. Dann befestigte sie das kleine Metallobjekt an der Innenseite des Kotflügels, wo es gut versteckt und von außen unsichtbar von einem starken Magneten gehalten wurde. Anschließend kehrte sie in geduckter Haltung und mit schnellen Schritten zu ihrem Porsche zurück. Die ganze Aktion hatte nicht einmal eine Minute gedauert.

Nach kurzer Überprüfung der Funktion des kleinen GPS-

Trackers an Herzfelds Wagen schlich sich der Anflug eines Lächelns auf ihr Gesicht. Von nun an würde sie zu jedem Zeitpunkt wissen, wo sich der Passat, und damit sehr wahrscheinlich auch Herzfeld, gerade befand. Der Klient hatte recht behalten, diesen Mann sollten sie im Auge behalten.

54

11. Februar, 11.32 Uhr
Itzehoe. Feldkamp, Wohnhaus Selina Novak

Schwere Regentropfen prasselten in einem nicht abreißenden Bombardement auf das Dach von Herzfelds Passat nieder und übertönten sogar die Motorengeräusche des Wagens. An diesem Tag war es überhaupt nicht richtig hell geworden, da dicke, bleigraue Wolken den Himmel über dem südwestlichen Schleswig-Holstein verdunkelten.

Die Fahrt führte Herzfeld über verwaiste Landstraßen, und nach gerade einmal fünfzehn Minuten zeigte das Navigationssystem ihm an, dass er sein Ziel in 500 Metern erreicht haben würde. Dann tauchte plötzlich aus den Wassernebeln rechts und links der Landstraße die Ansammlung von etwa drei Dutzend Einfamilienhäusern im Klinkerbaustil der 1950er- und 1960er-Jahre auf, die mitten im schleswig-holsteinischen Nirgendwo wie aus der Zeit gefallen erschien.

Nur ein paar an den Bordsteinen parkende Autos gaben Zeugnis davon, dass hier tatsächlich Menschen lebten, ansonsten wirkte alles wie ausgestorben.

Herzfeld stellte seinen Wagen auf der einem kleinen, zweistöckigen Einfamilienhaus gegenüberliegenden Straßenseite ab. Es trug die Hausnummer 4, das einzige Haus in der Straße, in dem sowohl im Erdgeschoss als auch im oberen Stockwerk Licht brannte. Er griff nach seinem Handy und rief Selina Novak an, wie sie es am Abend zuvor telefonisch vereinbart hatten. Während er auf das Zustandekommen der Verbindung wartete, sah er durch den strömenden Regen hinüber zu der Reihe identisch aussehender Wohnhäuser.

Sein Anruf wurde weggedrückt, doch wenige Sekunden später sah er Licht hinter der Haustürscheibe angehen, und die

Haustür wurde geöffnet. Das Grundstück des Einfamilienhauses war von einer Buchsbaumhecke umgeben. Herzfeld konnte im Vorgarten mehrere Nadelbäume erkennen, die ihre nassen Zweige träge herabhängen ließen, als hätten sie jeden Widerstand gegen das Wetter aufgegeben. Eine junge Frau in einem übergroßen, grauen Sweatshirt trat einen Schritt ins Freie und winkte dann zu ihm herüber, bevor sie sich hastig wieder unter das kleine Vordach über der Eingangstür zurückzog. Herzfeld erwiderte den Gruß mit einem knappen Handzeichen und hastete dann, mehreren Pfützen ausweichend, quer über die Straße auf das schützende Vordach zu. Beim Näherkommen bemerkte Herzfeld die extravagante Brille mit dem dicken, roten Plastikrahmen, hinter der die junge Frau ihn aus wachen Augen ansah. Als Herzfeld die Haustür erreicht hatte, trat sie zurück, um ihn einzulassen.

»Danke!«, sagte Herzfeld und reichte der jungen Frau die Hand, die diese ergriff. Sie trug ihr brünettes Haar als stoppelige Kurzhaarfrisur, was ihr – vermutlich aufgrund ihrer großen, dunklen Augen, die durch ihre knallrote Brille noch mehr zur Geltung kamen – gut stand.

Herzfeld hoffte inständig, bei diesem Besuch mehr über Inhalt und Hintergrund der »Forschungsaktivitäten« seines Vorgängers zu erfahren, die Kießling offensichtlich nicht nur energisch abgelehnt hatte, sondern über die es zwischen dem Ärztlichen Direktor und Petersen anscheinend zu einem offenen Zerwürfnis gekommen war. Andererseits hatte Herzfeld nicht vor, das Gespräch mit Selina Novak länger als unbedingt nötig zu führen, da er auf keinen Fall zu spät in die Kita kommen und damit das Verhältnis zu Petra ein weiteres Mal auf die Probe stellen wollte.

Nachdem Herzfeld sich vorgestellt hatte, bemerkte er: »Hier wohnen Sie?«

»Ja«, erwiderte Selina Novak mit einem entschuldigenden Lächeln, während sie die Ärmel ihres riesigen Pullovers um ihren Körper schlang, als würde sie frieren. »Das Haus gehört nicht mir, ich darf nur schon seit einer Weile hier wohnen.«

»Ist das nicht etwas weit ab vom Schuss?«

»Wie man es nimmt«, sagte sie mit einem schüchternen Lachen, während sie Herzfeld in das direkt an die kleine Diele grenzende Wohnzimmer führte. »Im einundzwanzigsten Jahrhundert lebt man mit Facebook, Instagram, WhatsApp und zig anderen Instant-Messaging-Diensten doch in einem globalen Dorf. Man ist eigentlich nie allein, egal, wo man sich gerade aufhält.«

Herzfeld fiel auf, dass sie die Schultern hochgezogen hatte – keine besonders gesunde Körperhaltung, aber typisch für jemanden, der viel Zeit am Schreibtisch, sehr wahrscheinlich vor Computerbildschirmen, zubrachte.

Im Wohnzimmer, das von einer altmodischen Deckenlampe und einer kleinen Stehlampe beleuchtet wurde, da sämtliche bis zum Boden reichenden Vorhänge vor der Fensterfront zugezogen waren, entdeckte Herzfeld eine bizarr wirkende Mischung aus alten Biedermeiermöbeln und bis kurz unter die Decke reichenden, schwarzen Metallschränken, an denen unzählige Lämpchen blinkten. Dieser Teil der Einrichtung samt den drei Computermonitoren auf einer Schreibtischplatte in der Mitte des Raumes erinnerte Herzfeld an das kriminaltechnische Labor in Kiel, wo Malte Andresen zwischen seinen Servertürmen und Computerbildschirmen hauste.

Mit einer fahrigen Bewegung fegte die junge Frau ein paar Kleidungsstücke von der altmodischen hellgrünen Velourscouch und bat Herzfeld dann, darauf Platz zu nehmen. Sie zog einen der schweren Vorhänge zur Seite, um etwas zusätzliches Tageslicht hereinzulassen.

»Kaffee?«, fragte sie, und Herzfeld nickte dankbar.

»Ich möchte nicht neugierig wirken«, sagte er, während die junge Frau in die lediglich durch einen Durchgang abgetrennte Küche trat, um zwei Becher Kaffee aus einer Maschine zu füllen, »aber diese ganze Computertechnik hier sieht hoch professionell aus. Das ist doch wohl nicht nur Ihr Hobby?«

»Ich habe Informatik studiert«, erklärte Selina Novak, während sie, über die Kaffeemaschine gebeugt, die Brille hochschob, die ihr ein Stück heruntergerutscht war.

»Entschuldigen Sie, wenn ich Sie mit Fragen löchere, aber um alles verstehen zu können und mir ein Bild über Doktor Petersen und damit auch über die Umstände seines Todes machen zu können, muss ich das wissen: Wie kam der Kontakt mit ihm zustande beziehungsweise woher kannten Sie beide sich?«, wollte Herzfeld wissen.

»Die Fragen sind schon okay«, entgegnete die junge Frau. »Ich habe Doktor Petersen vor fünf oder sechs Jahren in Hamburg kennengelernt, als ich damals im Rahmen eines Studentenjobs am Universitätsklinikum Hamburg-Eppendorf ein kleines Servernetzwerk in der Pathologie eingerichtet habe.«

»Und schließlich hat es Sie dann irgendwie hierher aufs Land verschlagen?«

»Genau. Mein Onkel Ivo hat mir dieses Haus hier, das er schon vor einer Ewigkeit von seinem Vater geerbt hatte, vor zwei Jahren überlassen, solange er im Ausland ist.«

»Und jetzt arbeiten Sie von hier aus als Freelancer in der Informatikbranche, oder wie muss ich mir das vorstellen?«, fragte Herzfeld.

Selina nickte, während sie mit den zwei Bechern aus der offenen Küche zurückkehrte. Einen reichte sie dem Rechtsmediziner und setzte sich dann ihm gegenüber auf einen futuristischen Bürosessel vor ihrem Schreibtisch.

»Das meiste von den Sachen hier dient zum Testen verschiedener Programme, die sich mit Strukturanalyse von Computerservern befassen«, fuhr sie fort. »Ich hatte bis vor einer Woche zwei größere Aufträge von Mittelständlern. Die sind jetzt aber abgeschlossen, und ich kann mich erst mal für einige Zeit ausklinken.«

»Danke für die Erklärungen«, sagte Herzfeld. »Aber zurück zu Doktor Petersen. Wie kam der erneute Kontakt zu ihm zustande? Wann hat er sich nach Ihrer Begegnung in Eppendorf wieder bei Ihnen gemeldet?«

»Ich hatte Doktor Petersen damals in der Pathologie in Hamburg meine E-Mail-Adresse gegeben. Er meinte, er würde, was IT-Dinge betrifft, irgendwann vielleicht mal wieder meine Dienste in Anspruch nehmen wollen«, erzählte Selina und senkte den Kopf. »Vor etwa einem Jahr schrieb er mir tatsächlich eine Mail und fragte, ob ich noch so gut mit Servern und Netzwerken umgehen könne, und das habe ich bejaht.« Sie verstummte für einen Moment und starrte nachdenklich auf den Kaffeebecher in ihrer Hand. »Ich kann immer noch nicht fassen, dass er jetzt tot sein soll. Ich habe das erst vor zwei Tagen erfahren, und es war ein totaler Schock. Ich mochte ihn, wirklich. Er war immer höflich und zuvorkommend, es war eine Geschäftsbeziehung auf Augenhöhe. Und wenn er sich mal in eine Sache verbissen hatte, hat er nicht aufgehört, bis das Problem gelöst war. Das hat mir schon damals in Hamburg imponiert, wissen Sie?«

Herzfeld nickte. Er musste sich eingestehen, dass Petersen wenigstens in dieser Hinsicht auch mit ihm eine Gemeinsamkeit gehabt hatte.

»Wie ist er denn gestorben?«, fragte Selina leise und warf Herzfeld einen beinahe schüchtern wirkenden Blick zu.

»Das wissen Sie noch gar nicht?«, fragte Herzfeld verblüfft. Andererseits – wie hatte Kießling es noch ausgedrückt? *Wir in Itzehoe können auch mal zu Geschehnissen schweigen, die man nicht mehr ändern kann.*

Als er Selina in knappen Worten geschildert hatte, was er bisher über die Todesumstände Petersens wusste, konnte er dabei zusehen, wie sich der Gesichtsausdruck der jungen Frau von Verblüffung über Ungläubigkeit zu blankem Entsetzen wandelte. *Damit wären wir schon zwei,* dachte er. *Vier, wenn man Petersen senior und auch Tomfordes Skepsis bezüglich*

Deneckes Ermittlungsarbeit dazuzählt, korrigierte er sich. Doch er spürte, dass Selina noch etwas ganz anderes umtrieb und dass die junge Frau möglicherweise im Gegensatz zu allen anderen, mit denen er bisher gesprochen hatte, über Informationen verfügte, die die unvollständigen Teilstücke zu einem Gesamtbild ergänzen könnten.

»Ich bin hier«, fuhr Herzfeld fort, »weil ich mir sicher bin, dass es im Zusammenhang mit dem Tod Petersens ein paar Ungereimtheiten gibt.« Ohne die junge Frau in Details einzuweihen, um sie nicht noch weiter zu beunruhigen, fuhr er fort: »Es ist schier unmöglich, an die von ihm bearbeiteten Patientenakten heranzukommen. Und das, was ich –«

»Sie glauben nicht, dass Doktor Petersen Selbstmord begangen hat?«, unterbrach Selina ihn mit sorgenvoller Miene.

»Was ich glaube, spielt im Moment keine Rolle, denn es wäre zu diesem Zeitpunkt nichts weiter als reine Spekulation. Aber Sie können mir weiterhelfen, wenn Sie mir verraten, woran Sie konkret für Petersen gearbeitet haben«, erwiderte Herzfeld.

»O Gott!«, ächzte Selina, und nun gesellte sich zu dem sorgenvollen Gesichtsausdruck noch etwas anderes. Vielleicht Angst?

»Ich … ich sollte Patientenakten für ihn besorgen. Von Lebenden und von Toten, also auch die Totenscheine. Jede Menge, aus allen möglichen Krankenhäusern. Vermutlich sind es genau diese Daten, die Sie nun nicht finden können. Aber das würde bedeuten …«

Sie verstummte, doch Herzfeld hakte nach: »Moment, was genau meinen Sie denn mit ›besorgen‹? Als Pathologe beziehungsweise ärztlicher Kollege hätte er sie doch einfach aus den Kliniken anfordern können, wozu brauchte er Sie denn dazu?«

»Ja, genau diese Frage habe ich mir natürlich auch gestellt. Deshalb habe ich mir auch zunächst keine großen Gedanken gemacht, als …«

»Als Sie die Patientenakten und Totenscheine auf möglicherweise nicht ganz legalem Weg *besorgt* haben?«, ergänzte Herzfeld ihren Satz und wies in Richtung der Monitore auf dem Schreibtisch.

Selina senkte den Kopf. Ohne direkt auf Herzfelds Frage einzugehen, sagte sie: »Ich dachte wirklich, es wäre keine große Sache und dass es ihm auf dem offiziellen Dienstweg einfach nicht schnell genug gehen würde. Er hatte es offenbar echt eilig damit. Ich habe mir nicht vorstellen können, dass jemand überhaupt bemerken würde, dass er sich für diese Daten interessiert beziehungsweise dass ich mir davon Kopien ziehe. Die meisten Krankenhäuser haben ohnehin ziemlich lasche Datensicherheitsvorkehrungen.«

»Um was für Patientendaten ging es Petersen denn? Ich meine, was waren die Auswahlkriterien bei den Patienten, nach denen Sie für ihn gesucht haben?«

»Das ist es ja! Er wollte *alle* Patientendaten, die ich ihm beschaffen konnte.«

»Wie bitte?«, fragte Herzfeld ungläubig.

»Ich habe einfach alles von den Servern kopiert, dessen ich habhaft werden konnte. Allerdings war er in anderer Hinsicht schon sehr spezifisch. Er gab mir eine Liste der Einzugsbereiche von Krankenhäusern, für die er sich interessierte. Lauter Orte in Schleswig-Holstein und Niedersachsen. Ich musste dann nur noch herausfinden, welche Krankenhäuser sich im näheren Umkreis dieser Orte genau befinden und ... ja, da war noch etwas, auf das er Wert gelegt hat.«

»Und das wäre?«

»Er wollte keine Daten von Patienten, deren Behandlung länger als fünf Jahre her war. Und auch keine Totenscheine von Patienten, die vor mehr als fünf Jahren verstorben sind, die musste ich alle ausklammern. Es waren insgesamt exakt 23 486 Patientenakten, die ich Doktor Petersen besorgt habe. Ich habe dafür extra ein Programm geschrieben, das die digitalen Archive der Krankenhäuser in den betreffenden Regionen danach durchforstet und entsprechend gefiltert hat.«

»Und Sie wissen nicht, was er mit diesen Daten wollte? Hat er Ihnen denn nie erzählt, woran er forscht?«

Die junge Frau schüttelte stumm den Kopf, ohne Herzfeld dabei anzuschauen.

»Hm, das bringt mich leider auch nicht wirklich weiter, befürchte ich«, sagte Herzfeld nachdenklich. »Haben Sie Aufzeichnungen darüber, um welche Orte und Krankenhäuser es sich handelte, oder haben Sie vielleicht noch die Liste, die Ihnen Doktor Petersen gegeben hat?«

»Kommt drauf an«, sagte Selina mit einem scheuen Lächeln.

»Worauf?«

»Ob Sie darüber hinwegsehen können, auf welche Art und Weise ich die Daten besorgt habe, und Sie es mit Ihrem Gewissen vereinbaren können, wenn ich Ihnen ein Back-up sämtlicher Dateien gebe.«

55

11. Februar, 13.29 Uhr
Nahe Itzehoe. Verlassene Wohnsiedlung

Snø starrte auf den Monitor im Deckel des schwarzen Hartschalenkoffers, während sie mit ihrer rechten Hand präzise den Joystick bewegte, wodurch sich der Bildausschnitt ständig änderte. Die Finger ihrer linken Hand flogen über die Tasten einer winzigen, ausklappbaren Tastatur. Die Klickgeräusche, mit denen der Joystick jeweils seine neue Position einnahm, hallten von den nackten Betonwänden des Kellerraums wider.

Winzige Zahlenreihen huschten über den unteren Rand des Monitors.

Klick – noch ein kleines Stück nach links, jetzt war der Sucher der Kamera in der richtigen Position.

Klick – jetzt wurde herangezoomt, auf den Mann, der soeben das kleine geklinkerte Wohnhaus von Selina Novak verließ.

Klick – Zoom.

Eine Art Fadenkreuz tauchte auf der Bildschirmoberfläche auf und überlagerte das Gesicht des Mannes.

»Hab ich dich!«, flüsterte Snø und streichelte gedankenverloren über die Kante des Hartschalenkoffers.

Klick – die Kamera entfernte sich wieder ein Stück.

Ihr Klient, der hinter ihr in dem Keller mit den nackten Betonwänden stand, folgte dem Geschehen schweigend und aufmerksam. Als er ausatmete, bildeten sich Atemwölkchen vor seinem Mund. Snø machte die Temperatur im Inneren des Hauses, die sich kaum von der Außentemperatur unterschied, nichts aus, und eine gute Tarnung war ihr weit wichtiger als Bequemlichkeit. Das braune Echtleder der Handschuhe des Klienten machte leise knarzende Geräusche, während er seine Hände öffnete und schloss, offenbar um die Blutzirkulation anzuregen.

»Also?«, wollte der Klient wissen. Die nackte Glühbirne an der Kellerdecke gab ein leises elektrisches Summen von sich, dann war sie wieder still.

»Er ist ein paar Mal nach Kiel gefahren, ins Polizeipräsidium und in das dortige Institut für Rechtsmedizin. Mit Sicherheit was Berufliches. Bei seiner Familie war er auch«, antwortete Snø. In ihrer Stimme war der leichte Anflug eines skandinavischen Akzents zu hören.

»Und wieso taucht Herzfeld dann jetzt plötzlich bei der Novak auf?«, fragte der Mann hinter ihr streng. Außer dem rhythmischen Öffnen und Schließen seiner behandschuhten Hände hatten nun auch seine Kiefer zu mahlen begonnen, während er angestrengt auf den Bildschirm starrte.

»Das ist eine berechtigte Frage«, sagte Snø schulterzuckend. »Ich glaube nicht, dass er etwas ahnt. Dazu war die Sache viel zu gut eingefädelt. Und selbst wenn – Herzfeld hat doch überhaupt nichts in der Hand, es gibt keinen einzigen Ansatzpunkt für ihn. Ich habe alle Beweise vernichtet. Es gibt nichts, was ihn zu Ihnen führen würde, auch wenn er noch so tief bohrt.«

Klick – das Kameraauge entfernte sich langsam von der beobachteten Szenerie, schwebte gleichsam von ihr weg, immer höher, bis der Mann, der immer diesen braunen Parka trug, seinen blauen Passat auf der gegenüberliegenden Straßenseite erreicht hatte und das kleine Einfamilienhaus und schließlich die gesamte Straße mit den nahezu identisch aufgereihten Häuschen wie Modelle auf einem Eisenbahnbrett wirkten.

»Nun«, sagte der Klient barsch. »Dann sollten Sie wohl besser herausfinden, was Selina Novak wirklich weiß und wie viel davon sie Herzfeld erzählt hat.«

»Ja«, sagte Snø gleichmütig, wobei sie eine aufflammende innere Freude unterdrückte.

»Und tun Sie, was immer nötig ist, verstanden?«, befahl der

Klient, während er sich der Tür zuwandte. »Wir können uns keine losen Enden leisten.«

Snø nickte stumm, starrte weiter auf den Bildschirm und streckte ihre langen Beine in den hautengen, schwarzen Jeans aus. Als sie hörte, wie die Haustür hinter dem Mann ins Schloss fiel, schlich sich ein schmales Lächeln auf ihre fein geschwungenen Lippen, und ihre eisblauen Augen funkelten wie frischer Schnee in einer sternenklaren Nacht.

Sie klappte den Deckel des Hartschalenkoffers zu und begab sich in die Garage. Dort stieg sie in ihren Porsche 911er, öffnete das automatische Garagentor und startete den Motor, der mit einem kräftigen Röhren zum Leben erwachte.

Die Jägerin war auf dem Weg zu ihrer Beute.

56

11. Februar, 13.50 Uhr
Itzehoe. Feldkamp, Wohnhaus Selina Novak

Selina warf einen letzten prüfenden Blick auf ihr Reisegepäck, einen großen Rucksack, in dem sie ihre Kleidung und einige Dinge für den persönlichen Bedarf zusammengepackt hatte, und raffte Reiseunterlagen, Portemonnaie und Reisepass zusammen. Dann verstaute sie diese Dinge in einem zweiten, kleineren Rucksack, ihrem Handgepäck für den bevorstehenden Flug. Petersens Nachfolger Herzfeld schien in Ordnung zu sein. Ein ähnlich getriebener Arzt auf der Suche nach der Wahrheit, wie Petersen es mit seinen Patientendaten gewesen war. Aber das, was sie von Herzfeld gerade erfahren hatte, hatte sie in ernsthafte Sorge, nein, vielmehr in Angst versetzt. Und ihre Entscheidung, erst einmal für einige Zeit hier die Zelte abzubrechen und unterzutauchen, noch bekräftigt. Das Ticket nach Sydney zu buchen war die richtige Entscheidung gewesen.

Sie schüttete den abgestandenen Rest Kaffee aus ihrem Becher und stellte ihn und den des Rechtsmediziners ins Spülbecken.

Wenn Petersens Tod weder Suizid noch Unfall war, so wie Herzfeld es angedeutet hat, sondern er umgebracht wurde, dann sind es vielleicht die Patientendaten, die ich ihm besorgt habe, für die Petersen mit seinem Leben bezahlt hat?, ging es ihr durch den Kopf.

Vielleicht hatte Petersen gar nicht unter Zeitdruck gestanden, wie er es ihr gegenüber behauptet hatte, um an die Daten zu kommen? *Was, wenn Petersen gezielt wollte, dass ich die Daten auf diese Weise besorge, damit es keiner mitbekommt? Weil er wusste, dass er einer brisanten Sache auf der Spur war?*

Als es plötzlich an der Haustür klingelte, fuhr Selina erschrocken zusammen und wurde jäh aus ihren Überlegungen gerissen.
Sie drückte eine Tastenkombination auf ihrer Tastatur auf dem Schreibtisch. Daraufhin zeigte der mittlere der Bildschirme in Echtzeit die Aufnahme der kleinen Überwachungskamera, die unter dem Vordach an der Haustür angebracht war. Eine Frau stand dort. Sie drückte etwas an ihre Brust, das nach einem Aktenordner aussah. Selinas Blick fiel auf ihre Hände mit den eleganten, schwarzen Lederhandschuhen.
Sie betrachtete die Besucherin eine Weile lang. *Wer kann das sein?*
Die unbekannte Besucherin betätigte die Türklingel erneut.
Zögernd klickte Selina jetzt auf ein kleines Feld am Bildschirmrand, das ein am Computer angebrachtes Mikrofon mit der Gegensprechanlage an der Haustür verband.
»Ja?«, fragte sie und ärgerte sich ein wenig über die Unsicherheit, die sie in ihrer Stimme zu hören glaubte. Der Regen prasselte mit solcher Heftigkeit auf das Vordach, dass sie sich vorbeugen musste, um durch den kleinen Computerlautsprecher überhaupt verstehen zu können, was ihre Besucherin sagte.
»Ich bin die Assistentin von Doktor Herzfeld, der eben bei Ihnen war. Wir arbeiten gemeinsam am Elbklinikum in Itzehoe. Er hat mich aus dem Auto angerufen und gebeten, bei Ihnen vorbeizuschauen, weil er selbst jetzt einen dringenden Anschlusstermin hat.«
Als Selina schwieg, fuhr die Frau vor der Haustür fort: »Es gibt noch etwas, das er dringend wissen muss. Doktor Herzfeld hätte Sie gern selbst gefragt, aber nicht am Telefon, sondern persönlich, aber das klappt nun mal heute nicht mehr. Und da ich in der Nähe war …«
»Worum geht es denn?«, fragte Selina.
Die Frau draußen trippelte von einem Fuß auf den anderen.

»Sie müssten nur einen kurzen Blick auf diese Unterlagen hier werfen und mir bestätigen, dass die Informationen korrekt sind, dann bin ich schon wieder weg.«
Selina sah, dass die Besucherin den Aktenordner, den sie zuvor an ihre Brust gedrückt hatte, in Richtung der Kamera hielt, die sie jetzt offensichtlich bemerkt hatte.
»Okay«, sagte Selina in die Gegensprechanlage. »Ich komme.«
Sie ging die wenigen Schritte zur Haustür und ließ die Besucherin herein.
»Vielen Dank, sehr nett von Ihnen«, sagte die Frau mit den weißblonden Haaren, die sie zu einem strengen Pferdeschwanz nach hinten gebunden hatte, als sie das hell erleuchtete Innere des Hauses betrat.
Selina schaute der Frau ins Gesicht und nahm den Blick wahr, mit dem ihre Besucherin sie aus kalten, eisblauen Augen musterte. Ihr lief ein Schauer über den Rücken. Das war allerdings nichts im Vergleich zu dem Schock, der sie ereilte, als sie die Frau sagen hörte: »Und jetzt, Schätzchen, unterhalten wir beide uns mal ein bisschen.«
Noch während sie sprach, zog die Frau mit den Eisaugen die Haustür hinter sich zu.

57

12. Februar, 18.08 Uhr
Itzehoe. Elbklinikum, Gästeapartment Paul Herzfeld

Hannahs Aufführung, bei der sie eine kleine Fee gespielt hatte, und der sich daran anschließende gemeinsame Samstagnachmittag waren für alle drei ein positives Erlebnis gewesen. Und auch der Abend, den Herzfeld und Petra mit einer Flasche Barolo gemütlich auf der Couch zubrachten, hatte die beiden einander wieder nähergebracht.

Nach dem gemeinsamen Mittagessen am nächsten Tag in einem Steak-Restaurant in der Kieler Innenstadt hatte sich Herzfeld dann von Petra und Hannah, die am Nachmittag noch Petras Eltern in Kronshagen besuchen wollten, verabschiedet und war nach Itzehoe aufgebrochen. Er hatte vor, dort die kleine schwarze mobile Festplatte, die er von Selina Novak bekommen hatte, bezüglich der darauf befindlichen Daten sorgfältig zu prüfen.

Gegen 15 Uhr war er in Itzehoe im Elbklinikum in seinem Apartment eingetroffen, hatte seinen Laptop hochgefahren und enthusiastisch begonnen, den Datenwust auf der mobilen Festplatte zu sichten.

Drei Stunden später war von diesem Enthusiasmus nichts mehr zu spüren. Herzfeld hatte bis zu diesem Zeitpunkt etwa einhundert Patientenakten und Totenscheine überflogen – ein winziger Bruchteil des Gesamtmaterials – und war in Bezug auf irgendeine Erkenntnis immer noch keinen Schritt weitergekommen.

Herzfeld gähnte, und während er sich streckte, vernahm er ein lautes Knacken seiner Nackenwirbel.

Er brauchte jetzt dringend einen Kaffee. Zu dumm nur, dass er vor zwei Tagen zwar eine Kaffeemaschine gekauft hatte und diese auch nicht weit entfernt in seinem Büro stand, er es aber bisher versäumt hatte, auch Kaffeepulver zu besorgen.

Der Dreh- und Angelpunkt, überlegte er, während er sich den braunen Parka überstreifte und den Autoschlüssel von der kleinen Kommode im Eingangsbereich seines Apartments fischte, *liegt offenbar in den Regionen, aus denen die Patienten stammen, für die sich Petersen interessierte. Ich muss schauen, ob ich irgendein Muster finde, das mir möglicherweise Aufschluss darüber gibt, wonach Petersen gesucht hat.*

Als Herzfeld keine zehn Minuten später seinen Passat an der nächstgelegenen Tankstelle zum Stehen brachte, war diese wie ausgestorben, obwohl der heftige Landregen, der in den letzten Stunden über dem südwestlichen Schleswig-Holstein heruntergegangen war, gerade eine Verschnaufpause zu machen schien.

Herzfeld betrat den Verkaufsbereich der Tankstelle, wo ihn eine blasse Angestellte mit ungewaschenen Haaren, deren Blondierung sich längst in Richtung der Haarspitzen zurückgezogen hatte, hinter ihrem Tresen gelangweilt beäugte. Er bestellte einen Kaffee zum Mitnehmen und trat dann an das Regal mit den Lebensmitteln, wo er sich mit einem Päckchen Kaffee versorgte.

Auf dem Rückweg zur Kasse kam er an einem Regal mit Zeitschriften und Karten vorbei. Sein Blick fiel auf einige Landkarten und Straßenatlanten für die Bundesländer Schleswig-Holstein und Niedersachsen. Er starrte für einen Moment darauf, dann kam ihm eine Idee. Rasch ergriff er zwei Landkarten und sechs kleine Plastikboxen mit bunten Pinnnadeln sowie Paketklebeband aus dem benachbarten Regal mit Büromaterialien, dann bezahlte er und verließ die Tankstelle.

58

12. Februar, 18.12 Uhr
Nahe Itzehoe. Landstraße

Der 911er raste durch die Dunkelheit. Erst als in der Ferne die hell erleuchteten Fenster vom Moorlandhof auftauchten, drosselte Snø das Tempo und stoppte schließlich am Straßenrand. Die Landstraße war um diese Uhrzeit nicht stark befahren. Sie zog ihr mit einem Restlichtverstärker ausgestattetes Hochleistungsfernglas aus dem Seitenfach der Fahrertür. Schwerfällig stapfte gerade ein hagerer Mann in Gummistiefeln über den Hof, an seiner Seite ein Hund. Snø lächelte. Der Alte stellte keine Gefahr dar, aber sie würde ihn weiterhin im Auge behalten, wie es der Klient wünschte.

Sie nahm das mobile Satellitentelefon aus dem Handschuhfach und wählte die Nummer des Klienten. Dieser nahm nach dem ersten Klingeln ab und begann ohne Umschweife das Gespräch. »Was hat Ihr gestriger Besuch bei der Informatikerin ergeben?«

»Herzfeld weiß jetzt, dass die Novak für Petersen die Patientenakten besorgt hat, die er für seine Schnüffelei benötigte. Sie beteuert, keine Ahnung zu haben, was Petersen mit diesen Daten vorhatte und dass sie Herzfeld nichts dazu sagen konnte. Aber ich hielt es für ratsam, in dieser Hinsicht kein Risiko einzugehen.«

»Risikominimierung ist das Gebot der Stunde, wie so oft«, schnarrte die Stimme des Klienten aus dem Hörer. »Noch etwas, das ich wissen müsste?«

»Ich habe mich, ehe ich unser Problem aus der Welt geschafft habe, gemeinsam mit der Novak auf ihren Rechnern umgesehen und die Dateien etwas bereinigt. Auch ihre kleine Videoüberwachung an der Haustür habe ich mir angesehen und daran ein paar Korrekturen vorgenommen. Herzfeld ist jetzt die letzte Person, die das Haus verlassen hat.«

»Gut«, sagte der Klient, ohne nach weiteren Details zu fragen. Es gab Typen unter ihren Auftraggebern, die alles stets ganz genau wissen wollten, warum auch immer. Ihr derzeitiger Klient war keiner von denen, ihn interessierte lediglich, dass sich Probleme schnell in Luft auflösten, der Rest war ihm egal.

»Bleibt unsere aktuelle Zielperson«, erinnerte sie der Klient unnötigerweise.

»Ich bin an ihm dran. Wenn er –«

»Sie haben Prokura für alles, was Sie für nötig erachten«, unterbrach der Klient sie. »Noch einen Schnüffler können wir nicht gebrauchen.« Damit beendete er das Gespräch.

59

12. Februar, 18.35 Uhr
Itzehoe. Elbklinikum, Gästeapartment Paul Herzfeld

Kaum zurück in seinem Gästeapartment, beschäftigte sich Herzfeld, den Laptop auf den Knien, sofort wieder mit Petersens undurchsichtiger Datensammlung. Das wütende Prasseln des erneut einsetzenden Regens nahm er dabei nur als fernes Hintergrundrauschen wahr. Beim Anblick der Landkarten im Shop der Tankstelle war ihm eine Idee gekommen, wie er doch vielleicht etwas Licht in das Dunkel der Daten von über dreiundzwanzigtausend Patienten bringen konnte. Daten, die völlig wahllos ausgewählt und zufällig zusammengewürfelt erschienen.

Er öffnete erneut die gespeicherte Verzeichnisstruktur. Sie war ein exaktes Abbild der Version, die Selina Petersen zwei Wochen vor dessen Tod übergeben hatte. Es gab in dem Verzeichnis mehrere Ordner auf der obersten Ebene, nach jenen Landkreisen benannt, die für Petersen offenbar von Interesse gewesen waren. Er hatte sich laut Selinas Aussage ausschließlich für Gebiete in Schleswig-Holstein und Niedersachsen interessiert, und ein Blick auf Google Maps bestätigte diese Aussage. *Gut,* dachte Herzfeld, *das schränkt die Suche nach der Stecknadel im Heuhaufen wenigstens ein bisschen ein.*

Auf der nächsttieferen Ebene fanden sich in jedem Verzeichnisbaum die Namen verschiedener Kliniken und Krankenhäuser, denen dann – mit Namen – die jeweiligen Patientenakten zugeordnet waren. Selina hatte, was das betraf, tatsächlich gründliche und saubere Arbeit geleistet.

Schon vor seinem Geistesblitz beim Anblick der Karten im Tankstellenshop war Herzfeld klar geworden, dass die Patientenakten aufgrund ihrer schieren Datenmenge viel zu komplex waren. Erschwerend kam hinzu, dass sie auch absolut heterogen waren, was die Erkrankungen der Betreffenden hinsichtlich durchgeführter Diagnostik und Therapie anbelangte – von den unterschiedlichen Todesursachen, mit denen sich Petersen offensichtlich ebenfalls beschäftigt hatte, ganz zu schweigen. Ohne ein entsprechendes Computerprogramm, über das er nicht verfügte, würde er unmöglich Gemeinsamkeiten und medizinische Schnittstellen aus den Daten herausfiltern können. Herzfeld ging davon aus, dass Petersen über ein solches Programm verfügt hatte, welches für ihn die Daten nach bestimmten Kriterien gefiltert und so Ordnung und eine Systematik in den Datenwust gebracht hatte.

Aber die Regionen, aus denen die Patienten stammten, waren von besonderer Bedeutung, sonst hätte Petersen Selina diesbezüglich nicht so klare Anweisungen gegeben.

Die Orte, ging es Herzfeld durch den Kopf, *die Orte sind der Schlüssel. Wenn ich darin ein Muster erkenne, weiß ich vermutlich auch, wonach Petersen gesucht hat.*

Herzfeld befreite die beiden Landkarten aus ihren Plastikhüllen und faltete sie auseinander. Mit dem Paketklebeband befestigte er sie untereinander an einer mit Raufasertapete beklebten Wand. Eine Karte zeigte Schleswig-Holstein und die andere Niedersachsen. Herzfeld besah sich kurz sein Werk und holte dann seinen Laptop und die Schachteln mit den bunten Pinnnadeln, die er, immer wieder von prüfenden Blicken auf den Monitor unterbrochen, auf den beiden Landkarten befestigte, bis das Ganze dem Schlachtplan eines Feldmarschalls ähnelte.

Fünfzehn Minuten später hatte er einen ziemlich guten Überblick über die Kliniken und Krankenhäuser, für die sich Petersen interessiert hatte. Die Orte selbst ergaben kein Muster, jedenfalls keines, das sich Herzfeld auf Anhieb erschloss – sie waren kreuz und quer über die beiden Bundesländer verteilt. Aber eine Signifikanz gab es doch: Petersen schien sich ausschließlich für ländliche Gegenden interessiert zu haben –

Flensburg, Lübeck, Kiel, Hannover, Lüneburg und die meisten anderen größeren Städte waren großflächig ausgespart, dort steckte keine einzige der bunten Pinnnadeln in den Landkarten. Doch Herzfeld ermahnte sich, keine voreiligen Schlüsse zu ziehen.

Vielleicht hat Petersen ja einfach nur befürchtet, dass die größeren Krankenhäuser über bessere Maßnahmen der digitalen Sicherheit und Nachverfolgung etwaiger Datenlecks verfügen, und Selina deshalb gebeten, diese vorerst auszulassen?, grübelte er. *Andererseits hat er zwei Wochen vor seinem Tod zu Selina gesagt, er habe jetzt alle Daten, die er brauche – was bedeuten würde, dass er auf die Daten aus den größeren Städten nicht angewiesen war, um seine wie auch immer geartete These zu prüfen.*

Die andere Auffälligkeit bestand darin, dass die Pinnnadeln auf beiden Karten immer gehäuft zu finden waren. Da war zum Beispiel eine kleine Kreisstadt, bei der sich Petersen die Krankendaten von einer privaten Klinik und dem Kreiskrankenhaus der Region hatte besorgen lassen. Herzfelds Blick folgte auf der Karte der Bundesstraße, die von diesem Ort aus nach Norden führte. Etliche Kilometer nichts, dann in irgendeiner scheinbar beliebigen weiteren Kreisstadt die nächste geballte Ansammlung bunter Pinnnadeln.

Herzfeld begab sich an seinen Laptop und ließ sich auf Google Maps alle Kliniken und Krankenhäuser entlang der Strecke anzeigen, die er soeben an der Wand betrachtet hatte. Allein auf diesem Stück Wegstrecke von vierundachtzig Kilometern gab es drei Krankenhäuser, für die sich Petersen allem Anschein nach überhaupt nicht interessiert hatte.

Was ist es bloß, fragte sich Herzfeld, *das diese Kliniken von den anderen unterscheidet?*

Er wiederholte das Spiel noch ein paarmal, wobei er wegen des besseren Überblicks einige Schritte zurücktrat und den Laptop auf seiner Linken balancierte, während er mit der Rechten tippte und scrollte. Zwischendurch warf er immer wieder einen prüfenden Blick auf die Landkarten mit den Pinnnadeln.

Er kam stets zu dem gleichen Ergebnis. Petersen hatte sich nur für ganz bestimmte Gegenden interessiert und alle anderen Regionen komplett ausgeklammert. *Es sind nicht die Kliniken, für die sich Petersen interessierte, sondern ganz bestimmte Regionen,* ging es Herzfeld plötzlich auf. Und damit hatte er das sichere Gefühl, alle Informationen zu besitzen, die ihm die Geografie zu Petersens Datensammlung verraten konnte. Den nächsten Schritt vermochte er nur zu gehen, wenn er wusste, was das zweite Kriterium gewesen war, nach dem Petersen gesucht hatte – der Filter, den er über all diese Daten gelegt haben musste. Eine Suchmaske, die ihm half, die Daten nach verschiedenen Kriterien zu ordnen – Kriterien, die nichts mit der geografischen Lage der Krankenhäuser, sondern mit dem Inhalt der individuellen Patientendaten selbst zu tun hatten.

Plötzlich schlich sich ein Lächeln auf sein Gesicht. *Nein, mein Laptop mit seiner rudimentären medizinischen Software hilft mir hier nicht weiter.* Er ergriff das Gerät und Selinas mobile Festplatte und hastete Richtung Tür. *Aber ich weiß, wo ein Rechner steht, der das mit Sicherheit kann.*

60

12. Februar, 19.42 Uhr
Itzehoe. Elbklinikum, Gelände

Der sintflutartige Regen hatte zwar für einen Moment wieder ausgesetzt, aber der riesige Gebäudekomplex des Elbklinikums wirkte an diesem Sonntagabend trotzdem trostlos und unwirtlich. Die Grünanlagen ringsum waren völlig von den Wassermassen der letzten Stunden überspült worden, und knöchelhohe Pfützen standen auf dem riesigen, verwaisten Klinikparkplatz.

Den Porsche 911er hatte Snø in der Einfahrt eines zum Klinikgelände gehörenden Wirtschaftshofes gegenüber dem Gästehaus geparkt. Der GPS-Tracker leistete ihr gute Dienste. Herzfelds Rückkehr aus Kiel hatte sie in aller Ruhe auf dem Handy verfolgt und sich dann auf den Weg gemacht. Seitdem saß sie in ihrem Wagen und blickte durch ihr Hochleistungsfernglas immer wieder aufmerksam zu dem beleuchteten Fenster im dritten Stock hinauf, das zu Herzfelds Gästeapartment gehörte. Dort oben war bisher wenig passiert, außer dass die Silhouette des Kieler Rechtsmediziners hin und wieder am Fenster vorbeihuschte, mit seinem Laptop abwechselnd in einer oder beiden Händen und ohne dass er ein einziges Mal nach draußen gesehen hätte.

Dann war das Licht in Herzfelds Apartment ausgegangen.

Auch Minuten später war er noch nicht auf dem Parkplatz des Klinikgeländes, den sie von ihrer Position aus komplett einsehen konnte, aufgetaucht, um in seinen Passat zu steigen. Damit war klar, dass er durch den überdachten Übergang, der das Gästehaus auf der anderen Seite mit dem Gebäudekomplex des Klinikums verband, gegangen und damit in die Klinik unterwegs sein musste. Allerdings bestand natürlich

auch die Möglichkeit, dass der Doktor das Licht gelöscht hatte, um sich schlafen zu legen. Das wäre für ihr Vorhaben eher ungünstig gewesen. Aber nach allem, was sie bisher über Herzfeld in Erfahrung hatte bringen können, entsprach Schlaf um diese Uhrzeit eher nicht seinem Naturell.
Sie beugte sich vor, öffnete das Handschuhfach und griff nach der mattschwarzen Pistole mit dem integrierten Schalldämpfer im lang gezogenen Lauf.

61

12. Februar, 20.10 Uhr
Itzehoe. Elbklinikum, Büro Paul Herzfeld

Herzfeld beugte sich in seinem Bürostuhl vor und starrte zufrieden auf den Bildschirm vor sich.

Er hatte dem Bearbeitungsprogramm der Klinik, das sich auf seinem Bürorechner befand, fast problemlos Selinas externe Festplatte als neue Datenquelle zuweisen können. Dies war nur dem glücklichen Umstand geschuldet, dass der für den Bereich der Pathologie zuständige ITler die auf Herzfelds neuem Bürorechner immer noch bestehenden Administratorenrechte bisher nicht aufgehoben hatte.

Weniger als eine halbe Stunde dauerte es, bis Herzfeld in der Lage war, die von Selina gesammelten Daten mithilfe der Suchmaske des internen Klinikprogramms zur Patientendatenverwaltung neu zu ordnen, Filter zu setzen und nach bestimmten Parametern zu durchsuchen. Herzfeld atmete erleichtert aus. Bei einem Computerfreak wie Malte Andresen hätte es vermutlich nur weniger Mausklicks und Tastenkombinationen bedurft, aber jetzt zählte allein, dass er die Daten importiert und mit dem Programm verknüpft hatte. Nun konnte er sich die Akten nicht nur nach Region beziehungsweise Krankenhaus, sondern neu geordnet anzeigen lassen – nach Alter, Namen, Datum des letzten Eintrags und Einweisungsdiagnose, Entlassungsdiagnose und gegebenenfalls Todesursache der Patienten.

Zunächst tippte er aber den Namen »Hannes Klaasen« in das entsprechende Feld der Suchmaske ein – und wurde diesmal prompt mit einem Ergebnis belohnt. Die vollständige Krankenakte von Hannes Klaasen tauchte als PDF vor ihm auf dem Monitor auf. Herzfeld überflog das Dokument, das mit dem Totenschein und dem von Petersen erstellten Sektionsprotokoll des 1961 geborenen Mannes endete, und kam aus dem Staunen nicht mehr heraus. Auch Hannes Klaasen war kurz vor seinem Tod an einem anaplastischen Karzinom der Schilddrüse erkrankt, ebenso wie der alte Mann, der drei Jahre zuvor im Nordfriesland-Klinikum in Husum verstorben war und dessen Krankenakte eine der wenigen gewesen war, die Malte Andresen mittels seines Recovery-Programms auf der Festplatte von Petersens Computer hatte wiederherstellen können.

Dass beide Männer an Schilddrüsenkrebs leiden, mag ja eine zufällige Duplizität der Ereignisse sein, auch wenn Schilddrüsenkrebs für sich genommen schon eine absolute Seltenheit darstellt und nicht einmal ein Prozent aller Krebserkrankungen auf der Welt ausmacht. Aber dass sowohl Klaasen als auch der Patient aus Husum an einem anaplastischen Schilddrüsenkarzinom erkranken, dem absolut seltensten Typ von Schilddrüsenkrebs, ist mehr als reine Koinzidenz, ging es Herzfeld durch den Kopf. *Laut Statistik erkrankt nicht mal einer von einer halben Million Einwohnern in Deutschland an dieser seltenen Krebsform. Zumal Klaasen mit seinen noch nicht mal fünfundvierzig Lebensjahren völlig aus dem Raster der Risikogruppe herausfällt.*

Herzfelds Jagdinstinkt war jetzt vollständig geweckt, und er vertiefte sich in das von seinem Vorgänger verfasste Sektionsprotokoll von Hannes Klaasen.

Welche Parallelen hat Petersen bei diesen Patienten herausgefunden? Im Gegensatz zu dem achtundachtzigjährigen Husumer, der hochbetagt an einem Rechtsherzversagen aufgrund einer schweren chronischen Lungenüberblähung verstorben war und bei dem der Schilddrüsenkrebs nicht todesursächlich gewesen war, war Hannes Klaasen an den Folgen des anaplastischen Karzinoms gestorben. Petersen hatte bei der Obduktion von Klaasen hämatogene Metastasen, über den Blutkreislauf eingeschwemmte Absiedlungen des Schilddrüsenkrebses in Leber, Gehirn und Nieren, festgestellt und bei seinen nachfolgenden mikroskopischen Untersuchungen als solche bestätigt.

Wieso hat Petersen die Angehörigen von Klaasen noch einmal einbestellt, um den Befund mit ihnen zu diskutieren? Was wollte er mit ihnen besprechen? Medizinische Laien würden mit detaillierteren Informationen zum Krankheitsbild ihres Angehörigen nur wenig anfangen können. Und da anaplastische Karzinome auch nicht vererbt werden und somit in bestimmten Familien auch nicht gehäuft auftreten, kann es Petersen auch nicht um eine entsprechende genetische Beratung der Angehörigen gegangen sein, überlegte Herzfeld angestrengt.

Was genau wollte Petersen von den Klaasens? Vielleicht ist der Krebs das entscheidende Mosaiksteinchen, um zu begreifen, was er mit den ganzen Patientendaten anfangen wollte, worum es ihm eigentlich bei seinen Forschungen ging, grübelte er. *Mir fehlt noch die richtige »Brille«, das richtige Verständnis für die Umstände, um diese Daten als das zu begreifen, was sie für Petersen bedeuteten.*

Also weiter.

Herzfeld klickte sich zurück zur Suchmaske, gab jetzt dort den Befund ein, den die beiden Patienten gemeinsam hatten, das möglicherweise fehlende Bindeglied in diesem Mosaik – *anaplastisches Schilddrüsenkarzinom* –, und schloss alle von Selina für Petersen illegal beschafften Patientenakten in die Suche ein.

Es dauerte einige Minuten, bis das Programm die Daten durchsucht hatte.

»Wow!«, entfuhr es Herzfeld, als er auf dem Monitor vor sich sah, was das Computerprogramm ausspuckte. Ungläubig schüttelte er den Kopf. Vierhundertdreiundneunzig Fälle von anaplastischem Schilddrüsenkrebs fanden sich in den 23 486 Patientenakten – und das war nicht nur eine statistische Unmöglichkeit, das war auch medizinisch völlig unmöglich!

Herzfeld startete die Suche erneut, kam jedoch zu demselben Ergebnis.

Mit ein paar weiteren Mausklicks sorgte er dafür, dass ihm das Suchergebnis nun zeitlich geordnet dargestellt wurde.

Und dann besaß er sie, die »Brille«, durch die Petersen geblickt hatte – die *richtige* Sichtweise auf die Daten, die Herzfeld jetzt offenbarte, was sein Vorgänger aus unzähligen Krankenakten und Totenscheinen zutage gefördert hatte: Für sich allein genommen war keine der über dreiundzwanzigtausend Krankengeschichten auffällig, eine heterogene Sammlung an pathologischen Befunden, Ergebnissen unterschiedlichster diagnostischer Maßnahmen und durchgeführter Therapien. Aber der Schlüssel lag in dem, was knapp fünfhundert der Patienten verband, was sie gemeinsam hatten, nämlich die Homogenität des Befundes *anaplastisches Schilddrüsenkarzinom*.

Vor etwa fünf Jahren – dem Zeitraum, für den sich Petersen interessiert hatte – waren die ersten Fälle dieser seltenen Krebserkrankung in ländlichen Regionen im südlichen Schleswig-Holstein und im nördlichen Niedersachsen aufgetreten, aber erstaunlicherweise nicht in den Ballungsräumen, den größeren Städten wie Kiel, Flensburg, Lübeck oder Hannover. Und seitdem hatte dieser Trend auf besorgniserregende Weise stetig zugenommen. Die ersten von Petersen dokumentierten Todesfälle im Zusammenhang mit Schilddrüsenkrebs lagen etwa vier Jahre zurück und waren in den folgenden eineinhalb Jahren noch sehr sporadisch aufgetreten. Doch seitdem waren immer mehr Menschen an dieser seltenen Krebsform erkrankt und schließlich daran verstorben. Die Erkrankungsrate hatte sich in den betroffenen Regionen innerhalb der letzten drei Jahre mehr als verzwanzigfacht. Aber offensichtlich betraf diese massiv gesteigerte Krebsrate nur das anaplastische Karzinom der Schilddrüse. Kein anderer Schilddrüsenkrebs, wie das weit häufigere medulläre oder papilläre Schilddrüsenkarzinom, trat in dem von Petersen untersuchten Patientenkollektiv gehäuft auf, und auch keine andere Krebsform, weder die Leber, die Lunge, den Darm, das Gehirn oder andere Organe betreffend, zeigte bezüglich ihrer Häufigkeit irgendwelche statistischen Ausreißer, wie Herzfeld im Folgenden genau überprüfte.

Verdammt, schoss es ihm durch den Kopf, *das ist eine solch erschreckende Abweichung von der statistischen Normalverteilung dieser speziellen Schilddrüsenkrebsart, dass sie problemlos dem Horrorszenario eines Katastrophenfilms entstammen könnte.*

Petersen, so stellte Herzfeld fest, war tatsächlich Gewaltigem auf der Spur gewesen. Was er sich bisher allerdings nicht erklären konnte, war, wie sein Vorgänger überhaupt auf die gesteigerte Krebsrate außerhalb seines Wirkungskreises gestoßen war. Und noch drängender war für ihn die Frage, worin die Ursache dieser in einigen Regionen Norddeutschlands so exzessiv gesteigerten Häufigkeit an Schilddrüsenkrebs bestand. Eine fehlerhafte Diagnostik mit dem Ergebnis massenhaft falscher Schilddrüsenkrebsdiagnosen konnte es jedenfalls nicht sein, da alle Diagnosen durch die Bestimmung für diese Krebsform spezifischer Tumormarker oder nach mikroskopischer Untersuchung von Gewebeproben der betroffenen Patienten untermauert worden waren. Zudem waren die Untersuchungen in völlig verschiedenen Kliniken, Pathologien und Laboratorien durchgeführt worden, wie Herzfeld den Patientenakten entnahm.

Lauert hier etwa ein gewaltiger Umwelt- oder Medikamentenskandal?

Falls Herzfelds Vermutung auch nur im Entferntesten zutraf, dann war es mehr als denkbar, dass die Verursacher – wovon auch immer –, die somit Verantwortlichen für die gesteigerte Krebs- und damit erhöhte Todesrate, alles versucht hatten, Petersen daran zu hindern, seine Forschungen voranzutreiben und die Ergebnisse publik zu machen.

Das lässt nicht nur Petersen und sein offenbar so überstürztes und fast schon kopfloses Handeln kurz vor seinem Tod, sondern auch die Umstände seines Todes in einem ganz anderen Licht erscheinen, dachte Herzfeld fassungslos.

Hatte man seinen Vorgänger mit der Kinderpornografie auf dem Rechner womöglich mit Vorsatz diskreditieren wollen, um ihn zum Schweigen zu bringen? Und als sich Petersen nicht erpressen ließ, war das vielleicht sogar sein Todesurteil gewesen?

Herzfeld starrte ein weiteres Mal entsetzt auf die Zahlen vor sich auf dem Bildschirm.

62

12. Februar, 20.24 Uhr
Itzehoe. Elbklinikum, Gästeapartment Paul Herzfeld

Es hatte nicht mal eine halbe Minute gedauert, bis Snø das einfache Türschloss zu Herzfelds Apartment mit einem kleinen Spezialdietrich gewaltfrei und somit völlig spurenlos geöffnet hatte. Als Erstes hatte sie dann schnell und systematisch die kleine möblierte Wohnung des Rechtsmediziners durchsucht. Dabei hatte sie allerdings weder einen Laptop noch irgendwelche anderen elektronischen Geräte oder Unterlagen finden können, die die Mühe ihres Eindringens – und die damit verbundene Gefahr ihrer Entdeckung – gelohnt hätten. Jetzt stand Snø, die in schwarzen Glattlederhandschuhen steckenden Fäuste in die Seiten ihrer schwarzen Lederjacke gestemmt, in der Mitte des Raumes und betrachtete die beiden mit Paketklebeband an der Wand angebrachten Landkarten. Die obere Karte zeigte Schleswig-Holstein, die untere Niedersachsen.

Wenn man nur einen flüchtigen Blick auf diese eigenwillige Form der Wanddekoration warf, mochte man vielleicht glauben, Herzfeld plane, in seiner Freizeit die nähere und weitere Umgebung Itzehoes zu erkunden, und habe sich zahlreiche Ausflugsziele mit bunten Pinnnadeln markiert.

Die Frau mit den hellblonden Haaren wusste es allerdings besser. Snø war schon beim Betreten der Wohnung und bei ihrem ersten flüchtigen Blick auf die Pinnnadeln, die sich wie bunte Wolken auf den beiden Karten über Schleswig-Holstein und das nördliche Niedersachsen verteilten, klar gewesen, was das hier zu bedeuten hatte. Und nach ihrem sehr aufschlussreichen Gespräch mit Selina Novak am Vortag war ihr auch klar, woher dieser neugierige Rechtsmediziner, den bisher niemand wirklich auf dem Schirm gehabt hatte und der sowohl von ihrem Auftraggeber als auch von ihr bisher offensichtlich unterschätzt worden war, diese Information erhalten hatte. Sie hätte die Novak, dieses kleine Miststück, schon viel eher kaltstellen müssen. Aber für einen Blick zurück war es jetzt zu spät. Jetzt ging es um effiziente Schadensbegrenzung. *Wenn Herzfeld noch weiter herumschnüffelt, wird er wahrscheinlich recht bald auf die tiefere Bedeutung seiner Kartenmarkierungen kommen – wenn das nicht schon der Fall ist,* ging es Snø durch den Kopf. Denn ihr war klar, zu wem seine Suche Herzfeld führen würde, wenn er sie so konsequent weiterbetrieb.

Aber das würde sie zu verhindern wissen. Sie hatte die Freigabe von ihrem Auftraggeber und würde den richtigen Moment abpassen, es wie einen Autounfall aussehen zu lassen. Regennasse Landstraßen waren schon eine gefährliche Sache. Zumal in ländlichen, einsamen Gegenden. Sehr bald würde dieser Rechtsmediziner mit seinem lächerlichen blauen Passat und seinem lächerlichen braunen Parka ein toter Mann sein.

Ein Zucken umspielte ihre Mundwinkel, als die Vorfreude auf diesen Augenblick von ihr Besitz ergriff.

63

13. Februar, 15.30 Uhr
Itzehoe. Elbklinikum, Sektionssaal

An diesem Montagnachmittag konnte Herzfeld endlich einmal wieder seine speziellen Fähigkeiten als Rechtsmediziner im Sektionssaal und zugleich seine Improvisationsfähigkeit unter Beweis stellen.

Der junge Mann, den Herzfeld zu obduzieren hatte, war am Wochenende in die kleine Leichenhalle eingeliefert worden, die der Prosektur des Elbklinikums angegliedert war. Herzfeld hatte den Krankenunterlagen entnommen, dass der Dreiundzwanzigjährige seit einer Woche unter heftigen Kopfschmerzen und Erbrechen gelitten hatte, weshalb er zweimal im Abstand von drei Tagen einen niedergelassenen Internisten in Itzehoe aufsuchte. Aber auch große Mengen der von dem Internisten verschriebenen Schmerzmittel und Medikamente gegen Erbrechen hatten zu keiner Besserung der Symptomatik geführt. Da der Arzt bei der zweiten Untersuchung des Mannes abermals keine internistische Erkrankung hatte feststellen können, veranlasste er die stationäre Aufnahme des Mannes im Elbklinikum für den nächsten Tag, wo mittels MRT und Lumbalpunktion zur Entnahme von Nervenwasser untersucht werden sollte, ob womöglich ein Hirntumor oder eine Hirnhautentzündung vorlag. Doch zur stationären Aufnahme war es nicht mehr gekommen. Der Mann hatte kurz zuvor zwar noch selbstständig einen Notarzt verständigen können, war beim Eintreffen der Rettungskräfte jedoch bereits reanimationspflichtig. Alle Wiederbelebungsversuche waren vergeblich verlaufen, und er wurde noch vor Ort für tot erklärt und später in die Leichenhalle des Elbklinikums gebracht.

Bereits beim ersten Blick auf den Toten, der jetzt vor Herzfeld auf dem blanken Stahl des Sektionstisches lag, war ihm die ungewöhnliche Farbe der Totenflecken des Mannes aufgefallen. Sie waren hellrot – im Gegensatz zu der üblicherweise dunkelvioletten bis blaugräulichen Farbe. Herzfeld weihte Levke Hermanns, die ihm bei der Obduktion assistierte, zunächst noch nicht in seine Überlegungen zur mutmaßlichen Todesursache des Mannes ein, aber als er schließlich alle Organe einer gründlichen Untersuchung unterzogen hatte, wandte er sich an die Sektionsassistentin. »Der Mann war kerngesund. Keine inneren Erkrankungen, keine morphologisch fassbare Todesursache. Aber sehen Sie die Farbe der Totenflecken und der Skelettmuskulatur?« Er deutete auf den Leichnam und ergriff dann aus einem Reagenzglasständer ein kleines Plexiglasröhrchen, in dem er während der Obduktion Blut aus dem Herzen des Toten asserviert hatte. »Und das Herzblut hier – finden Sie nicht auch, dass es viel röter ist als das bei unseren sonstigen Sektionsfällen? Kirschrot ist sozusagen eine Warnfarbe in der Rechtsmedizin.«

»Worauf wollen Sie hinaus?«, fragte Levke Hermanns.

»Die hellrötliche Farbe seiner Totenflecken, seine Muskulatur, die nicht braunrot, sondern lachsfarben ist, das kirschrote Herzblut … All das zusammen ergibt Sinn, wenn man auch noch die Symptome vor seinem Tode mit einbezieht: Kopfschmerzen und Erbrechen – unspezifische Vergiftungssymptome, die keinerlei organische Ursache hatten. Ich möchte wetten, der Mann ist an einer Kohlenmonoxidvergiftung verstorben«, entgegnete Herzfeld.

»Aber wo hat er das Kohlenmonoxid eingeatmet, wo kommt das Gas her?«, hakte die Sektionsassistentin nach.

»Sehr wahrscheinlich bei sich zu Hause, irgendwo in seinem häuslichen Umfeld muss es eine Kohlenmonoxidquelle geben. Dafür kommen viele Ursachen in Betracht. Vielleicht ein Defekt an der Gastherme, oder das Abluftrohr der Gasther-

me in seiner Wohnung ist durch irgendwas verstopft. Vielleicht gab es bei ihm auch einen Kamin, dessen Abzug versagt hat«, antwortete Herzfeld.
»Und das hat er nicht bemerkt? Ich meine, er hat das Gas doch sicherlich über eine längere Zeit eingeatmet?«
»Die Krux mit Kohlenmonoxid ist, dass es völlig geruchlos und unsichtbar ist und eine inhalative Vergiftung auch nicht mit Erstickungssymptomen wie Atemnot oder Hustenanfällen einhergeht.«
Levke Hermanns schien noch nicht gänzlich von Herzfelds Einschätzung überzeugt. »Und da sind Sie ganz sicher? Ich meine, muss so eine Kohlenmonoxidvergiftung nicht toxikologisch nachgewiesen werden?«
»Das ist richtig. Wir haben hier zwar kein toxikologisches Labor, aber es gibt eine Möglichkeit, wie wir herausfinden, ob tatsächlich eine Kohlenmonoxidvergiftung vorliegt. Wir machen das mit dem, was uns hier zur Verfügung steht«, überlegte Herzfeld laut. »Geben Sie mir bitte eine Zwanzig-Milliliter-Spritze und die längste und dickste Metallkanüle, die darauf passt. Keine Knopfkanüle, sondern eine Kanüle, die spitz und scharf ist.«
Levke Hermanns zog eine Schublade in einem der metallenen Unterbauschränke auf, kramte kurz darin herum und gab Herzfeld, der gerade seine Latexhandschuhe abstreifte und saubere anzog, eine Spritze und Kanüle.
»Kommen Sie«, sagte er und eilte, von der Sektionsassistentin begleitet, durch den Vorraum in den schmalen Gang, der von der Prosektur zu der kleinen Leichenhalle führte. Er bat Levke Hermanns, die Metalltür aufzuschließen, und betrat mit ihr den etwa zwanzig Quadratmeter großen Kühlraum. Dieser wurde permanent von drei unter der Decke angebrachten, laut röhrenden Kühlaggregaten auf vier Grad Celsius temperiert, und es gab in offenen Stahlregalen Platz für fünfzehn Tote. Allerdings lagen zu diesem Zeitpunkt nur fünf Verstorbene in weißen Leichensäcken aus Plastik in dem Kühlraum.

»Was haben Sie vor?«, wollte Levke Hermanns von Herzfeld wissen, der einen kurzen Blick auf die Beschriftung der Leichensäcke geworfen hatte. Es waren mit schwarzem Permanentmarker jeweils der Name und das Geburts- und Sterbedatum des Toten vermerkt.

»Warten Sie ab«, erwiderte Herzfeld, öffnete den Reißverschluss eines der Leinensäcke und warf einen kurzen Blick auf den unbekleideten Toten, an dessen linkem großen Zeh mit grobem Bindfaden ein kleines Pappschild mit den Personalien des Toten befestigt war. Dann nickte er zufrieden.

Mit wenigen Griffen hatte sich Herzfeld an der linken Brustseite des Toten orientiert und stach die etwa fünfzehn Zentimeter lange Kanüle hinein. »Dürfen Sie das denn überhaupt?«, fragte die Sektionsassistentin entgeistert.

»Der Zweck heiligt manchmal die Mittel«, antwortete Herzfeld, während er dunkelrotes, fast schwarzes Blut aus dem Herzen des Toten in die Spritze aufzog. Nachdem er die Kanüle wieder entfernt und sich davon überzeugt hatte, dass die Einstichstelle bei äußerlicher Betrachtung so gut wie nicht sichtbar war, verschloss er den Leichensack und bedeutete Levke Hermanns, dass sie nun in den Sektionssaal zurückgehen würden.

Dort angekommen, stellte Herzfeld zwei Petrischalen aus Plexiglas auf den Organtisch, eine Erhöhung am Fußende des Sektionstisches, und gab in beide jeweils ein paar Tropfen klaren Formalins. Danach träufelte er einige Tropfen des dunkelroten Herzblutes von dem Toten aus der Leichenhalle in eine der Petrischalen und wiederholte diese Prozedur auch in der zweiten, diesmal allerdings mit dem kirschroten Herzblut des Toten, bei dem er eine Kohlenmonoxidvergiftung vermutete.

»Volltreffer!«, entfuhr es Herzfeld keine dreißig Sekunden später, nachdem er den Inhalt beider Petrischalen mit Glasspateln kurz umgerührt und so das Herzblut jeweils mit dem Formalin vermischt hatte. »Sehen Sie den Unterschied?«, fragte er Levke Hermanns, die ihm die ganze Zeit neugierig zugeschaut hatte. Ohne eine Antwort abzuwarten, fuhr Herzfeld fort: »Das Formalin und das Herzblut unseres Sektionsfalls haben, als ich sie vermischte, eine dunkelrote Färbung ergeben.« Er deutete auf die entsprechende Petrischale. »Das Kontrollblut des anderen Toten, der definitiv nicht an einer Kohlenmonoxidintoxikation gestorben ist, hat mit dem Formalin diesen schmutzig-hellbräunlichen Farbton ergeben.«

Die Sektionsassistentin runzelte die Stirn »Und das bedeutet … was genau?«

»Das bedeutet zweierlei. Zum einen, dass der Mann hier vor uns, der vor seinem Tod einige Tage an unerklärlichen Kopfschmerzen und Erbrechen litt, an einer Kohlenmonoxidvergiftung gestorben ist. Wobei wir das natürlich in einem dafür ausgerüsteten Labor noch verifizieren müssen. Und zum anderen bedeutet es, dass Sie diesmal nicht nur die Polizei anrufen, sondern auch gleich die Feuerwehr. Sagen Sie denen, dass sie mit Atemschutz in die Wohnung müssen. Verdacht auf hohe Kohlenmonoxidkonzentration.«

»O Gott, Herr Doktor Herzfeld, mit Ihnen zu sezieren wird wirklich nicht langweilig. Ich werde das vermissen, wenn Sie wieder nach Kiel zurückgehen«, erwiderte Levke Hermanns und verschwand mit einem spitzbübischen Grinsen in Richtung Sektionsvorraum.

Als Herzfeld später sein Büro betrat, merkte er, wie die Konzentration und Anspannung, die immer von ihm Besitz ergriffen, wenn er mit einem Sektionsfall beschäftigt war, langsam nachließen. Und sofort drängten sich wieder die gewonnenen Erkenntnisse und die dadurch aufgeworfenen Fragen

im Zusammenhang mit dem Tod von Doktor Jan Petersen in sein Bewusstsein.
Während der heftige Regen stakkatoartig gegen die Fensterscheiben seines Büros prasselte, überlegte Herzfeld, was für den erschreckenden Anstieg von anaplastischen Karzinomen der Schilddrüse in bestimmten Gegenden Schleswig-Holsteins verantwortlich sein konnte, was die Ursache solcher Krebscluster war.
Wer konnte ihm bei der Suche nach dem Grund weiterhelfen – und vor allem, an wen konnte sich Herzfeld überhaupt noch wenden, ohne selbst in Gefahr zu geraten? Für einen Moment zog er in Erwägung, Levke Hermanns telefonisch zu sich zu bitten, entschied sich aber dann dagegen.
Als er aufstand und zu der Kaffeemaschine hinüberging, fiel sein Blick auf den hellen Fleck an der Wand, über dem sehr wahrscheinlich mal ein Bild seines Vorgängers gehangen hatte. Herzfeld schenkte sich einen Becher Kaffee ein, nippte daran und ließ seinen Gedanken freien Lauf. Dem Format nach musste das Bild recht groß gewesen sein, vielleicht ein Landschaftsgemälde, womöglich das Bild einer Waldlichtung oder die raue Westküstenlandschaft mit Deich, vielleicht auch ein schleswig-holsteinisches Gehöft. Herzfelds Nackenhaare stellten sich plötzlich auf, und irgendetwas in seinem Unterbewusstsein sagte ihm, dass er diesen Gedanken nicht verlieren sollte.
Ein schleswig-holsteinisches Gehöft. Herzfeld spann diesen Gedankengang weiter. *Ein Gehöft auf dem platten Land, hier in Schleswig-Holstein. Ein Bauernhof!*, schoss es ihm durch den Kopf.
Herzfeld hastete zurück zu seinem PC. Dort rief er das klinikinterne Programm mit der Suchmaske auf, wies dem Programm erneut Selinas externe Festplatte als Datenquelle zu und tippte ein: Lüdgers, Geert.
Er wurde beinahe augenblicklich mit einem Ergebnis belohnt. Herzfeld atmete laut aus. Lüdgers, der mit seinen halb

verrückten Theorien die Itzehoer Lokalprominenz in Aufregung versetzt hatte. Lüdgers, bei dessen Erwähnung Kießling von einem Augenblick auf den anderen aus der Haut gefahren war. Lüdgers, der Nommensens Party mit seinem Farbbeutelwurf im wahrsten Sinne des Wortes gesprengt hatte.
Die von Petersen angelegten Patientenunterlagen zu Geert Lüdgers waren ausgesprochen aufschlussreich.
Petersen hatte den Mann vor achtzehn Monaten im Itzehoer Elbklinikum einer akribischen Untersuchung auf Schilddrüsenkrebs unterzogen, inklusive Ultraschall von seiner Schilddrüse, einer Feinnadelbiopsie und aufwendiger Laboranalysen einer Blutprobe. Hastig scrollte sich Herzfeld durch die Ergebnisse und warf einen Blick auf die in Lüdgers' Blut untersuchten Tumormarker auf ein anaplastisches Karzinom der Schilddrüse. Sie waren negativ.
Herzfeld sprang auf und stürzte aus seinem Büro.

64

13. Februar, 17.43 Uhr
Hohenlockstedt. Moorlandhof

Nachdem sich Herzfeld mit dem Einverständnis einer Schwester der Notaufnahme ein Blutentnahmeset mit drei kleinen Blutröhrchen, Desinfektionstupfern und Kanülen sowie die dazugehörigen Auftragsbogen für das klinikeigene Labor besorgt hatte, war er zu seinem Passat geeilt und vom Parkplatz des Klinikgeländes gefahren.
Zehn Minuten später hatte er Geert Lüdgers' Moorlandhof erreicht. Der Vollmond, der an diesem fast wolkenlosen Abend die schleswig-holsteinische Landschaft in ein weißes, fahles Licht tauchte, ließ das Gehöft noch trister und verwahrloster erscheinen als bei Herzfelds erstem Besuch.
Der riesige Schäferhund in dem Zwinger vor dem linken Gebäudeflügel begann lautstark zu bellen, als Herzfelds Wagen auf den Hof fuhr. Herzfeld stieg aus und machte einige Schritte in Richtung des Wohnhauses, das im Inneren nur spärlich beleuchtet war.
In diesem Moment öffnete sich das Scheunentor. Lüdgers, offensichtlich von dem ohrenbetäubenden Gebell seines Hofhundes alarmiert, kam mit einer langläufigen Schusswaffe in der rechten Hand heraus und lief schnellen Schrittes auf Herzfeld zu. Das Licht im Inneren des Gebäudeflügels mit der Scheune, das durch das offen stehende Tor auf den Hof fiel, war die einzige künstliche Lichtquelle, und Herzfeld hoffte inständig, dass der Landwirt ihn nicht für die falsche Person halten und in ihm eine Bedrohung sehen würde. Auf einen lauten Pfiff von Lüdgers hin verstummte der Hund zwar, gab jedoch weiterhin ein aggressives Knurren von sich.
Na, das kann ja heiter werden, dachte Herzfeld.

»Sie gehören doch zur Schmiere!«, brüllte Lüdgers, der jetzt direkt vor Herzfeld stand und mit der Waffe in seiner rechten Hand herumfuchtelte, die Herzfeld bei näherem Hinsehen als doppelläufige Schrotflinte identifizierte.

»Nein, ich bin nicht von der Polizei«, erwiderte er, während er erst einen skeptischen Blick auf die Schrotflinte und dann auf den zottigen Schäferhund warf, der sich jetzt, weiterhin knurrend, im Zwinger auf den Hinterpfoten zu bedrohlicher Größe aufgerichtet hatte und sich zweifellos auf ihn gestürzt hätte, wenn er nicht von der metallenen Zwingerkonstruktion abgehalten worden wäre. »Bitte bleiben Sie ganz ruhig, Herr Lüdgers. Von mir geht keinerlei Gefahr aus. Ich bin Rechtsmediziner. Mein Name ist Doktor Paul Herzfeld, und zurzeit arbeite ich in der Pathologie des Elbklinikums«, erklärte er. »Ich habe mit meinen Kollegen aus der Hamburger Rechtsmedizin die Leiche des kleinen Nils Klüver untersucht. Das war auch der Grund meines Besuchs hier vor einer Woche. Ich wollte mir ein Bild von dem Fundort seiner Leiche und der Umgebung machen.«

»Einen Mord wollte man mir in die Schuhe schieben!«, ereiferte sich Lüdgers, ließ allerdings die Schrotflinke sinken, sodass die doppelläufige Waffenmündung jetzt in Richtung Boden zeigte, was Herzfeld als gutes Zeichen deutete. »Und dann auch noch an einem Kind. Verdammt, ich kannte den kleinen Nils!«

»Was Hauptkommissar Denecke oder seine Leute antreibt, weiß ich nicht, und das will ich auch nicht kommentieren oder mit Ihnen diskutieren. Aber das Ergebnis der Obduktion von Nils, an der ich beteiligt war, hat zweifelsfrei bewiesen, dass der Junge bei einem Unfall ums Leben kam, als er an einem Ort spielte, an dem er eigentlich nicht hätte sein dürfen.«

»Davon habe ich gehört«, blaffte Lüdgers. Dann fügte er, diesmal in fast versöhnlichem Tonfall, hinzu: »Und ich habe auch erfahren, dass Sie es waren, der das mit Nils aufgeklärt hat. So was spricht sich hier in der Gegend schnell rum. Hätte ja aber auch sein können, dass Sie nur ein weiterer Handlanger von diesem Scheiß-Nommensen sind, wie Denecke, mit dem Sie hier aufgetaucht sind. Kommen her und wollen die ganze Gegend verstrahlen. Die stecken doch alle unter einer Decke hier in Itzehoe, sag ich Ihnen! Mundtot machen wollen die mich!«

»Ich bin der Nachfolger von Doktor Jan Petersen in der Pathologie«, bemerkte Herzfeld, um das Gespräch in die richtige Richtung zu lenken.

»Ah, verstehe«, erwiderte Lüdgers und fuhr sich mit dreckigen Händen durch sein spärliches Haar. Dann brummte er: »Schlimme Sache, was der Doktor gemacht haben soll. Aber wenn ich darüber nachdenke, war er vielleicht der Einzige in diesem verschissenen Kaff, der mir überhaupt geglaubt hat.«

»Und was genau hat er Ihnen geglaubt?«

»Das mit der Strahlung. Elektrostrahlung, die uns alle kaputt macht! Von diesem Scheißmast da!«

Sein Zeigefinger schoss schräg nach oben, und Herzfelds Blick folgte seinem ausgestreckten Arm. Herzfeld konnte im Mondlicht einen etwa vierzig Meter hohen, weißen, futuristisch wirkenden Mobilfunksendemast erkennen, der von allen Seiten mit hohem Maschendraht und in etwa fünf Metern Höhe zusätzlich mit mehreren Lagen Stacheldraht umgeben war. Schon bei seinem ersten Besuch auf dem Hof war ihm die moderne Konstruktion aufgefallen, ohne dass er ihr jedoch größere Beachtung geschenkt hatte. An der Spitze des Mastes befand sich ein großer eckiger Kasten – vermutlich eine Verkleidung für die verschiedenen Module, die nötig waren, um solch einen Mast zu betreiben –, aus dem eine einzelne Antenne ragte.

»Elektrostrahlung«, wiederholte Herzfeld mit sinkendem Mut. Vielleicht war es tatsächlich so, wie er bei dem Gespräch mit Kießling über Lüdgers nach der Party bei Nommensen gemutmaßt hatte – dass Lüdgers in seiner eigenen, irrealen Erlebniswelt lebte. *Allerdings erklärt das nicht die realen*

Krebscluster und auch nicht die zweifelhaften Umstände von Petersens Tod.

Also beschloss Herzfeld, den Landwirt erst einmal erzählen zu lassen, was genau ihn antrieb, was es seiner Meinung nach mit dieser »Elektrostrahlung« auf sich hatte.

»Ja, dieser verkackte Mast mit seiner Elektrostrahlung macht mich krank. Seit der Mast hier steht, geben meine Kühe von Monat zu Monat ein bisschen weniger Milch, nachts mache ich kaum noch ein Auge zu, schwitze wie blöde, und tagsüber fühle ich mich völlig schlapp. Und die Kopfschmerzen halte ich auch immer schlechter aus. Mir glaubt das ja keiner, aber ich sage Ihnen, daran ist nur dieser Mast schuld, den der Nommensen hier genau an meiner Grundstücksgrenze vor zwei Jahren errichtet hat. Da können Nommensens Techniker und die Pressefritzen, die der beschäftigt, noch tausend Mal behaupten, das Ding wäre vollkommen ungefährlich. Das stimmt einfach nicht. Die müssen hier ja nicht leben, ich aber schon.«

»Und das haben Sie auch Doktor Petersen gesagt?«, hakte Herzfeld nach und deutete mit einer Kopfbewegung in Richtung des Mastes. »Dass Sie diesen Mobilfunksendemast für die Ursache all dieser Dinge halten?«

»Ja, klar. Und der Herr Doktor hat die ganze Zeit genickt, als wüsste er das schon längst selbst und brauchte nur noch jemanden, der's ihm bestätigt. Hat mir sogar Blut abgezapft. Hat gesagt, damit lässt sich vielleicht was beweisen. Das sei dann sozusagen der Vergleichswert für später. Er wollte später nämlich noch mal weitere Blutuntersuchungen zur Kontrolle bei mir machen. Hab dann aber nichts mehr von ihm gehört. Na ja, und dann kam das raus mit dem Schweinkram mit den Kindern und dass er sich … also, dass er sich abgefackelt hat. Wer macht so was?« Lüdgers schüttelte ungläubig den Kopf.

»Das ist eine ausgesprochen gute Frage«, erwiderte Herzfeld. »Hätten Sie übrigens etwas dagegen, wenn ich Ihnen noch mal Blut abnehme?«

»Und wozu soll das gut sein?«, wollte Lüdgers wissen und musterte Herzfeld mit argwöhnischem Blick.

»Nun«, sagte er, »das wäre die Kontrolluntersuchung, von der Doktor Petersen gesprochen hat. Ich würde das Ergebnis gern mit dem Ihrer ersten Blutprobe, mit dem Referenzwert sozusagen, vergleichen. Sie sagten, Sie fühlen sich krank, Herr Lüdgers. Seit wann ist das denn so?«

»Ja, das stimmt, richtig krank. Wie ich schon sagte, ich schlafe echt schlecht und bin dauernd müde, schwitze. Das geht bestimmt seit vier, fünf Monaten so, vielleicht auch schon länger.«

»Dann sollten Sie einer weiteren Blutprobe zustimmen, Herr Lüdgers.«

»Und wenn Sie was feststellen?«, fragte Lüdgers zögernd. »Also eine Krankheit oder so was?«

»Dann wissen wir, woran wir sind, und es kann Ihnen von den richtigen Ärzten geholfen werden. Und …« – Herzfeld machte eine kurze Pause, ehe er weitersprach – »wir haben dann vielleicht auch einen Beweis für Ihre Theorie.« Wobei er in Gedanken hinzufügte: *Eine Theorie, die ich gar nicht mehr so abwegig finde, denn vielleicht ist irgendeine Art von Strahlung tatsächlich das fehlende Glied in der Beweiskette.*

Lüdgers begann zu grinsen. »Warum haben Sie das nicht gleich gesagt? Fahren Sie mich ins Krankenhaus, oder was?«

»Wir können das mit der Blutentnahme gleich hier erledigen«, antwortete Herzfeld. »Ich habe alles dabei, was ich brauche. Lassen Sie uns ins Haus gehen, damit Sie sich hinsetzen oder, wenn es Ihnen lieber ist, sich hinlegen können. Und Ihre Schrotflinte können Sie auch weglegen, die brauchen Sie dafür wirklich nicht.«

65

13. Februar, 18.02 Uhr
Itzehoe. Feldkamp, Wohnhaus Selina Novak

Hajo Conradi spähte erneut durch den Schlitz der in die Jahre gekommenen Gardine seines Küchenfensters zu dem kleinen Einfamilienhaus auf der gegenüberliegenden Straßenseite hinüber und runzelte die Stirn. In dem Rotklinkerhaus mit der Nummer 4 brannte jetzt schon auffallend lange und ohne Unterbrechung das Licht im Erd- und auch im ersten Obergeschoss.

Conradi wollte stets genau wissen, was in seiner nächsten Umgebung vor sich ging – bei welchem Nachbarn das Gartentor abends noch offen stand, wer das Licht im ganzen Haus brennen ließ oder wer gerade Besuch hatte. Er war eben ein sehr neugieriger Mensch, das war er schon sein ganzes Leben lang gewesen.

Aber jetzt, beim erneuten Blick auf das Nachbarhaus, breitete sich eine immer stärkere innere Unruhe in ihm aus. Ein Gefühl, das er nicht so recht fassen konnte, das ihm aber nichts Gutes verhieß. Die junge Frau von gegenüber hockte für gewöhnlich den ganzen Tag im Wohnzimmer vor ihren Computern – viel mehr hatte er bisher nicht über sie in Erfahrung bringen können. Wenn er sie doch nur mal auf der Straße getroffen hätte! Er hatte sie schon die ganze Zeit nach ihrem Onkel ausfragen wollen, der vor zwei Jahren hier Hals über Kopf die Zelte abgebrochen und irgendwo im Ausland einen neuen Job angenommen hatte. Doch irgendwie hatte sich noch nie die Gelegenheit dazu ergeben.

Bereits am Samstagabend war ihm von seinem Kontrollposten hinter der Gardine aufgefallen, dass in dem Haus gegenüber alle Räume zur Straße hin hell erleuchtet gewesen waren. Das war äußerst ungewöhnlich. Jetzt brannte anscheinend schon seit fast achtundvierzig Stunden ununterbrochen Licht, was so gar nicht zu der Bewohnerin passte. Aber von der jungen Frau war nichts zu sehen. Sehr merkwürdig. Da stimmte etwas ganz und gar nicht, das wurde Hajo Conradi jetzt schlagartig klar. Kurz entschlossen wandte er sich vom Fenster ab, ging in den Flur, zog sich hastig seine Winterstiefel und seinen dicken Mantel an und verließ das Haus. Außer ihm schien sich hier ja keiner darum zu scheren, was so vor sich ging, und deshalb musste er jetzt etwas unternehmen. Schnellen Schrittes, damit er es sich nicht noch einmal anders überlegen konnte, überquerte Conradi die Straße. Vor dem Haus Nummer 4 angekommen, rief er »Hallo?« über die Buchsbaumhecke in Richtung des hell erleuchteten Hauses, aber es kam keine Reaktion. Er öffnete das kleine, unverschlossene Gartentor und betrat das Grundstück. Der Rentner klingelte an der Haustür und wartete. Nichts passierte. Er lauschte, ob sich im Inneren des Hauses etwas rührte, dann drückte er erneut und etwas länger auf den Klingelknopf. Keine Reaktion. Er wartete noch für einen kurzen Moment, sah sich um und umrundete dann mit vorsichtigen Schritten das Haus, bis er die Terrasse vor dem Wohnzimmer erreicht hatte. Er wusste, dass es das Wohnzimmer war, denn alle Häuser in dieser Straße hatten den exakt gleichen Grundriss.

Conradi spürte, wie sein Herz schneller schlug, während er sich vorsichtig über die Terrasse der bodentiefen Fensterfront näherte. Als er das große Fenster erreicht hatte, lugte er an der Stelle, an der einer der Vorhänge ein Stück geöffnet war, ins hell erleuchtete Innere des Wohnzimmers.

Was er dort auf dem Boden sah, ließ ihm das Blut in den Adern gefrieren.

66

13. Februar, 18.27 Uhr
Itzehoe. Elbklinikum, Gästeapartment Paul Herzfeld

Auf der Rückfahrt vom Moorlandhof ins Elbklinikum hatte Herzfeld überlegt, wie er am schnellsten seine bisher recht überschaubaren Kenntnisse über Elektrostrahlung und Mobilfunksendemasten auf einen soliden aktuellen Wissensstand bringen konnte, bis ihm Lars eingefallen war. Lars Schirmherr war leitender Redakteur bei den *Kieler Nachrichten* und Petras Bruder, also sein Schwager in spe, wie er ihn gern nannte und zu dem Petra ein sehr inniges Verhältnis hatte.
Der Achtundzwanzigjährige war nach einem abgebrochenen Jurastudium mittlerweile zu einer bekannten Persönlichkeit des Kieler Lokaljournalismus geworden und ließ keine Gelegenheit aus, Herzfeld über alle möglichen Kieler Kriminalfälle auszufragen – in der Hoffnung, von ihm aufsehenerregende Interna zu erfahren, um sie für seine Zeitung in Print und online nutzen zu können. Diesmal hatte Herzfeld jedoch vor, den Spieß umzudrehen und Lars ein paar Informationen zu entlocken, die ihn vielleicht bei seinen eigenen Nachforschungen im Fall Petersen weiterbringen würden.
Im Klinikum angekommen, brachte er schnell die drei Röhrchen mit den Blutproben von Lüdgers ins Labor, wo man ihm zusagte, dass die Ergebnisse schon sehr früh am nächsten Morgen vorliegen würden.
Während Herzfeld mit einem Schritt zwei Stufen gleichzeitig nahm, um über das Treppenhaus im Anbau des Klinikums zu seiner Gästewohnung zu gelangen, zog er sein Handy aus der Innentasche des Parkas und suchte Lars' Nummer in seinen Kontakten.
Er hatte sein Apartment noch nicht erreicht, als es am ande-

ren Ende der Leitung tönte: »Paule, mein liebster Schwager, das ist ja eine Überraschung! Was kann ich für dich tun?«

»Hallo, Lars, in der Tat kannst du etwas für mich tun und mir ein paar Fragen beantworten«, erwiderte Herzfeld, während er den Wohnungsschlüssel aus seiner Parkatasche fischte.

»Worum geht es?«, fragte Lars, dessen Neugier augenblicklich geweckt schien.

»Hast du schon mal was von Elektrostrahlung in Zusammenhang mit Mobilfunksendemasten gehört?«, fragte Herzfeld und schloss parallel die Apartmenttür auf.

»Elektrostrahlung? Damit meinst du vermutlich Elektrosmog. Und ja, das ist tatsächlich gerade in aller Munde.«

»Elektrosmog?«, wiederholte Herzfeld.

»Ja. Elektrosmog. Belastung der Umwelt und des Menschen durch elektrische Strahlung. Wundert mich, dass du davon noch nichts gehört hast. Das kommt wohl davon, wenn man zu viele Fachartikel über Tote liest, dann verliert man manchmal den Blick für die Dinge, die in der Welt der Lebenden vor sich gehen«, antwortete Lars, gefolgt von einem Kichern.

Du Sprachrohr deiner Schwester, ging es Herzfeld durch den Kopf, aber er ließ sich nichts anmerken, sondern fragte, während er sich aus seinem Parka schälte und dann auf einem der Plastikstühle Platz nahm: »Und was hat es damit auf sich? Ich meine, kennst du dich da aus?«

»Du hast Glück. Ich habe tatsächlich Ende letzten Jahres eine vierteilige Serie zu dem Thema hier in der Redaktion betreut. Unser Wissenschaftsredakteur und ich haben uns mit allen Seiten auseinandergesetzt. Mit denjenigen, die eindringlich vor den Gefahren von Elektrosmog warnen und ein düsteres Zukunftsszenario zeichnen, und mit der Gegenseite, mit denen, die das Ganze für unnötige Panikmache oder gezielte Desinformation der Bevölkerung halten, aus welchen Motiven auch immer. Pro und Kontra. Und das Ganze haben wir uns sowohl von Wissenschaftlern, Greenpeace und anderen

Umweltorganisationen und auch von der Industrie erklären und kommentieren lassen.«

»Und?«, wollte Herzfeld ungeduldig wissen.

»Vom wissenschaftlichen Standpunkt aus konnte bis heute kein schädlicher Einfluss von Mobilfunk auf Mensch oder Umwelt nachgewiesen werden.«

Genau das, was ich befürchtet hatte, dachte Herzfeld. *Also ist das alles doch nur Lüdgers' Einbildung? Aber wieso sollte sich dann jemand solche Mühe machen, um Petersens Forschungen verschwinden zu lassen? Und was ist mit den gehäuft auftretenden Schilddrüsenkrebserkrankungen, den unerklärlichen Krebsclustern in Teilen von Schleswig-Holstein?*

»Aber«, fuhr Lars fort und senkte seine Stimme zu einem verschwörerischen Flüstern, »aber es gibt durchaus ernst zu nehmende Quellen, wie zum Beispiel die Weltgesundheitsorganisation, die warnende Worte äußert. Die flächendeckende Verbreitung von Mobilfunkanlagen hat erst vor einigen Jahren begonnen, und seitdem schreitet sie in exponentiellem Ausmaß voran, das heißt, sie explodiert förmlich, und so richtig erst in den letzten zehn Jahren. Daher, so sagen zumindest einige durchaus ernst zu nehmende Wissenschaftler, sind wir noch gar nicht in der Lage, die eventuellen Langzeitfolgen abzuschätzen, auch wenn Versuche mit Ratten und anderen Versuchstieren bisher keine Schädigungen nachweisen konnten.«

»Schädigungen? Welche möglichen Schädigungen wurden denn da untersucht?«

»Unter anderem gibt es einige Wissenschaftler – zum Teil durchaus echte Autoritäten auf ihrem Gebiet –, die behaupten, sie könnten nachweisen, dass Mobilfunkstrahlung bei entsprechend hoher Dosierung zu langfristigen Schäden an unserer DNA, aber auch zu Missbildungen von Kindern im Mutterleib oder sogar Totgeburten führen kann. Andere stellen einen Zusammenhang zwischen Elektrosmog und Depressionen und sogar mit Krebs her.«

Womit sich der Kreis zu dem von Petersen untersuchten anaplastischen Karzinom der Schilddrüse schließen könnte, ging es Herzfeld durch den Kopf, während er Lars' Ausführungen weiter aufmerksam folgte. *Es ist schwer, so viele Indizien als bloßen Zufall abzutun.*

»Aber da Krebs, und das weißt du besser als ich, viele verschiedene Ursachen haben kann, wird das Ganze vom Großteil der Wissenschaftler, die sich mit der Thematik beschäftigen, mit Skepsis betrachtet«, sagte Lars. »Und dass die diesbezügliche Forschung vermutlich noch erhebliche Lücken aufweist, liegt auf der Hand. Fast alle Wissenschaftler sagen, sie stehen erst ganz am Anfang der Erkenntnis, was die Zusammenhänge zwischen der Entstehung von Krebszellen im menschlichen Körper und äußeren Einflüssen angeht. Fakt ist, es gibt Leute, die werden neunzig, obwohl sie täglich zwei Schachteln Zigaretten rauchen, und andere sterben schon in ihrer Jugend an einem Lungenkarzinom.«

»Das stimmt«, bestätigte Herzfeld nachdenklich. »Keiner weiß, wieso das so ist, weil da jede Menge Faktoren mit reinspielen. Genetische Veranlagung, Ernährung, Umweltfaktoren. Sogar psychische Faktoren wie Stress und natürlich das Alter. Eigentlich kann die Medizin auch heute noch nur wenig mehr tun, als vorbeugende Ratschläge zu erteilen und zu versuchen, Krebserkrankungen im Rahmen regelmäßiger Vorsorgeuntersuchungen rechtzeitig zu erkennen.«

»Ja, und genau darum geht es. Bisher ist es zwar noch niemandem gelungen, eine direkte Verbindung zwischen Mobilfunkstrahlung und den angeblich dadurch hervorgerufenen Krankheiten nachzuweisen, was aber nicht zwangsläufig heißen muss, dass es eine solche Verbindung nicht gibt. Zudem kommen ständig neue Technologien im Bereich der Mobilfunktechnik hinzu. Ein in Kreisen der Kritiker viel diskutiertes Thema sind zum Beispiel Frequenzen.«

»Frequenzen?«

»Ja, alle elektromagnetischen Wellen haben eine bestimmte

Frequenz, die sie auszeichnet. Das gilt natürlich auch für Mobilfunkstrahlung.«

»Das weiß ich«, sagte Herzfeld. »So weit ist mir das noch aus dem Physikunterricht bekannt. Aber was soll das Ganze denn mit irgendwelchen Erkrankungen zu tun haben?«

»Ganz einfach, Paul. Schwingungen können in fester Materie Resonanzen erzeugen, sie also ebenfalls zum Schwingen anregen. Du hast doch bestimmt schon mal im Fernsehen oder Internet gesehen, wie eine dieser großen Hängebrücken einstürzt, wenn sie einmal in Schwingung geraten ist und sich das Ganze langsam verstärkt bis zum fatalen Effekt?«

»Ja, das nennt man, glaube ich, Resonanzkatastrophe«, sagte Herzfeld nachdenklich.

»Korrekt, genau das meine ich«, sagte Lars. »Und nun gibt es eben Menschen, die glauben, dass bestimmte elektromagnetische Wellen so etwas Ähnliches auch im menschlichen Körper anstellen können. Wie die Hängebrücke, die quasi auch mit einer bestimmten Frequenz angeregt wird, bis die Schwingungsamplitude die Belastungsgrenze des Bauwerks übersteigt. Die Theorie – und ich sage bewusst Theorie – lautet: Elektromagnetische Schwingungen können die Zellen im Körper durch Resonanz dazu bringen, dass ihre Erbinformationen durcheinandergewirbelt werden und so fehlerhafte DNA-Stränge entstehen, die dazu führen, dass gesunde Zellen zu Krebszellen entarten oder dass die elektrische Impulsübertragung zwischen den Synapsen im Gehirn davon gestört wird. Die Liste der theoretisch möglichen Schädigungen ist endlos.«

»Und bislang ebenso *halt*los«, gab Herzfeld zu bedenken.

»Ja«, sagte Lars. »Wirklich handfeste und unwiderlegbare wissenschaftliche Beweise für diese Vermutungen gibt es meines Wissens bislang nicht dazu. Was natürlich die Leute abseits der akademischen Kreise nicht davon abhält, sich in dieser Sache nach Kräften zu befeuern. Manche der eher schrägen Zeitgenossen empfehlen beispielsweise, sich in einen Metallkäfig zu setzen oder selbst gebastelte Hüte aus Alufolie zu tragen, um sich so vor der gefährlichen Mobilfunkstrahlung zu schützen. Es gibt Menschen, die glauben, man sollte in näherer Zukunft ganz auf die Nutzung von Handys verzichten.«

»Und wo findet man solche Zeitgenossen?«, fragte Herzfeld mit einer Mischung aus Unverständnis und Faszination.

»Im Internet natürlich, wo sonst? Du kannst dir in online gestellten Videos jede Menge ›Fachvorträge‹ zum Thema schädliche Mobilfunkstrahlung und Krebs ansehen – wenn man es denn so nennen will. Das wirkt zwar alles ziemlich unprofessionell und daher wenig seriös, aber es wird trotzdem von jeder Menge Leute angeschaut und kommentiert und weiterverbreitet. Erst kürzlich gab es da mehrere Videos von irgendeinem Kroaten … warte mal.«

Herzfeld hörte, wie Lars auf seiner Tastatur tippte, bis er schließlich leise rief: »Ha, hier sind die Videos! Ich schick dir gleich den Link dazu. Also, da ist so ein Typ namens Branković – ein Ingenieur aus Kroatien, genau. Der behauptet hier, ein Gerät – einen Prototyp, wie er es im Video nennt – entwickelt zu haben, mit dem man den schädlichen Einfluss von Mobilfunkstrahlung auf den menschlichen Organismus nachweisen kann. Seine Videos haben ganz schön Wellen geschlagen, weil Branković, der übrigens Elektroingenieur war, nur ein paar Tage nachdem die Videos online gegangen sind, bei einem Verkehrsunfall starb. Der nahe zeitliche Zusammenhang lässt natürlich reichlich Raum für Spekulationen. Seit Brankovićs Tod gibt es auch keinen Hinweis mehr auf den Verbleib des von ihm so gerühmten Prototyps, und seitdem brodelt die Gerüchteküche im Internet. Die Unterstützer von Brankovićs Theorie – oder vielleicht sollte man besser sagen, seine Anhänger – behaupten natürlich, er sei von Leuten, denen er mit seinen Videos ordentlich auf die Füße getreten ist, beseitigt worden. Seine Gegner sind jedoch der Meinung, der Mann habe ein ernsthaftes Alkoholproblem gehabt und sei vermutlich einfach beim Fahren eingeschlafen. Er sei ein Schwindler und der Prototyp vermutlich nur eine Attrappe gewesen.«

»Weiß man denn Näheres zu dem Verkehrsunfall, bei dem Branković starb? Oder zu den genauen Todesumständen?«, fragte Herzfeld.

»Er war offenbar Alleinverursacher des Unfalls. Keine weiteren Unfallbeteiligten, keine Zeugen. Seine verkohlten Überreste wurden in seinem völlig ausgebrannten Wagen neben einer kroatischen Landstraße gefunden.«

Noch einer, der abgefackelt ist, ging es Herzfeld durch den Kopf, als er das Gespräch beendete.

67

13. Februar, 19.31 Uhr
Itzehoe. Feldkamp, Wohnhaus Selina Novak

Als Denecke in den Feldkamp einbog, sah er schon von Weitem die zwei Streifenwagen und ein ziviles Polizeifahrzeug. Ein Stück weiter vorn stand der hellblaue VW-Bus von Hübners Spurensicherung am Straßenrand.

Denecke parkte seinen Dienstwagen, stieg aus und ging auf das von einer Buchsbaumhecke umzäunte Haus mit der Nummer 4 zu.

Vor der Tür stand ein uniformierter Beamter, der sofort Haltung annahm, als er seinen Vorgesetzten erblickte und ihn begrüßte. Denecke erwiderte den Gruß nicht, sondern kam stattdessen gleich zur Sache. »Sind Heuser und Kaulmann schon eingetroffen?«, wollte er wissen.

»Sind unterwegs, müssten jeden Moment hier eintreffen, Herr Hauptkommissar.«

Denecke brummte eine missmutige Erwiderung und betrat das Haus. Im Flur begrüßte ihn ein Mitarbeiter von Hübners Spurensicherungsteam, der zur Vermeidung einer Spurenübertragung am Tatort in einen weißen Ganzkörperschutzanzug gekleidet war. Denecke ließ sich von dem Mann Überzieher für seine Schuhe und Latexhandschuhe geben. In diesem Moment steckte Hübner seinen Kopf aus dem an den Flur angrenzenden Wohnzimmer, begrüßte den Hauptkommissar kurz und winkte ihn zu sich. Denecke nahm dem Leiter der Itzehoer Kriminaltechnik mit den nussbraunen Augen immer noch übel, dass er sich am Fundort der Leiche des kleinen Nils Klüver offensichtlich viel zu sehr von Herzfelds Spekulationen hatte beeindrucken lassen.

Er betrat das Wohnzimmer und sah als Erstes die riesigen

blinkenden Serverschränke, die einen heftigen Kontrast zu der übrigen, völlig antiquiert wirkenden Wohnzimmereinrichtung bildeten. Ein auf Computerforensik spezialisierter Mitarbeiter Hübners saß in der Mitte des Raumes an einem Schreibtisch mit drei Computermonitoren. Der Mann beschäftigte sich intensiv mit einer Computermaus und einer Tastatur, woran ihn seine Latexhandschuhe offensichtlich nicht hinderten, und schien sich ein Bild zu machen von verschiedenen Dateien und Programmen, die er auf den drei Bildschirmen gerade aufrief. Grußlos ging Denecke an dem Mann vorbei und folgte Hübner zum entgegengesetzten Ende des Raumes zu einer bodentiefen Fensterfront, vor der zwei weiß gekleidete Männer neben dem Körper einer toten jungen Frau hockten. Einer der beiden befestigte kleine, nummerierte Klebestreifen auf der Körperoberfläche, der zweite Mann dokumentierte parallel dazu jeden der Arbeitsschritte seines Kollegen mit einer riesengroßen Digitalkamera. Die Tote lag in Rückenlage, beide Arme und Beine lang in Richtung Zimmermitte ausgestreckt, und war mit einem schlabberigen, viel zu weiten grauen Sweatshirt und Jeans sowie Turnschuhen bekleidet.

»Also«, sagte Denecke betont gelangweilt, »was haben wir bisher?«

Hübner fasste die bisherigen Ermittlungsergebnisse für den Hauptkommissar zusammen. »Selina Novak, neunundzwanzig Jahre alt. Seit zwei Jahren hier polizeilich gemeldet. Wohnte, wie es scheint, allein im Haus. Kopfschuss. Eintrittswunde direkt hier.« Er deutete auf die Stirn der Toten, in deren Mitte sich ein nur wenige Millimeter breiter, kreisrunder, fast wie ausgestanzt wirkender Defekt zeigte. Der Randbereich der Schusswunde war von einem feinen rötlichen Randsaum und kleinsten schwärzlichen Einsprenkelungen – Pulverkorneinsprengungen – umgeben. »Sieht nach einem Nahschuss aus, nur wenige Zentimeter Abstand zwischen Waffenmündung und Kopf beim Abfeuern der Waffe. Der

Täter muss bei der Schussabgabe direkt vor ihr gestanden, ihr quasi in die Augen gesehen haben. Kein –«

»Moment, Täter? Können Sie einen Suizid jetzt schon sicher ausschließen?«, unterbrach Denecke den Redefluss des Chefkriminaltechnikers.

»Nach jetzigem Stand scheidet ein Suizid aus, da wir keine Waffe im Haus gefunden haben oder irgendetwas anderes, was uns in diese Richtung leiten würde. Kein Abschiedsbrief. Im Gegenteil. Frau Novak war auf dem Abflug, und zwar im wahrsten Sinne des Wortes. Wir haben fertig gepacktes Reisegepäck gefunden, einen großen Rucksack und Handgepäck. Und Flugtickets nach Sydney für vorgestern. Samstagabend wäre ihr Flug gegangen, vom Hamburger Flughafen via Frankfurt und Singapur.«

»Okay, was noch?«, knurrte Denecke.

»Kein Ausschuss, deshalb vermute ich Kleinkaliber. Ob Pistole, Revolver oder eine Langwaffe kann ich zum jetzigen Zeitpunkt noch nicht sagen. Wir müssen die ballistische Auswertung des Projektils, das sich noch in ihrem Kopf befindet, abwarten. Die Kollegen der Hamburger Rechtsmedizin sind informiert und unterwegs.«

»Sexualdelikt?«

»Bisher spricht nichts dafür, endgültige Klarheit haben wir nach der Obduktion.«

Denecke brummte ein weiteres knappes »Okay«, und fragte dann: »Irgendein Anhalt für ein Kampfgeschehen? Fehlt irgendwas im Haus? Irgendein Zimmer durchwühlt? Einbruchsspuren?«

»Nein, keine Einbruchsspuren. Und auch sonst keine Anhaltspunkte, die auf ein Kampfgeschehen hindeuten. Keine Abwehrverletzungen an den Armen. Die Fingernagelränder nicht abgebrochen und grobsichtig auch keine anderen Auffälligkeiten daran feststellbar. Bei erster Sichtung wurde hier nichts durchwühlt. Ihr Portemonnaie und jede Menge Travellerschecks sind da, aber wir müssen uns Stück für Stück ein Bild machen und eine Inventarliste erstellen, das wird dauern. Scheint, als hätte sie den Täter hereingelassen.«

»Irgendwelche Erkenntnisse, wie lange sie schon hier liegt?«

»Der Nachbar, der sie heute gegen 18 Uhr entdeckt hat, meinte, im Haus hätte die letzten beiden Nächte über das Licht gebrannt, was wohl sehr ungewöhnlich für sie sei. Der Tatzeitraum könnte also irgendwann zwischen Samstag in den frühen Morgenstunden und Samstagabend liegen. Genaueres zur Todeszeit werden wir erfahren, wenn die Rechtsmedizin hier eingetroffen ist.«

»Okay. Und jetzt? Wie geht's jetzt weiter vonseiten der Spurensicherung?«

»Wir haben derzeit zwei vielversprechende Ansatzpunkte. Eine klassische Bewirtungssituation mit zwei benutzten Kaffeetassen in der Spüle, die sind schon unterwegs zur Daktyloskopie. Und wir haben eine Überwachungskamera unter dem Vordach an der Eingangstür. Weber …« – Hübner deutete auf den Computerforensiker an dem Schreibtisch – »… versucht gerade, in das System zu kommen, um herauszufinden, ob die Videoaufzeichnungen der Überwachungskamera gespeichert werden. Aber offenbar hat Frau Novak die Rechner mit einem ausgeklügelten System von Passwörtern geschützt.«

In diesem Moment betraten zwei in Zivil gekleidete Kriminalbeamte, ebenfalls wie Denecke mit Plastik-Überziehschuhen und Latexhandschuhen ausgestattet, das Wohnzimmer. Hübner begrüßte die Männer kurz, während sich Denecke sofort in Befehlston an die beiden wendete: »Heuser, Kaulmann, endlich! Ich will, dass ihr das volle Programm fahrt, wir haben es hier mit einem kaltblütigen Mord zu tun. Und das bei uns in Itzehoe! Wer war die Frau? Wer hat sie besucht? Wollte noch jemand mit ihr nach Sydney fliegen? Gibt es irgendwelche Zeugen hier in der Siedlung für den von Hübner angenommenen Tatzeitraum zwischen Samstag frühmorgens und Samstagabend? Hat kein anderer Nachbar, außer dem, der sie entdeckt hat, etwas Auffälliges im oder am Haus beobachtet? Am Wochenende oder irgendwann zuvor? Legt los! Ihr lasst keinen Stein auf dem anderen. Ich erwarte einen ersten Zwischenbericht in zwei Stunden.«

68

13. Februar, 20.01 Uhr
Itzehoe. Elbklinikum, Gästeapartment Paul Herzfeld

Herzfeld starrte auf den Bildschirm seines Laptops. Lars hatte ihm den Link zu den Videos des kroatischen Ingenieurs geschickt, die sein zukünftiger Schwager in einem Forum für »Erkrankungen durch den schädlichen Einfluss von elektromagnetischer Strahlung« gefunden hatte. Auf dem ersten Video sah man Branković, einen untersetzten Mann mit buschigem Schnurrbart und einer dicken Brille, die seine Augen wie Fische hinter der Scheibe eines Aquariums wirken ließ, an einer Werkbank stehen. Sie war mit unzähligen bunten Kabeln bedeckt, die wiederum mit einem Laptop auf der einen und diversen Leiterplatten auf der anderen Seite verbunden waren. Auf dem Laptop liefen unablässig Zahlenreihen in verschiedenen kleinen Fenstern herunter.

Die Mitte der Werkbank war frei geräumt für einen etwa schuhkartongroßen Blechkasten, aus dem ebenfalls allerlei Kabel und Drähte herausragten, ihrerseits mit dem Laptop und verschiedenen Leiterplatten verbunden, die auch auf der Werkbank lagen. Vorn an dem Gerät befanden sich eine Digitalanzeige, auf der mehrere rote Ziffern leuchteten, sowie eine Reihe mehrfarbiger Leuchtdioden. Oben ragten zwei fühlerartige Antennen daraus hervor, die dem Kasten das Aussehen eines mechanischen Insekts verliehen.

Da Herzfeld des Kroatischen nicht mächtig war, verstand er kein Wort von dem, was der Mann sagte.

Das zweite Video zeigte den dick bebrillten Ingenieur in freier Natur, wo er sich offenbar selbst gefilmt hatte, sehr wahrscheinlich mit einem Handy an einem Selfiestick. Der Wind zerrte kräftig an den Haaren des Kroaten, seine Jacke flatterte wie ein Segel. Branković sagte in diesem Video überhaupt nichts. In der knatternden Tonaufnahme des Handys wäre davon auch nichts zu verstehen gewesen. Er schwenkte mit der Handykamera zur Seite, und ein imposanter Mobilfunksendemast kam neben ihm in das Blickfeld des Betrachters. Kurze Zeit war das Bild unscharf, als Branković näher heranzoomte, dann erkannte man unzählige Metallsprossen. Sie führten seitlich an dem stählernen Mobilfunksendemast, der wie ein riesiger Zahnstocher in den Himmel ragte, in die Höhe. Das Bild schwenkte wieder zu dem Ingenieur. In der freien Hand hielt er den schon im ersten Video gezeigten schuhkartongroßen Metallkasten mit den beiden Antennen, die er nun ausklappte.

Als Branković in der nächsten Einstellung den Blick seiner Handykamera schweifen ließ, wurde klar, dass er sich jetzt auf der Spitze des Mobilfunksendemastes befand, von dem man eine schwindelerregende Aussicht auf die ländliche Umgebung hatte. Branković betätigte einen Schalter an seinem Kasten, der vor ihm auf einer kleinen Wartungsplattform stand. Die Digitalanzeige sprang an und zeigte einen Wert im zweistelligen Bereich. Vier Leuchtdioden flammten auf, allesamt grün. Branković hielt die Handykamera an dem Selfiestick ein Stück von sich weg und machte dann mit Daumen und Zeigefinger seiner freien Hand das Okay-Zeichen. Herzfeld interpretierte das so, dass von diesem Mobilfunksendemast für Branković offenbar keine unmittelbare Gefahr ausging. Es folgte ein Schnitt im Video, und zwar zu einem auf den ersten Blick sehr ähnlichen Szenario. Auch diesmal befand sich der Ingenieur wieder in luftiger Höhe auf einem Mobilfunksendemast. Dieser war jedoch in einem matten Weiß lackiert und schien offenbar deutlich moderner zu sein. Statt einzelner Module, die im Video vom ersten Mast auf der Wartungsplattform zu sehen gewesen waren, war hier alles hinter einer großflächigen weißen, eckigen Abdeckung verborgen, aus der eine einzelne Antenne ragte.

Als Branković nun wieder seinen Metallkasten mit den beiden Antennen einschaltete, spielte das Ding verrückt. Die Digitalanzeige zeigte einen Wert im fünfstelligen Bereich, und die vier Dioden flammten wieder auf, diesmal allerdings rot. Zusätzlich gab das Gerät ein bedrohliches Pfeifen von sich, das sogar den auch diesmal heftig knatternden Wind deutlich übertönte.
Branković richtete nun die Kamera auf ein Schild an der weißen Abdeckung an der Spitze des Mastes, das neben einem Logo einen Schriftzug zeigte, sehr wahrscheinlich den Namen des Herstellers dieser Masten. *SverMobil*, las Herzfeld. Das sagte ihm zwar nichts, aber ihm war schlagartig klar: *Es ging Branković um diese ganz speziellen Masten der Firma SverMobil.*
Unter dem Video hatten sich etliche Nutzer in den Kommentaren geäußert. Von derbem Spott bis zu eifrigen Unterstützern Brankovićs war dort alles zu lesen, und Herzfeld staunte, wie viele Menschen sich für dieses Thema zu interessieren schienen. Seit es vor knapp einem Monat online gegangen war, hatten es sich schon über anderthalb Millionen Menschen angesehen.
Doch dann blieb sein Blick an einem Kommentar hängen, der in exzellentem Englisch verfasst worden war. In diesem Kommentar wurde behauptet, Branković sei beseitigt worden, weil er den verbrecherischen Machenschaften der Mobilfunkfirma *SverMobil*, die Gewinnmaximierung über die Gesundheit ihrer Kunden stellen würde, auf die Schliche gekommen sei.
Das ist ja alles schön und gut, dachte Herzfeld seufzend. *Aber das ist alles nicht wirklich belastbar. Ich brauche irgendetwas Konkretes.*
Da kam ihm eine Idee.
Er trat an die Küchenzeile seines Apartments, wo er in einem kleinen Hängeschrank, der ansonsten leer war, Petersens Handy deponiert hatte, seit Lennart Petersen es ihm überlas-

sen hatte. Mit Erleichterung stellte er fest, dass der Akku noch nicht leer und das Handy noch immer eingeschaltet war. Dann sah er dort erneut im Verzeichnis der Personen nach, mit denen Petersen telefoniert hatte. Da war das »S« für Selina Novak. Herzfeld scrollte weiter nach unten, und dann fand er, wonach er gesucht hatte.

»B« stand dort, und darunter eine Nummer mit der Vorwahl +385. Herzfeld googelte und fand heraus, dass es sich um die Vorwahl von Kroatien handelte. Petersen hatte die Telefonnummer zwischen November letzten Jahres und Januar dieses Jahres insgesamt achtmal angerufen, zuletzt zwei Tage vor seinem Tod.

Herzfeld drückte die Wiederwahltaste.

Ohne dass zuvor ein Freizeichen zu hören gewesen war, meldete sich eine neutrale weibliche Stimme und verkündete irgendetwas auf Kroatisch, das sie dann auf Englisch wiederholte: *»The person you've called is temporarely not available.«*

Noch während die Stimme vom Band ihre Ansage wiederholte, rief sich Herzfeld in Erinnerung, was Lars ihm zu den mysteriösen Umständen von Brankovićs Tod auf einer kroatischen Landstraße erzählt hatte, und änderte die Bandansage, die sich gerade wieder auf Englisch wiederholte, gedanklich zu *The person you've called is permanently not available.* Dann beendete er den Anruf.

69

14. Februar, 7.10 Uhr
Itzehoe. Elbklinikum, Gästeapartment Paul Herzfeld

Als sich Herzfeld nach einer fast schlaflosen Nacht die Branković-Videos noch ein weiteres Mal angeschaut hatte, wusste er, dass der Gedanke, der ihn schon am Tag zuvor beschlichen hatte, das Entscheidende auf den Punkt brachte. *Diese speziell aussehenden Mobilfunksendemasten von SverMobil sind der Dreh- und Angelpunkt.* Herzfeld hatte die frappierende Ähnlichkeit des im Video gezeigten Mastes mit dem Mobilfunksendemast, den er am Tag vorher an der Grundstücksgrenze zu Lüdgers' Gehöft mit eigenen Augen gesehen hatte, registriert. Beide Masten hatten an ihrer Spitze eine große eckige Abdeckung, aus der eine einzelne Antenne ragte, der sie von allen anderen Mobilfunksendemasten, die Herzfeld gegoogelt hatte, unterschied.

Plötzlich ergab alles einen Sinn. Petersen hatte festgestellt, dass das anaplastische Karzinom der Schilddrüse, auf das sich seine Untersuchungen konzentriert hatten, seit etwa drei Jahren gehäuft aufgetreten war, und das nur in ganz bestimmten Regionen Schleswig-Holsteins und Niedersachsens.

Wenn es zudem Branković tatsächlich gelungen war, den Prototyp einer Messvorrichtung herzustellen, die den schädlichen Einfluss eines ganzen Industriezweigs auf den menschlichen Organismus nachweisen konnte, dann hatte sich der kroatische Ingenieur wahrlich übermächtige Feinde gemacht.

Und als Herzfeld diese Überlegung weiterverfolgte, kam er zwangsläufig zu dem Schluss, dass Branković, falls dieser sich wirklich hinter dem »B« in Petersens Handy verbarg, in dem Pathologen Petersen offenbar einen seriösen Wissenschaftler als Verbündeten gefunden hatte. *Vielleicht hat Petersen mit seinen Forschungsergebnissen tatsächlich eine Verbindung zwischen dem gehäuften Auftreten von anaplastischen Schilddrüsenkarzinomen und der Strahlung von Mobilfunksendemasten feststellen können. Das würde die Krebsclusterbildungen außerhalb jeglicher Statistik und jenseits jeder medizinischen Erfahrung erklären.*

Beide, sowohl Branković als auch Petersen, waren tot. Gestorben unter mehr als dubiosen Umständen. Das führte Herzfeld zu der naheliegenden Schlussfolgerung, dass sich Petersen sehr wahrscheinlich dieselben überaus mächtigen Feinde wie Branković gemacht hatte. Feinde, die neben ihrer beruflichen Existenz und Reputation auch Milliarden verlieren würden, wenn es gelang, ihnen nachzuweisen, dass die von ihnen bereitgestellte Mobilfunktechnologie eine gesundheitsschädigende Wirkung hatte und damit eine Lawine von zivilrechtlichen Klagen auf sie zurollte – mit den damit verbundenen Schadensersatzforderungen, sehr wahrscheinlich in Milliardenhöhe. Von den strafrechtlichen Konsequenzen mit der Aussicht auf lange Gefängnisstrafen ganz abgesehen.

Petersen hatte in ein Wespennest gestochen.

Herzfeld warf einen Blick auf seine Armbanduhr, dann stürmte er aus dem Apartment in Richtung Treppenhaus. Im Gebäudekomplex des Klinikums angekommen, erreichte er nach wenigen Minuten das Labor, wo man ihm die Ergebnisse der Blutanalyse von Geert Lüdgers aushändigte.

Herzfeld warf einen einzigen Blick darauf, und seine Kehle wurde schlagartig trocken. Sein Verdacht hatte sich gerade bestätigt. Der Laborbefund, den er in den Händen hielt, war sehr wahrscheinlich Lüdgers' Todesurteil. Die Tumormarker – spezielle aus Kohlenhydraten und Proteinen bestehende Moleküle, die Auskunft darüber geben, ob ein bestimmter Krebs im Körper vorhanden ist – waren bei Geert Lüdgers für das anaplastische Karzinom deutlich erhöht.

Da die Tumormarker in der von Petersen entnommenen Blutprobe noch negativ gewesen waren, ließ dies nur einen Schluss zu: Geert Lüdgers war innerhalb der letzten achtzehn Monate an einem weit fortgeschrittenen Schilddrüsenkrebs erkrankt.

70

14. Februar, 7.18 Uhr
Itzehoe. Feldkamp, Wohnhaus Selina Novak

Nachdem der Leichnam von Selina Novak noch in der Nacht von den Hamburger Rechtsmedizinern obduziert, ein Kopfschuss mittels einer direkt auf die Stirn aufgesetzten Kleinkaliberwaffe als Todesursache bestätigt und ein Sexualdelikt und vorausgegangenes Kampfgeschehen mit Gegenwehr des Opfers ausgeschlossen worden waren, hatten sich die Ermittler für einige Stunden getrennt und um sieben Uhr morgens erneut am Tatort im Feldkamp eingefunden. Neben Denecke und Hübner waren die Ermittler Heuser und Kaulmann anwesend, die Denecke gerade ein kurzes Update zu der Befragung der Nachbarschaft gegeben hatten, sowie Weber, der Computerforensiker.

Hübner beendete gerade ein Telefonat und sah Denecke kopfschüttelnd an. »Wir haben zwar Fingerabdrücke einer weiteren Person an einer der beiden Tassen aus der Spüle, aber die Fingerabdrücke finden sich in keiner unserer Datenbanken. Anfrage zum Abgleich bei Interpol ist eben raus, aber ich –«

»Ich hab da was!«, rief plötzlich Weber, der vor ein paar Minuten seine Arbeit an Selinas Novaks PC wieder aufgenommen hatte. »Wir haben die ganze Nacht einen Brute-Force-Algorithmus laufen lassen, um die verschiedenen Passwörter zu knacken, mit denen Frau Novak ihre Server gesichert –«

»Ersparen Sie mir die Details«, unterbrach Denecke ihn ungeduldig. »Was genau haben Sie?«

»Zugriff auf die gespeicherten Videodateien der Überwachungskamera. Es gibt einen Bewegungssensor, der die Kameraaufzeichnung aktiviert, sobald sich etwas draußen vor der Tür bewegt.«

»Dann spielen Sie mal ab, was vom wahrscheinlichen Tatzeitraum zwischen Samstagvormittag und -abend zu sehen ist«, forderte Denecke.

Weber ließ auf allen drei Monitoren gleichzeitig das von der Überwachungskamera aufgezeichnete schwarz-weiße Bildmaterial erscheinen, das nicht besonders scharf und ziemlich grobkörnig war.

Es hatte am Samstag nur einen Besucher gegeben. Ein Mann in einem dunklen Parka betrat vormittags um kurz nach halb zwölf Uhr das Haus, das er in der nächsten Videosequenz knapp zwei Stunden später wieder verließ. Beim Verlassen des Hauses machte der Mann einen gehetzten Eindruck und steckte einen Gegenstand in eine der Taschen seines Parkas.

71

14. Februar, 7.20 Uhr
Nahe Itzehoe. Forstweg

Snø hatte ihren Porsche 911er auf einem Forstweg wenige Meter abseits der Landstraße geparkt. Hier, etwa auf halber Strecke zwischen der von ihr als Unterschlupf genutzten Musterhaussiedlung und der Stadtgrenze Itzehoes, war sie bereits seit den frühen Morgenstunden in Lauerstellung. Quasi in Poleposition. Wie ein Raubtier, das sich versteckt im Hintergrund hielt, um dann blitzschnell und effektiv zuzuschlagen.

Der Klient hatte Snø kurz vor Mitternacht telefonisch informiert, dass Selina Novaks Leiche gefunden worden war und die Auswertung der Videos von Selina Novaks Überwachungskamera über ihrer Haustür lief. Ihr Plan war aufgegangen.

Wir werden der Polizei immer einen Schritt voraus sein, rief sich Snø die Worte des Klienten ins Gedächtnis. *Auf jede Aktion folgt sofort eine Reaktion von uns. Wir begraben Herzfeld mit dem Verdacht, dass er Novaks Mörder ist, der Makel des Mörders wird immer an ihm haften bleiben.* Das waren seine Worte gewesen.

Nun hieß es warten. Aber Snø wusste, dass es nicht mehr lange dauern würde, bis der geeignete Zeitpunkt gekommen war. Herzfeld musste sterben, das stand außer Frage. Die einzige Frage war nur: Wann?

72

14. Februar, 7.21 Uhr
Itzehoe. Elbklinikum, Gästeapartment Paul Herzfeld

Durch Mobilfunkstrahlung verursachter Schilddrüsenkrebs. Herzfeld war sich jetzt sicher, dass die Indizien, die er zusammengetragen hatte, ausreichen würden, um staatsanwaltschaftliche Ermittlungen ins Rollen zu bringen und so eine umfassende Überprüfung der Mobilfunksendemasten von *SverMobil* zu veranlassen. Er würde die Ergebnisse der Laboranalyse auch Geert Lüdgers mitteilen, aber das wollte er später persönlich machen.

Im Moment gab es Dringenderes zu tun.

Er zückte sein Handy und wählte die Nummer von Lars Schirmherr.

»Was kann ich diesmal für dich tun, Paule?«, meldete sich die noch etwas verschlafene Stimme des Redakteurs. Der leicht amüsierte Unterton in seiner Stimme verflog allerdings sofort, als Herzfeld mit ernster Stimme sein Anliegen und die Dringlichkeit seines Anrufs vorbrachte.

»Deshalb meine Frage an dich, Lars: Kannst du mir sagen, ob, und wenn ja, *wo* in Schleswig-Holstein Mobilfunksendemasten der Firma *SverMobil* stehen?«, beendete Herzfeld seine Informationen.

»Also, auf die Schnelle nicht. Aber gib mir Zeit, mir einen Kaffee zu kochen, und ich sehe, was ich für dich herausfinden kann«, kam es vom anderen Ende der Leitung, untermalt von einem herzhaften Gähnen.

»Keine Zeit für Kaffee, Lars. Bitte, es geht um Leben und Tod! Ich kann dir jetzt keine weiteren Details nennen, tu es bitte einfach sofort!«

»Upps … Alles klar, Paul. Gib mir aber ein paar Minuten, bis ich meinen Rechner hochgefahren und mich in der Redaktion eingeloggt habe, dann jage ich das mal durch unsere Datenbanken.«

»Ich danke dir«, sagte Herzfeld atemlos. »Ruf mich bitte direkt zurück, sobald du etwas hast.«

»Mach ich. Aber leg noch nicht auf!«, entgegnete Lars. »Wegen der Exklusivrechte an dieser Story… Ich meine, wenn da was dran ist…«

»*Deine* Story, versprochen! Und jetzt beeil dich«, sagte Herzfeld und beendete das Gespräch.

73

14. Februar, 7.22 Uhr
Itzehoe. Feldkamp, Wohnhaus Selina Novak

Als Weber das Überwachungsvideo von der Ankunft des Mannes vor Selina Novaks Haus erneut abspielte, dann in den Standbildmodus schaltete und das eingefrorene Bild heranzoomte, zeigte sich, für alle Beteiligten gut erkennbar, ein Gesicht, das Denecke und Hübner nur zu gut kannten.

Doktor Paul Herzfeld.

74

14. Februar, 7.22 Uhr
Nahe Itzehoe. Forstweg

Snø fixierte das etwa handtellergroße Display mittels eines Gummisaugfußes auf dem Armaturenbrett ihres Porsches. Auf dem Display war ein Gebiet an der Grenze zum Zentrum Itzehoes zu erkennen, das hauptsächlich aus dem Gelände des Elbklinikums und einigen benachbarten Straßenzüge bestand. In der Mitte des Bildschirms – ein Areal, das dem Parkplatz vor der Klinik entsprach – blinkte ein roter Punkt, der GPS-Tracker an dem Passat der Zielperson.

Die Zielperson befand sich also immer noch auf dem Klinikgelände, sehr wahrscheinlich in ihrer Gästewohnung oder möglicherweise gerade auf dem Weg in die Pathologie, um dort den Arbeitstag zu beginnen. Der Passat und damit auch die Zielperson hatten ihre Position seit dem gestrigen Abend nicht verändert. Aber irgendwann würde Herzfeld seine Deckung verlassen müssen, und dann wäre ihre Zeit gekommen. In Vorfreude auf die kommenden Ereignisse schloss Snø ihre blassen Augenlider, unter deren pergamentartig dünner Haut die feinen Äderchen ein spinnennetzartiges Muster abzeichneten, und atmete gleichmäßig ein und aus, ehe sie wieder den rot blinkenden Punkt auf dem Display vor sich fixierte.

75

14. Februar, 7.23 Uhr
Itzehoe. Feldkamp, Wohnhaus Selina Novak

Für einen ganz kurzen Moment herrschte absolute Ruhe in dem Haus, man hätte die sprichwörtliche Stecknadel fallen hören können – aber dann durchbrach Denecke mit einem Triumphschrei die Stille, sodass Weber erschrocken an dem Schreibtisch zusammenfuhr.

»Herzfeld! Herzfeld ist unser Mann! Ich wusste es doch! Ich habe von Anfang an gewusst, dass mit dem Kerl etwas nicht stimmt!«, brüllte der bullige Hauptkommissar und schlug mit der Faust seiner rechten Hand in die Handfläche der linken, sodass es dumpf knallte. An den Leiter der Kriminaltechnik gewandt, schrie er mit sich fast überschlagender Stimme: »Und, Hübner? Was sagen Sie jetzt? Ihr neuer Freund vom Leichenfundort Nils Klüver steht jetzt nicht mehr so gut da, oder?«

Hübner schaute betreten zu Boden.

»Heuser, sofort Herzfeld zur Fahndung ausschreiben! Hübner gibt Ihnen die Informationen zu seinen Personalien. Weber, machen Sie ein Handyfoto von der wunderschönen Porträtaufnahme von unserem Mann auf dem Überwachungsvideo. Das Bild geht dann sofort an alle Kollegen raus. Auch die umliegenden Dienststellen einbeziehen. Kaulmann, mitkommen!«, bellte Denecke, bevor er in Richtung Haustür eilte.

»Diesen Drecksack schnappe ich mir. Und ich weiß auch, wo ich ihn finden werde.«

76

14. Februar, 7.26 Uhr
Nahe Itzehoe. Forstweg

Snø nahm das Gespräch bereits in dem Moment entgegen, als ihr Handy zu vibrieren begann.

»Herzfeld ist gerade zur Fahndung ausgeschrieben worden. Das ging schneller als erwartet«, hörte sie den Klienten am anderen Ende der Leitung sagen. »Denecke darf ihn nicht lebend in die Finger bekommen. Herzfeld weiß eindeutig zu viel, und er hat einflussreiche Freunde in Kiel.«

Der Klient machte eine kurze Pause, so als ob er den folgenden Worten mehr Gewicht verleihen wollte, ehe er fortfuhr: »Nehmen Sie Herzfeld unverzüglich aus dem Spiel. Lassen Sie es, wenn möglich, wie einen Unfall aussehen. Notfalls improvisieren Sie. Hauptsache, es geht jetzt schnell.« Ohne eine Erwiderung seiner Gesprächspartnerin abzuwarten, beendete der Klient das Telefonat.

Ein kaum sichtbares Lächeln huschte über Snøs Gesicht. Dann startete sie den Wagen.

77

14. Februar, 7.29 Uhr
Itzehoe. Elbklinikum, Gästeapartment Paul Herzfeld

Herzfeld begann, wie ein Tiger im Käfig auf dem abgenutzten Teppich seines Gästeapartments im Kreis herumzulaufen, während sein ruheloser Blick immer wieder zwischen der Karte an der Wand und seinem Handy hin und her schweifte. Er irrte sich nicht, da war er sich jetzt ganz sicher.

Als Redakteur der *Kieler Nachrichten,* so hoffte Herzfeld, würde Lars ihm kurzfristig die gewünschten Informationen beschaffen können. Wenn er doch nur endlich zurückrufen würde!

Als Lars wenige Minuten später, die Herzfeld wie eine Ewigkeit vorkamen, zurückrief, tat er das mit der Mitteilung, er würde parallel eine digitale Landkarte senden, die er aus den Tiefen der seiner Zeitung zugänglichen Datenbanken ausgegraben hatte. Darauf sei eine Übersicht aller *SverMobil*-Masten in Schleswig-Holstein abgebildet.

»Es gibt natürlich noch ein paar andere Anbieter, aber gerade im südlichen Teil von Schleswig-Holstein ist *SverMobil* sehr stark vertreten«, fügte Lars atemlos hinzu.

»Ich danke dir, Lars. Aber da ist noch etwas. Kannst du auch noch herausfinden, wer genau hinter *SverMobil* steckt?«, fragte Herzfeld. *Auch wenn ich mir eigentlich sicher bin, die Antwort schon zu kennen, da ich weiß, wer den so speziell aussehenden Mast neben Lüdgers' Moorlandhof gebaut hat … Aber ich benötige eine objektive Bestätigung dafür. Eine Bestätigung von jemandem, der nicht voreingenommen ist, wie ich es mittlerweile wahrscheinlich bin.*

»Geht klar, auch das. Ich melde mich«, hörte Herzfeld seinen Schwager in spe gerade noch sagen, ehe dieser das Gespräch

beendete. Dann klappte er eilig seinen Laptop auf, ging in seinen E-Mail-Eingang und öffnete den Anhang von Lars' Mail. Er blickte abwechselnd hin und her zwischen der digitalen Karte, die die Standorte aller *SverMobil*-Masten in Schleswig-Holstein zeigte, und der Landkarte von Schleswig-Holstein, die er mit Klebeband an der Wand befestigt hatte.
Nach wenigen Minuten hatte er Gewissheit: Die Positionen der von Petersen festgestellten Krebscluster waren mit denen der *SverMobil*-Sendemasten identisch.
Auch bei dem Mast auf Lüdgers' Moorlandhof handelte es sich tatsächlich um einen *SverMobil*-Mast, wie sich Herzfelds Vermutung bestätigte, als er den entsprechenden Ausschnitt in Lars' Karte näher heranzoomte.
In diesem Moment klingelte sein Handy. Lars!
»Und?«, fragte Herzfeld gespannt.
»*SverMobil* ist eine hundertprozentige Tochterfirma von *Nommensen Technologies*. Ein internationaler Konzern, der –«
»Danke! Ich melde mich. Deine Story, versprochen!«, unterbrach Herzfeld den Journalisten und beendete das Gespräch. Jetzt war es höchste Zeit, dass er seine Erkenntnisse den Ermittlungsbehörden mitteilte. Nicht nur die Umstände von Petersens Tod mussten neu untersucht werden, auch Petersens Forschungen mussten von Epidemiologen und Krebsspezialisten einer unabhängigen Prüfung unterzogen werden. Herzfeld wusste, dass er mächtige Verbündete nötig hatte. Und dafür blieb ihm nichts anderes übrig, als Itzehoe so schnell wie möglich zu verlassen. An die örtlichen Polizeibehörden konnte er sich nicht wenden, denn ob der Erste Kriminalhauptkommissar Evers oder Hauptkommissar Denecke bei dem Tod von Petersen irgendwie ihre Finger im Spiel gehabt hatten, als gedungene Mörder oder »nur« als willfährige Handlanger, die die Todesermittlungen schlampig und oberflächlich geführt hatten, vermochte Herzfeld nicht zu sagen.

Genauso wenig wusste er einzuschätzen, welche Rolle Kießling oder anderen Vertretern der Itzehoer Prominenz, denen er auf Nommensens Party begegnet war, in dessen schmutzigen Geschäften zukam und wer von ihnen in irgendeiner Form eingeweiht war.
Herzfeld schoss mit seinem Handy mehrere Fotos der beiden Landkarten mit den bunten Pinnnadeln, zog seinen Parka an und ergriff seinen Laptop und die mobile schwarze Festplatte, die er von Selina Novak erhalten hatte. Dann stürmte er aus der Wohnung und lief auf dem kürzesten Weg zum Parkplatz. Er musste auf dem schnellsten Weg nach Kiel. Hier in Itzehoe, das war ihm nun klar, war er sich seines Lebens nicht mehr sicher.

78

14. Februar, 7.32 Uhr
Nahe Itzehoe. Landstraße

Der blinkende Punkt auf dem Display hatte sich, während Snø bereits einige Minuten in rasanter Geschwindigkeit auf der Landstraße im Nieselregen in Richtung Itzehoe unterwegs war, in Bewegung gesetzt und signalisierte, dass der Wagen der Zielperson gerade das Gelände des Elbklinikums verließ.

Snø trat das Gaspedal des 911er noch etwas weiter durch. Gerade so weit, dass das Heck des Fahrzeugs nicht auf der regennassen Fahrbahn ausbrach. Ein kurzer Blick auf das Display verriet ihr, dass die Zielperson jetzt in nordwestlicher Richtung unterwegs war, etwa acht Kilometer von ihr entfernt, auf der durch das Itzehoer Stadtzentrum führenden Bundesstraße 206.

Ungefähr vierzig Kilometer weiter würde von der Bundesstraße die Autobahnauffahrt bei Bad Bramstedt auf die A7 abgehen, die in nördlicher Richtung nach Kiel führte. Ein erneuter Blick auf das Display, und Snø wusste, wo sie zuschlagen würde.

Wenn Herzfeld sein Tempo nicht verlangsamte, würde er in zehn, höchstens zwölf Minuten auf der B206 auf Höhe Hohenlockstedt vorbeifahren.

Der ideale Ort für einen Hinterhalt, kaum besiedeltes Gebiet, und links und rechts der Bundesstraße unübersichtliches, meist bewaldetes Gelände, unterbrochen nur von brachliegenden Feldern.

Snø sah auf ihre Uhr. Sie schätzte, dass sie etwa fünf bis sechs Minuten vor der Zielperson dort eintreffen würde. Das würde ausreichen, die Drohne in Position zu bringen.

Dann trat sie das Gaspedal des Porsches noch ein kleines Stück weiter herunter, was der Motor mit einem tiefen Röhren goutierte.

79

14. Februar, 7.33 Uhr
Itzehoe. Pkw Paul Herzfeld

Das Klinikgelände war zwar vor wenigen Minuten erst aus dem Rückspiegel seines Wagens verschwunden, aber Herzfeld hatte bereits zweimal versucht, Oberkommissar Tomforde aus Kiel auf dessen Handy zu erreichen. Es war jedoch beide Male nur die Mailbox angesprungen. Unter der Büronummer des Ermittlers nahm ebenfalls niemand seinen Anruf entgegen – was um diese Uhrzeit nicht weiter verwunderlich war –, und auch bei seinem Chef, Professor Doktor Doktor Günther Schwan, erreichte er nur die Mailbox von dessen Handy.
Verdammt!
An diesem frühen Dienstagmorgen hatte Nieselregen eingesetzt, und Herzfeld raste jetzt, so schnell es die eingeschränkten Sichtverhältnisse und die nasse Fahrbahn zuließen, die Bundesstraße 206 in Richtung Hohenlockstedt entlang. Die Bundesstraße, die ihn auf schnellstem Weg auf die A7 nach Kiel bringen würde.

80

14. Februar, 7.35 Uhr
Itzehoe. Elbklinikum, Eingangsbereich

Denecke war unter Gebrauch von Sonderrechten mit seinem Zivilfahrzeug mit Blaulicht und Martinshorn zum Elbklinikum gerast. Oberkommissar Kaulmann, der ihn begleitete, hatte zwei Streifenwagen als Verstärkung angefordert, die sich unterwegs, ebenfalls mit eingeschaltetem Blaulicht und Martinshorn, an das Heck von Deneckes Fahrzeug gehängt hatten.

Die füllige Johanniterschwester am Empfangstresen des Elbklinikums starrte Denecke unter ihren blonden Ponyfransen aus weit aufgerissenen Augen entgegen, als dieser – gefolgt von Kaulmann und vier uniformierten Polizeibeamten – durch den Haupteingang der Klinik stürmte.

»Wo ist Doktor Herzfeld?«, brüllte der stiernackige Mann mit den kurz geschorenen Haaren und baute sich in drohender Gebärde vor dem Empfang auf.

»Äh …«, lautete die gestammelte Antwort. »Ich weiß es nicht. In seinem … äh, Büro, nehme ich an?«

»Und wo finde ich das?«, brüllte Denecke ungeduldig.

»Im … äh, im zweiten Stock«, entgegnete Schwester Margit. »Soll ich ihn anrufen?«

»Auf keinen Fall. Wo ist das Treppenhaus?«

»Herr Denecke!«, erscholl fast zeitgleich eine Stimme vom anderen Ende des Flurs. »Was ist denn hier los?«

Denecke fuhr herum und lief auf den Ärztlichen Direktor zu. Seine Leute folgten ihm, ebenfalls im Laufschritt.

»Ich suche Herzfeld. Wissen Sie, wo er ist?«

»Herr Denecke … Worum geht es denn?«, wollte Kießling wissen.

»Ich kann Ihnen keine Details nennen, nur so viel: Nach Herzfeld läuft eine Großfahndung. Er ist mein Hauptverdächtiger in einem Mordfall.«
»Ein Mord?«, wiederholte Kießling überrascht und musterte Denecke mit eindringlichem Blick. »Wen soll Herzfeld denn …?«
»Nicht Ihre Baustelle, Doktor. Wo finde ich ihn?«
»Ich habe ihn heute noch nicht zu Gesicht bekommen. Vielleicht ist er noch nicht im Haus«, antwortete Kießling ungerührt.
»Hm«, brummte Denecke und überlegte kurz. »Er wohnt doch aber momentan auch auf dem Klinikgelände, richtig?«
»Das stimmt«, sagte Kießling. »Wir haben ihn in einem der Gästeapartments untergebracht: Nummer 31 im dritten Stock«
»Gut. Ich weiß, wo das ist.« Denecke nickte seinen Leuten auffordernd zu. »Ihr zwei begleitet Doktor Kießling zu Herzfelds Büro und checkt dort die Lage. Du und du, ihr nehmt die Treppen hoch, damit er uns nicht auf diesem Weg abhauen kann. Kaulmann, Sie bleiben hier im Eingangsbereich. Aber nicht zu auffällig, dass er Lunte riecht, wenn er hier plötzlich auftauchen sollte. Schusswaffengebrauch ist hiermit von mir legitimiert. Und ich schaue mal, ob das Bürschchen noch in den Federn liegt!«
Dann stürmte Denecke mit gezogener Dienstwaffe in Richtung des Gästewohnhauses der Klinik davon.

81

14. Februar, 7.42 Uhr
Hohenlockstedt. Nahe Moorlandhof

Die verlassene Landstraße lag still da. Der andauernde Nieselregen, der gerade noch in wogenden Schüben auf die Straße und die abgeernteten Felder ringsherum niedergegangen war, hatte für einen kurzen Moment ausgesetzt, als hielte sogar das Wetter den Atem an.

Einzig ein Fremdkörper störte diese Ruhe vor dem Sturm. Ein mattschwarzes Fluggerät in Leichtbauweise, das etwa zwanzig Meter über der Landstraße schwebte und mit einem wachsamen Objektiv das gesamte Areal überblickte. Wartend. Lauernd.

Dann war ein anschwellendes Motorengeräusch zu hören, und kurz darauf fuhr ein Wagen aus Richtung Itzehoe heran, ein dunkelblauer Passat.

Die Sensoren der Drohne richteten sich geräuschlos aus, eine Präzisionsoptik wurde justiert, und nun wurde der Fahrer des Wagens für Snø, die das Fluggerät fernsteuerte, sichtbar.

Abrupt senkte sich die Drohne im Sturzflug auf den näher kommenden Wagen herab, um dann frontal im Kollisionskurs auf das Fahrzeug zuzurasen.

82

14. Februar, 7.42 Uhr
Hohenlockstedt. Nahe Moorlandhof, Pkw Paul Herzfeld

Eben noch hatte Herzfeld in einiger Entfernung das eingefallene Dach des Wirtschaftsgebäudes von Geert Lüdgers' Hof durch die Baumkronen eines kleinen Wäldchens hindurchschimmern sehen. Er war in Gedanken zu seiner ersten Begegnung mit dem Landwirt vor acht Tagen zurückgekehrt, um sich dann dabei zu ertappen, wie er kurz darüber nachdachte, wie sich die Diagnose, die er Lüdgers sehr bald mitteilen musste, wohl auf sein weiteres Leben auswirken würde. In dem Moment tauchte plötzlich ein riesiges Ding wie aus dem Nichts vor der Frontscheibe seines Fahrzeugs auf. Das über der Landstraße schwebende Objekt änderte abrupt den Kurs und flog frontal auf seine Frontscheibe zu. Um einem Frontalzusammenstoß zu entgehen, riss Herzfeld instinktiv das Steuer herum. Was er im selben Moment bereute. Dank seines reflexartigen Ausweichmanövers konnte er zwar den Zusammenstoß mit dem Fluggerät verhindern, aber der Passat geriet augenblicklich ins Schleudern. Herzfeld schaffte es zunächst noch, durch eine Kombination aus Bremsen und Gegensteuern eine Kollision mit der gefährlich nahen Leitplanke auf der rechten Seite zu verhindern, doch dann brach das Heck des Wagens auf der regennassen Straße unvermittelt aus.

Herzfeld erschien es wie in einer Filmsequenz in Zeitlupe, als sich ihm die rechte Leitplanke bedrohlich näherte, während er jegliche Kontrolle über sein Fahrzeug verloren hatte.

Mit einem ohrenbetäubenden Knall durchschlug der Passat die Leitplanke. Die Frontscheibe wurde mit einem lauten Krachen von mehreren großen Rissen durchzogen, dann explodierte etwas Helles aus der Lenkradmitte in Herzfelds Gesicht. Herzfelds Hinterkopf wurde schmerzhaft gegen das Kopfteil seines Sitzes zurückgeschleudert, und die Welt um ihn herum versank in Dunkelheit.

83

14. Februar, 7.43 Uhr
Hohenlockstedt. Felder nahe Moorlandhof

Das Atmen fiel ihm schwer, und er hatte einen metallischen Geschmack auf der Zunge. Herzfeld wusste nicht, wie lange er bewusstlos gewesen war. Er hatte jegliches Raum- und Zeitgefühl verloren. Vorsichtig drehte er seinen Kopf zur Seite, allem Anschein nach hatte er etwas Großes, Weiches vor seinem Gesicht. Als er seine Hände zu Hilfe nahm und Gesicht und Oberkörper von der kissenartigen Bedeckung befreite, stellte sie sich als der Airbag seines Passats heraus.
Heftige, pochende Kopfschmerzen breiteten sich innerhalb von Sekunden von seinen Schläfen über den Hinterkopf bis in den Nacken aus. Mit der Zunge tastete er in seinem Mund herum und stellte fest, dass sich zwei seiner unteren Schneidezähne wie wackelige Kippschalter anfühlten. *Gelockert, aber nicht abgebrochen.* Er schaute in den Rückspiegel und konnte außer ein paar kleineren Schürf- und Schnittwunden auf Stirn und Nasenrücken nichts Besorgniserregendes entdecken. Dann tastete er nach dem Verschluss des Sicherheitsgurtes und öffnete ihn. Mit einem leisen Klicken sprang die Schließe auf und gab ihn frei.
Herzfeld sah sich um. Von dem ursprünglichen Zustand seines Wagens war nicht mehr viel zu erkennen. Das Fahrzeug war nur noch ein Haufen Schrott. Als er durch die von mehreren großen Rissen durchzogene Frontscheibe blickte, fiel ihm ein, was er bei seinem letzten Blick durch die noch intakte Scheibe gesehen hatte und was für sein wahnwitziges Fahrmanöver verantwortlich gewesen war. Ein futuristisches schwarzes Fluggerät war aus dem Himmel herabgestürzt und hatte ihn dazu gebracht, das Steuer des Wagens zu verreißen.

Eine Drohne.

In diesem Moment schossen Herzfeld der kroatische Ingenieur Branković und dessen Flammentod in einem Autowrack durch den Kopf.

Herzfeld suchte im Fußraum nach seinem Handy, das er während der Fahrt auf dem Beifahrersitz abgelegt hatte, aber erfolglos. Kurz dachte er darüber nach, ob er ernsthaft nach dem Gerät suchen sollte, um damit Hilfe zu holen, doch er verwarf den Gedanken gleich wieder. Er musste aus dem Autowrack raus. Sofort. Denn wenn das hier kein böser Streich oder ein irgendwie anders gearteter Unfall gewesen war, war er weiterhin in Lebensgefahr. Denn dann war derjenige, der die Drohne gesteuert hatte, noch nicht mit ihm fertig.

Wieder musste er an Branković denken.

Herzfeld tastete mit der Linken hastig nach dem Türgriff, der sich ihm einen endlos erscheinenden Moment lang widersetzte, bevor er schließlich doch nachgab und sich die Autotür knarrend ein paar Zentimeter öffnete. Doch weiter rührte sich die völlig verzogene und verbeulte Tür allerdings nicht.

Verdammt!

Herzfeld zog die Oberschenkel in Richtung Brust und drehte sich so in seinem Sitz, dass er mit der geballten Kraft beider Füße gegen die Autotür treten konnte. Nach mehreren Versuchen gab sie mit einem lauten Quietschen nach und ließ sich gerade so weit öffnen, dass er sich seitwärts aus dem Wagen hinausquetschen konnte. Das Auto hatte sich zum Glück nicht überschlagen, sondern sich schräg, mit der Front voran, in den morastigen Straßengraben hinter der zertrümmerten Leitplanke gebohrt. Herzfeld landete nach seinem Ausstieg auf allen vieren im Schlamm.

Er kroch auf Händen und Knien etwa einen Meter von der Unfallstelle weg und spürte augenblicklich, wie die kalte Nässe durch den Stoff seiner Hose drang und seine Hände in dem eiskalten Morast klamm wurden. Vorsichtig hob er den Kopf und sah sich in alle Richtungen um. Von der Drohne oder einem anderen Verfolger war nichts zu sehen. Trotzdem vermied er es, sich zu voller Größe aufzurichten. Falls jemand hinter ihm her war, und daran hatte er mittlerweile nicht mehr den geringsten Zweifel, gab er selbst auf der Bundesstraße eine perfekte Zielscheibe ab. Er suchte nach einem Fluchtweg.

Er hörte ein Geräusch. Ein weit entferntes Geräusch, wie er zu seiner Erleichterung feststellte. Herzfeld hielt den Atem an und spitzte die Ohren. Dann hörte er es erneut. Ein weit entferntes Bellen. Irgendwo in der Richtung dieses Bellens musste sich Lüdgers' Moorlandhof befinden, den er vorhin hatte vorbeiziehen sehen.

Er musste den Hof erreichen! Dort würde er sich vor seinen Verfolgern verstecken und Hilfe rufen können.

Herzfeld erhob sich langsam, immer wieder in alle Richtungen sein Umfeld nach einer möglichen Bedrohung absuchend. Er konnte jedoch nichts entdecken. Das Bellen war mittlerweile wieder verstummt. Herzfeld verließ die Deckung seines verbeulten Passats und stolperte los. Aber noch bevor er das etwa zehn Meter vom Straßengraben entfernt liegende Maisfeld erreicht hatte, flog über seinem Kopf etwas leise surrend heran.

Die Drohne war zurück!

Herzfeld blieb geschockt stehen und starrte das Ding an. Als es langsam tiefer ging, bemerkte er, dass sie noch größer war, als er zunächst angenommen hatte. An der Unterseite des schwarzen Fluggeräts bemerkte Herzfeld einen rechteckigen Kasten und darunter eine kleine schwarze Halbkugel, vermutlich das Gehäuse einer Kamera, mit einem rundlichen Glasobjektiv an der Frontseite, das dem Steuernden als Auge diente. Für einen Moment war die Szenerie wie eingefroren. Herzfeld starrte das schräg vor ihm bewegungslos in der Luft stehende Fluggerät an. Und das Auge der Drohne schien bedrohlich zurückzustarren. Aber dann bemerkte Herzfeld etwas, das noch viel beunruhigender war als das fliegende Auge, nämlich die kleine Öffnung eines mattschwarz lackierten Laufes, die oberhalb der Kamera herausschaute. Die Mündung einer Schusswaffe.

Das Ding ist bewaffnet!

Als diese Erkenntnis in seinen Gehirnwindungen innerhalb von Millisekunden Gestalt angenommen hatte, sprintete Herzfeld los. Keine Sekunde zu spät, denn im selben Moment beschleunigte die Drohne leicht und kam im Sinkflug auf ihn zu. Herzfeld schlug einen abrupten Haken und meinte, die Schwingungen der Rotorblätter schon fast in seinem Nacken vibrieren zu spüren. Noch drei Meter bis zu den Maisstauden. Dann passierte es. Herzfeld rutschte aus, sank dabei mit seinem linken Fuß knöcheltief ein und verlor den Schuh, als er seinen Fuß wieder herauszog. Ohne weiter darauf zu achten, rappelte er sich wieder auf und rannte weiter. Noch einen Meter bis zum Feldrand. Aber er konnte die Drohne nicht abschütteln, sie saß ihm buchstäblich im Nacken. Dann erreichte er endlich das Feld und lief mitten hinein in die fauligen Maisstauden.

Nach wenigen Metern stießen Herzfelds Füße im vollen Lauf gegen ein Hindernis, und er ging erneut zu Boden. Verwirrt starrte er auf das kegelstumpfförmige Betonding, das zwischen den Maisstängeln verborgen gewesen und über das er soeben gestolpert war. Gleich darauf wusste er, was es war – einer der Einstiegsschächte zur Wartung der unterirdisch verlaufenden Drainagekanäle, die er bei der Rekonstruktion der Todesumstände des kleinen Nils Klüver kennengelernt hatte. Ohne noch lange zu überlegen, warf sich Herzfeld dahinter in Deckung, während sich die Drohne offensichtlich in Position brachte. Das Fluggerät bremste ab und verharrte etwa vier Meter schräg über ihm in der Luft. Wie ein Alien schwebte sie dort, völlig regungslos, das gläserne Auge direkt auf Herzfeld gerichtet.

Dann zerrissen drei direkt aufeinanderfolgende Schüsse gellend die Stille.

Instinktiv rollte sich Herzfeld zur Seite. Im selben Moment flogen verfaulte Maisstängel um ihn herum, und morastige Erdklumpen spritzten hinter ihm auf, genau dort, wo sich eben noch sein Kopf befunden hatte.

Mehrere Geschosse schlugen jetzt an der Oberseite des Einstiegsschachts ein, hinter dem Herzfeld in Embryonalstellung zusammengekauert in Deckung lag, und prallten mit pfeifenden Geräuschen ab, wobei sie jede Menge scharfkantiger Betonsplitter durch die Gegend jagten wie Teile eines Schrapnellgeschosses. Die Drohne pflügte eine Furche aus zwei tödlichen Geschossgarben in die Maisstauden links und rechts von Herzfeld, dann stieg sie wieder in die Höhe. Herzfeld lugte hinter seiner Deckung hervor.

Sie vollführt ein Wendemanöver, um sich in eine bessere Schussposition zu bringen, dachte Herzfeld. *Wenn sie noch ein kleines bisschen höher steigt, ist der Schusswinkel perfekt, dann bin ich ihr schutzlos ausgeliefert.*

Jetzt oder nie.

Herzfeld sprang auf, beugte sich nach vorn und zerrte mit aller Kraft an dem schweren Stahldeckel, der den Einstieg in den Entwässerungskanal verschloss. Seine Finger krallten sich an den Rändern des Deckels in die raue rostverkrustete Oberfläche, während er aus dem Augenwinkel verfolgte, wie sich die Drohne weiter in Position brachte.

Endlich gab der Stahldeckel, der gut und gern dreißig Kilo wiegen mochte, nach und den Einstieg mit einem knirschenden Geräusch frei. Herzfeld war schwindelig, seine Lungen pressten keuchend Atem aus, und er spürte seine von der Kälte tauben Hände kaum noch. Mit einer letzten, verzweifelten Anstrengung sprang er über den Betonrand und ließ sich in die Tiefe fallen. Und das genau zum richtigen Zeitpunkt, denn kaum war er im Kanalinneren gelandet, hörte er die prasselnden Geräusche der einschlagenden Geschosse über seinem Kopf, und kurz darauf senkte sich die Drohne herab, um wie ein lauerndes Raubtier über dem Eingang in das unterirdische Entwässerungssystem zu schweben. Doch hier unten konnte sie ihm aufgrund des unmöglichen Schusswinkels nichts mehr anhaben. Für den Moment war er außer Gefahr.

84

14. Februar, 7.48 Uhr
Hohenlockstedt. Felder nahe Moorlandhof

Snøs eisblaue Augen verengten sich zu schmalen Schlitzen. Unter ihrer straffen Gesichtshaut zeichnete sich ein kurzes Zucken der Muskulatur ab. Das war aber auch schon alles, was einem aufmerksamen Beobachter einen Hinweis darauf hätte geben können, was gerade in ihr vorging.
Dieser Typ ist tatsächlich ein anderes Kaliber als Branković oder Petersen, der im Archivgebäude um Hilfe gefleht und nur noch wie von Sinnen geschrien hat. Dagegen hatte die aktuelle Zielperson bisher echten Schneid bewiesen. Er war in der Lage, zu improvisieren und dann auch noch innerhalb von Sekunden die richtigen Entscheidungen zu treffen. Ein echter Überlebenskünstler. Aber dennoch kein ebenbürtiger Gegner. Sein Leben hing nicht mal mehr an einem seidenen Faden. Irgendwann musste er seine Deckung verlassen. Und wenn er es nicht freiwillig tat, würde sie kurzerhand nachhelfen.
Snø hatte einen Plan. Einen Plan, der todsicher aufgehen würde.

85

14. Februar, 7.49 Uhr
Hohenlockstedt. Felder nahe Moorlandhof,
unterirdisches Entwässerungssystem

Für Herzfeld bestand zwar nicht mehr die Gefahr, von der Drohne erschossen zu werden, allerdings war dies eine sehr trügerische Art von Sicherheit. Denn die Drohne war nicht sein eigentliches Problem, sondern vielmehr die Person, die hinter dem Angriff auf sein Leben steckte. Die Person, die nun ganz genau wusste, wo er sich versteckt hielt.
Herzfeld überlegte fieberhaft. Er brauchte einen Plan. Einen wirklich guten Plan.

86

14. Februar, 7.50 Uhr
Hohenlockstedt. Felder nahe Moorlandhof

Snø war die etwa fünfzig Meter von ihrem Standpunkt, von dem aus sie die Drohne gesteuert hatte, zu dem Betonstumpf, in dem die Zielperson verschwunden war, gesprintet. Dabei behielt sie das Display ihres Handys im Blick, das ihr Auge über dem Eingang in das Kanalsystem war – denn dort schwebte nach wie vor die Drohne. An dem runden Einstiegsschacht angekommen, ließ sie das Handy in einer der Innentaschen ihrer schwarzen Lederjacke verschwinden, um beide Hände frei zu haben. Dann griff sie an ihren speziellen Werkzeuggürtel, den sie an einem Bauchgurt um ihre Hüften trug. Aus zwei der größeren Taschen des Werkzeuggürtels holte sie jeweils eine Plastikflasche mit Brandbeschleuniger, schraubte die Verschlüsse ab und goss den gesamten Inhalt beider Flaschen in die Einstiegsluke des unterirdischen Entwässerungssystems.

Sie würde zuerst die Zielperson ausschalten und dann das Autowrack durchsuchen. Was auch immer die Zielperson an Beweisen in Sicherheit bringen wollte, hatte sie sehr wahrscheinlich im Auto zurücklassen müssen. Aber darum würde sie sich später kümmern, denn jetzt war das Spiel mit dem Feuer angesagt.

Snøs Augen glänzten, als sie ihrem Bauchgurt ein zusammengefaltetes Baumwolltuch mit spezieller Wachsbeschichtung entnahm und den Rest des Brandbeschleunigers aus einer der beiden Flaschen auf das Tuch goss, das sie dann mit einem Sturmfeuerzeug entzündete. Als sie das brennende Tuch zusammen mit den beiden Flaschen in die Einstiegsöffnung warf, konnte sie sich gerade noch mit einem Hechtsprung vor der etwa zwei Meter hohen Stichflamme in Sicherheit bringen, die aus der Öffnung im Boden herausschoss.

87

14. Februar, 7.51 Uhr
Hohenlockstedt. Felder nahe Moorlandhof, unterirdisches Entwässerungssystem

Nur wenige Meter von Herzfeld entfernt loderte plötzlich eine riesige Stichflamme auf, deren Hitze nicht nur sein Gesicht, sondern seinen ganzen Körper erfasste. Er hatte sich von dem Einstiegsschacht in einen der beiden daran anschließenden, in etwa zwei Metern Tiefe unter den Feldern verlaufenden Gänge zurückgezogen. Doch das wütende Flammenmeer nahm ihm innerhalb von Sekunden jeglichen Sauerstoff zum Atmen, und beißender Qualm brannte in seinen Augen und auf seinen Schleimhäuten.

Herzfelds Atem ging keuchend, und augenblicklich strömte ihm der Schweiß aus allen Poren. Er bekam kaum noch Luft. Es war nur noch Qualm um ihn herum, der ihm jegliche Sicht nahm. Er drohte die Orientierung zu verlieren.

Aber das war nicht sein größtes Problem.

Herzfeld wusste, dass ihm nur noch wenige Sekunden blieben, bis der Sauerstoffmangel in seinem Körper ihn bewusstlos machen würde.

Und dann schloss sich mit einem laut knirschenden Geräusch, das sich so anhörte, als ob ein schwerer, metallener Deckel auf einen massiven Zinksarg geschoben würde, der Stahldeckel der Einstiegsluke.

88

14. Februar, 7.52 Uhr
Hohenlockstedt. Felder nahe Moorlandhof

Snø ließ die Drohne aufsteigen und in ungefähr zwanzig Metern Höhe in einem Radius von hundert Metern über dem Maisfeld und den angrenzenden Feldern, Knicks und Feldwegen kreisen. Mit regungsloser Miene fixierte sie das Display ihres Handys, das ihr die Umgebung aus der Vogelperspektive in Echtzeit wiedergab. Die Gegend war menschenleer, und es war eigentlich nicht zu erwarten, dass irgendjemand auf die Geschehnisse, die sich hier in den letzten Minuten abgespielt hatten, aufmerksam geworden war. Trotzdem musste jetzt alles schnell gehen.

Sie wusste, dass sich irgendwo im näheren Umkreis im und am Rande des Maisfelds weitere Einstiegsschächte befanden – und damit ein Ausgang für die Zielperson.

Jetzt brauchte sie nur noch warten, an welcher Stelle Rauch oder Qualm zu erkennen war. Und dann würde sie ihren Job zu Ende führen.

Dem Hundegebell, das gerade aus weiter Entfernung einsetzte, schenkte sie keine Beachtung.

89

14. Februar, 7.53 Uhr
Hohenlockstedt. Felder nahe Moorlandhof, unterirdisches Entwässerungssystem

Herzfeld lag zusammengekauert in dem etwa 40 Zentimeter hoch stehenden schlammigen Wasser des Abwasserkanals, um der Hitze, die von dem bedrohlich nahen Flammenmeer ausging, möglichst wenig Angriffsfläche zu bieten.
Seine Augen brannten und tränten immer mehr, sodass er so gut wie nichts von dem Feuerschein erkennen konnte – es waren nur noch gelb-orange Lichtblitze, die ihn umgaben. Dann überkam ihn ein so heftiger Hustenanfall, dass er das Gefühl hatte, der brennende Schmerz würde seinen Brustkorb in tausend Stücke zerreißen.
Ich muss hier sofort weg, raus hier, mir einen anderen Ausgang suchen, bevor ich hier ersticke. Das ist meine einzige Chance!

Herzfeld rappelte sich aus der schlammigen Brühe auf und stolperte in gebückter Haltung, so schnell es die Tunnelhöhe zuließ, tiefer in das Kanalsystem. Mit jedem Schritt, den er sich weiter vom Einstiegsbereich entfernte, wurde es kälter. Und dunkler. Er roch aber immer noch den Rauch, der ihn auch hier weiter umgab. Herzfelds Kopf begann zu dröhnen, und er spürte plötzlich eine bleierne Müdigkeit in seinen Knochen. Er wusste, dass dies nicht nur mit dem Sauerstoffmangel zu tun hatte, sondern sehr wahrscheinlich auch erste

Anzeichen einer Kohlenmonoxidvergiftung waren. Irgendwo dort draußen lauerte zwar eine tödliche Gefahr, ausgehend von seinem unsichtbaren Verfolger, aber hier unten war er in akuter Lebensgefahr.
Ich muss schnellstens ins Freie.
Herzfeld stolperte weiter. Immer tiefer hinein in das Labyrinth des Tunnelsystems.

Er befand sich mittlerweile in völliger Dunkelheit, der Schein des Brandherdes war in dem Tunnelsystem hinter ihm nicht mehr zu sehen, aber der Rauch hüllte ihn weiterhin ein. Herzfeld hatte jegliches Zeitgefühl verloren, aber anhand seiner Schrittzahl konnte er abschätzen, dass er sicherlich noch keine fünfzig Meter zurückgelegt hatte. Und dann sah er es. Zuerst war es nur ein heller Fleck in einiger Entfernung. Dann ein heller Schein. Er war sich zunächst nicht sicher. Aber dann wurde ihm klar: Das war Tageslicht. Dort, nur wenige Meter vor ihm, befand sich ein Ausgang.

90

14. Februar, 7.56 Uhr
Hohenlockstedt. Felder nahe Moorlandhof

Snø fixierte weiter das Display ihres Handys. Aus der Vogelperspektive sah die Landschaft um sie herum noch trostloser aus als von ihrem Standpunkt auf ebener Erde. In sich kaum voneinander unterscheidenden Brauntönen reihten sich die Felder, gelegentlich von schmalen Knicks unterbrochen, als undefinierbare Vierecke aneinander.

Und dann plötzlich sah sie es. Zunächst nur verschwommen. Aber dann, als sie das Bild, das ihr die Drohne auf das Handydisplay sendete, näher heranzoomte, sah sie die feinen Rauchschwaden. Die Zielperson hatte einen Ausgang gefunden. Snø war erneut beeindruckt. Herzfeld hatte sie wieder einmal überrascht. Sogar ihrem Feuer war er entkommen. Aber jetzt war es Zeit für ihren letzten Spielzug. Jetzt würde sie ihren Auftrag zu Ende führen.

91

14. Februar, 7.57 Uhr
Hohenlockstedt. Felder nahe Moorlandhof

Hastig steckte Herzfeld seinen Kopf aus dem Kanalende und sog begierig die frische Luft ein. Der Ausgang ähnelte der Öffnung, durch die er vor acht Tagen mit Denecke und dem glatzköpfigen Kriminaltechniker an jenem Bachlauf herausgekommen war, in dem der tote Nils Klüver gelegen hatte. Die Öffnung befand sich in der Mitte eines morastigen Abhangs, ebenfalls über einem Bachlauf – vermutlich derselbe, in dem Nils Klüvers Leiche gefunden worden war, allerdings an anderer Stelle. Herzfeld lauschte angestrengt, doch er konnte keine surrenden Geräusche hören. Offenbar war er der Killerdrohne und seinem Verfolger fürs Erste entkommen. Vorsichtig kroch er weiter aus der Öffnung heraus, bis sein Oberkörper im Freien war, und ließ sich dann den Abhang hinabgleiten. Mit letzter Kraft übersprang er den etwa einen Meter breiten Bachlauf vor ihm. Auf der anderen Seite ließ sich Herzfeld, völlig erschöpft und von unten bis oben verdreckt, neben einem Knick zu Boden fallen, der ihm mit Büschen und kleineren Bäumen etwas Deckung gab.

Herzfeld versuchte, seinen Atem unter Kontrolle zu bringen, und überlegte seine nächsten Schritte.

Wenn seine Erinnerung ihn nicht täuschte, musste er sich immer noch in der Nähe von Lüdgers' Hof befinden.

Wenn ich es bis dorthin schaffe …

Doch seine Gedanken wurden jäh unterbrochen, denn in diesem Moment trat eine junge Frau aus den Büschen des Knicks hervor. Mit ihren sauberen schwarzen Jeans, der robusten Motorradlederjacke und ihren kaum verschmutzten Mili-

tärstiefeln hätte der Kontrast zu seinem vor Schmutz starrenden Parka, den völlig durchnässten und schlammverkrusteten Jeans und dem fehlenden linken Schuh nicht größer sein können.
Die Frau hatte ihr blondes Haar zu einem Pferdeschwanz nach hinten gebunden und trug schwarzes Gurtzeug um die Hüften, das Herzfeld entfernt an einen Werkzeuggürtel erinnerte. Der Versuch eines Lächelns, den sie ihm schenkte, konnte Herzfeld allerdings nicht wirklich beruhigen, denn in ihrer rechten, behandschuhten Hand hielt sie eine Waffe. Eine mattschwarze Pistole mit auffallend lang gezogenem Lauf. Kleinkaliber. Mit integriertem Schalldämpfer.
Eine Ruger Mark III mit Schalldämpfer. Sie ist ein Auftragsmörder, eine Killerin, schoss es Herzfeld durch den Kopf.
Aber was hätte er auch anderes erwarten sollen, nach dem gezielten Angriff mit einer bewaffneten Drohne? Ein Überfall aus einem gut geplanten Hinterhalt heraus und dazu noch in einer einsamen Gegend, in der die Gefahr einer Entdeckung, zumal bei diesem nasskalten Wetter, äußerst gering war.
Die Frau war jetzt bis auf knapp zwei Meter an ihn herangekommen. Als sie ihn mit ihren eiskalten blauen Augen und regungsloser Mimik fixierte, dann langsam die Pistole in ihrer Hand hob und mit der Waffenmündung auf seine Stirn zielte, wusste Herzfeld, was folgen würde. Dass sein Leben tatsächlich einmal so enden würde, hätte er allerdings niemals gedacht.
Herzfeld schloss die Augen und rief sich Bilder von Hannah und Petra ins Gedächtnis, glückliche Szenen, in denen der Strudel aus Wahnsinn und Gewalt, in den sie in den letzten Wochen geraten waren, noch nicht Besitz von seiner kleinen Familie ergriffen und sie in einen tiefen Abgrund gezogen hatte.
Er mit Petra und Hannah bei deren ersten tapsigen Schritten im Kieler Schrevenpark.

Er und Petra auf einer Decke im Sonnenuntergang am Schilkseer Strand.

Er und die nicht mal zweijährige Hannah, als sie ihren ersten …

Dann krachte ein Schuss.

92

14. Februar, 7.59 Uhr
Hohenlockstedt. Felder nahe Moorlandhof

Snø atmete ruhig aus und erhöhte dabei langsam den Druck ihres Zeigefingers auf den Abzug ihrer Pistole. Plötzlich nahm sie aus dem Augenwinkel eine Bewegung wahr. Noch eine Person war aus dem Knick getreten. Fast an derselben Stelle, an der sie sich eben noch versteckt gehalten hatte. Sie wirbelte herum und sah zu ihrem großen Erstaunen genau die Person die Szenerie betreten, die sie fatalerweise bisher völlig unterschätzt hatte.

Und dann krachte ein Schuss.

Ein Schuss, den Snø allerdings nicht mehr hörte, denn ihr Schädel zerplatzte in unzählige Knochenfragmente, noch ehe die Schwingungen der von dem Knall ausgehenden Schallwellen über ihr Trommelfell und die im Mittelohr gelegenen Gehörknöchelchen zu den feinen Membranen des Innenohres gelangen konnten.

93

14. Februar, 7.59 Uhr
Hohenlockstedt. Felder nahe Moorlandhof

Etwas Warmes spritzte Herzfeld ins Gesicht, und dann regneten kleinere, härtere Teile, offensichtlich Bruchstücke von irgendetwas, auf ihn herab. Das Erste, was er sah, als er die Augen wieder öffnete, war Lüdgers, der in etwa fünf Metern Entfernung seine doppelläufige Schrotflinte sinken ließ und ungläubig zu ihm und der vor Herzfeld auf dem Boden liegenden toten Frau herüberstarrte. Der Frau fehlten das gesamte Schädeldach und große Teile ihres Gesichtsschädels. Ihr blondes Haar war nicht mehr vorhanden, und aus dem, was vor wenigen Sekunden noch ihr Kopf gewesen war – der jetzt wie ein grotesker, nach oben hin offener Pokal aussah –, war blutige Hirnmasse herausgeschleudert worden, die sich zusammen mit vormals weißblonden, jetzt blutverschmierten Haarsträhnen und Knochenfragmenten über dem immer noch am Boden kauernden Herzfeld verteilt hatte.
Die Szene erschien ihm völlig surreal. Er wusste nicht, was für ihn verstörender oder unglaublicher war: dass er eben um ein Haar hätte sterben sollen oder dass er wie durch ein Wunder in Gestalt von Geert Lüdgers überlebt hatte. Es herrschte völlige Stille, die allerdings nach wenigen Augenblicken von dem in einiger Entfernung wieder einsetzenden Bellen von Lüdgers' Hofhund unterbrochen wurde.

94

14. Februar, 8.00 Uhr
Hohenlockstedt. Felder nahe Moorlandhof

Lüdgers, der jetzt mit unsicherem, breitbeinigem Gang auf wenige Schritte an Herzfeld herangekommen war, starrte auf die tote Frau in der riesigen Lache aus Blut, Knochensplittern, Gewebeteilchen und Hirngewebe. »Scheiße …«, stammelte er. »Ich hab die erschossen. Ich habe einen Menschen getötet! Dafür gehe ich in den Bau.«

Herzfeld erhob sich mühsam, während er sich mit seinem verdreckten Ärmel Blut und Hirnmasse aus dem Gesicht wischte. »Lüdgers, ich verdanke Ihnen mein Leben.« Herzfeld trat langsam auf den Landwirt zu und nahm dem zitternden Mann die Schrotflinte aus der Hand. »Glauben Sie mir, wenn Sie nicht geschossen hätten, wären wir jetzt beide tot. Das war Ihre einzige Option. Diese Frau hätte erst mich und dann Sie kaltblütig erschossen.«

»Wer ist sie?«

»Keine Ahnung. Ich habe sie noch nie zuvor gesehen. Ich kann Ihnen aber sagen, was sie von mir wollte.« Herzfeld machte eine kurze Pause, ehe er weitersprach. »Aber das ist eine lange Geschichte. Eine Geschichte, in der auch Sie eine Rolle spielen.«

Lüdgers sah ihn fragend an.

»Sie hatten recht. Sie hatten mit allem recht, was Sie über Nommensen und den Mast gesagt haben. Dass dieser Mast Sie krank gemacht hat.«

Lüdgers sah Herzfeld immer noch wortlos aus seinen blassblauen Augen an.

»Lassen Sie uns zu Ihrem Hof gehen und von dort die Polizei verständigen«, sagte Herzfeld. »Ich muss außerdem ein paar

Telefonate mit der Staatsanwaltschaft und einem Bekannten von mir bei der Kripo in Kiel führen. Und dann erzähle ich Ihnen alles, was ich herausgefunden habe.« Herzfeld machte erneut eine Pause, eher er hinzufügte: »Ich habe leider keine guten Nachrichten für Sie …«

95

17. Februar, 13.12 Uhr
Kiel. Wohnung Paul Herzfeld

Für drei Tage hatte sich Herzfeld wegen des Verdachts einer Rauchgasvergiftung in stationärer Beobachtung befunden – gegen seinen erklärten Willen, aber auf Petras energischen Wunsch hin, die in dieser Hinsicht keinen Widerspruch zugelassen hatte. Nachdem er am Morgen aus der Klinik für Innere Medizin des Universitätsklinikums Schleswig-Holstein entlassen worden war, lag er jetzt auf der Couch seiner Wohnung unter einer warmen Wolldecke und war immer noch völlig erschüttert darüber, welche kriminellen Machenschaften Jan Petersen aufgedeckt hatte. Genauso schockierten ihn die gesundheitlichen Konsequenzen für die Betroffenen oder vielmehr die Todesurteile, die die Verantwortlichen von *Sver-Mobil* mit ihrem gewissenlosen Handeln verhängt hatten. Und Herzfeld konnte immer noch nicht recht glauben, dass er vor drei Tagen fast von einer Auftragskillerin getötet worden wäre, die sehr wahrscheinlich Nommensen auf ihn angesetzt hatte. Wobei sich Herzfeld noch nicht darüber im Klaren war, was eigentlich unglaublicher war: dass er lebend aus seinem völlig zerfetzten Autowrack gestiegen war, dass er dem Flammen- und Erstickungstod in dem unterirdischen Drainagesystem entkommen war oder dass Lüdgers ihm das Leben gerettet hatte, weil der von allen maßlos unterschätzte Landwirt nicht gezögert, sondern innerhalb von wenigen Augenblicken die richtige Entscheidung getroffen hatte. Der aufgrund seiner Krebserkrankung todgeweihte Mann hatte die Frau in der schwarzen Lederjacke kurzerhand erschossen. Die Frau, von der bisher niemand bei den Ermittlungsbehörden – so hatte ihm am Vortag Oberkommissar Tomfor-

de bei einem kurzen Besuch am Krankenbett berichtet – auch nur die leiseste Ahnung hatte, um wen es sich handelte.
Es fühlte sich gut an, wieder zu Hause zu sein. Itzehoe, das Elbklinikum, die Party bei Nommensen, die Erlebnisse am Leichenfundort des kleinen Nils Klüver, das unterirdische Tunnelsystem und die blonde Frau mit der Kleinkaliberpistole mit integriertem Schalldämpfer wirkten zwar nach wie ein böser Traum, aus dem er erst langsam erwachte, aber Petra hatte ihm an seinem Krankenbett einen Familienurlaub in den nächsten Tagen in Aussicht gestellt. *Nur wir drei. Weit, weit weg von diesen ganzen Irren, die du ja scheinbar anziehst wie ein Kuhfladen die Fliegen,* waren ihre Worte gewesen. Petra, die in seinem augenblicklichen Zustand der Schwäche – die er selbst schon gar nicht mehr als solche empfand – offensichtlich ihre eigene Stärke wiedergefunden hatte und jetzt gerade in dem Architekturbüro, in dem sie arbeitete, mit ihrem Chef über zwei Wochen kurzfristigen Urlaub verhandelte.
Dann schweiften seine Gedanken zu Hannah. Seine Tochter, die in wenigen Monaten sechs Jahre alt und noch dieses Jahr eingeschult werden würde. Petra und Hannah. Seine beiden Frauen, denen Herzfelds letzte Gedanken gegolten hatten, als die blonde Frau die Pistole gehoben und mit der Waffenmündung auf seine Stirn gezielt hatte. *Petra und Hannah, ohne die ich …*
Das Klingeln seines Handys schreckte ihn jäh aus seinen Gedanken. Er sah auf das Display und erkannte die Nummer seines Chefs, Professor Schwan. Für einen Moment war Herzfeld versucht, den Anruf wegzudrücken, aber bei dem Gedanken an den alten Direktor, der sich zweifellos Sorgen um die körperliche und psychische Gesundheit seines Schützlings machte, überlegte er es sich anders und nahm den Anruf entgegen.
»Herzfeld.«
»Herr Herzfeld«, ertönte es am anderen Ende, »was machen

Sie denn für Sachen? Da schicke ich Sie für drei Wochen in die Pathologie, damit Sie Abstand von Gewaltverbrechen bekommen und etwas Ruhe finden, und Sie decken den wahrscheinlich größten Umweltskandal auf, den Norddeutschland je erlebt hat, und werden selbst zur Zielscheibe der Organisierten Kriminalität?«

Bevor Herzfeld etwas erwidern konnte, sprach Schwan weiter, schlug jetzt jedoch deutlich ernstere Töne an. »Ich kann mir zwar nicht annähernd ausmalen, wie es in Ihnen aussieht, und ich habe auch keine Ahnung, was Sie jetzt vorhaben. Erst recht will ich Ihnen keinen Rat geben, was Sie jetzt tun können, nachdem mein letzter Vorschlag, Sie sollen in Itzehoe in aller Ruhe wieder auf die Beine kommen, Sie fast das Leben gekostet hätte. Deshalb nur eines: Nehmen Sie sich alle Zeit, die Sie brauchen. Denken Sie darüber nach, was Sie vom Leben wollen. Ihre Stelle hier halte ich für Sie frei. Meine Institutstür steht immer für Sie offen. Und wenn Sie irgendwann der Meinung sind, dass es an der Zeit ist, in Ihren alten Job zurückzukehren, dann kommen Sie.«

Der Gedanke fühlt sich gut an, dachte Herzfeld, und ein Lächeln huschte über sein Gesicht.

Epilog

Der hagere, hochgewachsene Mann in dem zerschlissenen grünen Steppanorak presste seine in Zeitungspapier eingeschlagene Beute fest an sich. Mit vor der Brust gekreuzten Armen und hochgezogenen Schultern versuchte er, dem eisigen Wind, der landeinwärts von der Ostsee über die schleswig-holsteinische Probstei fegte, möglichst wenig Angriffsfläche zu bieten. Wie an den Tagen zuvor hatte er auch heute beim ersten Einsetzen der Dämmerung in einem Abfallcontainer des direkt hinter dem Ostseedeich gelegenen Restaurants Seestern in den Küchenabfällen nach Essbarem gesucht. Und auch dieses Mal war er fündig geworden. Jetzt stapfte er mit festen Schritten die kleine Schotterstraße hinunter. Im Sommer war der hinter dem Deich liegende Strandabschnitt, neben dem er herlief – und der vor über einhundert Jahren von den Einheimischen »Kalifornien« getauft worden war und mittlerweile auch auf Landkarten und in Fremdenverkehrsbroschüren so bezeichnet wurde –, ein beliebtes Ziel für Badegäste aus der Region und Urlauber aus ganz Deutschland. Sie kamen nicht nur wegen seines exotischen Namens, sondern auch wegen des feinen weißen Sandstrands und des klaren Ostseewassers, das im Küstenbereich mit zahlreichen Sandbänken zum sommerlichen Badespaß einlud.

Doch jetzt, Mitte Februar, war die ganze Region wie ausgestorben. Der Strand und die kleine Straße hinter dem Deich lagen in der wolkenverhangenen Dämmerung völlig verwaist da. Und auch die Straßen der Ferienhaussiedlung, in die der Mann nach knapp zehn Minuten Fußmarsch einbog, waren menschenleer. In keinem der Ferienhäuser – teils viele Jahrzehnte alte, mit Reet gedeckte Häuser, teils im Friesenhausstil gebaute neuere Feriendomizile – brannte Licht. Um diese winterliche Jahreszeit waren die kleinen Sommerhäuser, von denen die meisten nicht über eine Heizung verfügten, sondern allenfalls über einen Kaminofen beheizbar waren, weder Reiseziel für Touristen noch Rückzugsort für Einheimische. Doch genau diese Abgeschiedenheit und Einsamkeit waren die ideale Voraussetzung für die weiteren Vorhaben des Mannes, der nun seinen Schritt verlangsamte und sich prüfend umsah. Er war in den letzten vier Wochen noch hagerer geworden, sein Kopf wirkte wie ein mit Haut bespannter Totenschädel, an dem sich die Jochbeine kantig unter den in tiefen Höhlen gelegenen Augen abzeichneten. Aber er lebte. Er war zurück. Zurück von den Toten, denn wo sonst würden sie ihn wohl vermuten.

Nachdem er sich mit prüfenden Blicken davon überzeugt hatte, dass er auch heute wieder allein war, betrat er durch das Gartentor das Grundstück eines der Ferienhäuser, umrundete das Haus und verschaffte sich, wie schon an den vielen vorangegangenen Abenden, über die unverschlossene Schiebetür Zugang ins Wohnzimmer. Ohne den zerschlissenen Steppanorak abzulegen, setzte sich der Mann auf die Couch vor der breiten Fensterfront zum Garten. Begierig griff er nach den in Zeitungspapier eingeschlagenen Küchenabfällen – Kartoffeln, Nudeln und eine teils undefinierbare weiche Masse – und begann zu essen. Er hatte es in den vergangenen zwei Wochen nicht gewagt, das Licht einzuschalten, um nicht Leute auf sich aufmerksam zu machen, die zufällig in der kleinen Ferienhaussiedlung unterwegs waren und dann vielleicht die Polizei riefen.

Im letzten Tageslicht, das durch die breite Fensterfront hereinfiel, blieb sein Blick auf der Titelseite der Ausgabe der *Kieler Nachrichten* des Vortages hängen, die er, um die Küchenabfälle zu verpacken, aus der Papiertonne hinter dem Restaurant gezogen hatte. Er strich das verknitterte Zeitungspapier glatt. Der fast die ganze Seite einnehmende Artikel zog sofort seine Aufmerksamkeit auf sich. Er begann zu lesen.

Itzehoer Mobilfunk-Skandal weitet sich aus

von Lars Schirmherr

Itzehoe. Die Generalstaatsanwaltschaft Schleswig-Holstein hat die Ermittlungen gegen das skandinavische Mobilfunkunternehmen *SverMobil* übernommen. Die Betreiber stehen im Verdacht, durch nicht genehmigte Mobilfunkfrequenzen für eine erhöhte Krebsrate in Teilen Schleswig-Holsteins und Niedersachsens verantwortlich zu sein. »Die Generalstaatsanwaltschaft sieht ein besonders schweres Vergehen im profitgesteuerten Handeln des Unternehmens, das das ganze Bundesland gefährdet. Wir stehen im engen Austausch mit dem Bundesministerium des Inneren, dem Bundesministerium für Gesundheit und dem polizeilichen Staatsschutz des Bundeskriminalamtes«, so ein Sprecher der Behörde gestern.

Aufgedeckt wurde der Skandal durch Recherchen dieser Zeitung und Nachforschungen des Kieler Rechtsmediziners Dr. Paul Herzfeld von der Christian-Albrechts-Universität Kiel. Der 36-Jährige wurde im Zuge seiner Ermittlungen im Umfeld von *SverMobil* Opfer eines Anschlages, den er nur knapp überlebte, wie wir bereits berichteten. Die Identität einer bei dem Anschlag getöteten Frau wurde bisher von den Behörden nicht veröffentlicht. Dies sei mit Rücksicht auf die noch laufenden Ermittlungen nicht möglich, so eine Sprecherin des Innenministeriums. Der aus Itzehoe stammende Unternehmer Helge Nommensen, der in seinem weitverzweigten Firmengeflecht unter anderem auch Aufsichtsratsvorsitzender von *SverMobil* ist, einer hundertprozentigen Tochterfirma von *Nommensen Technologies*, bleibt wegen Fluchtgefahr auch weiterhin in Haft. Dies ergab der gestrige Haftprüfungstermin. Der Verdacht gegen den Vierundsechzigjährigen lautet: Er soll mehrere Morde beauftragt haben, u. a. an einem kroatischen Elektroingenieur, der Informatikerin Selina N. sowie dem Arzt Dr. Jan P., beide aus Itzehoe.

Der Mobilfunk-Skandal zieht inzwischen auch seine Kreise in die Polizeibehörde Itzehoe und in das dortige Klinikum. Nach bisher nicht bestätigten Berichten wurde der Itzehoer Polizeichef, Kriminalhauptkommissar Thilo Evers, mit sofortiger Wirkung vom Dienst suspendiert.

Ein leitender Beamter der Itzehoer Mordkommission (Name der Redaktion bekannt) befindet sich zurzeit in Untersuchungshaft. Seine Rolle im Mordfall Dr. Jan P. wird überprüft.

Des Weiteren wurde Dr. Klaus Kießling, Ärztlicher Direktor des Elbklinikums Itzehoe, in den vorzeitigen Ruhestand versetzt. Ein Sprecher des Klinikums sagte: »Wir heben hervor, dass dies auf den expliziten Wunsch von Dr. Kießling geschehen ist. Zu möglichen Ermittlungsverfahren werden wir uns nicht äußern.«

Am morgigen Dienstag soll in einem parlamentarischen Untersuchungsausschuss des Kieler Landtags auch der Rechtsmediziner Paul Herzfeld, der den Skandal ins Rollen brachte, angehört werden.

Was für eine armselige und absurde Allegorie, dieses widerwärtige Geschreibsel. Herzfeld! Dieser verdammte Herzfeld! Jetzt zementiert er sich selbst ein Denkmal und geriert sich als Superstar. Und ich sitze hier im Dreck, mit nichts, mit rein gar nichts … Aber nicht mehr lange, ging es dem Mann durch den Kopf.

Er betrachtete die feine, schwarze Schicht auf seinen silbernen Manschettenknöpfen. Der Blick auf die Initialen VS auf der Vorderseite der Knöpfe, die jetzt so angelaufen und unansehnlich waren wie sein ganzes Erscheinungsbild, war wie ein Blick in einen Tunnel zurück in ein anderes Leben. Ein Leben, das Paul Herzfeld ihm genommen hatte.

Aber jetzt würde er es sich zurückholen.

Nachwort

Auch die Handlung von *ABGEFACKELT* wurde wieder von zahlreichen wahren Begebenheiten inspiriert. Den Pathologen, der in seinen Laborräumen in Flammen aufging – zusammen mit seinem Archiv mit allen Paraffinblöcken und mikroskopischen Schnittpräparaten – gab es tatsächlich. Allerdings hat er sich selbst gerichtet, ehe er für seine kriminellen Handlungen zur Rechenschaft gezogen werden konnte – zumindest haben das die polizeilichen und staatsanwaltschaftlichen Ermittlungen ergeben.

Aber der Reihe nach: In den 1990er-Jahren wurden in Deutschland mehreren Hundert Frauen aufgrund mutmaßlich fehlerhafter Brustkrebs-Diagnosen die gesunden Brüste amputiert. Zentrale Figur dieser »Brustkrebs-Affäre« war besagter Pathologe, der sich 1997 mit seinem Labor *abfackelte*, nachdem er dies im Jahr zuvor schon einmal in Brand gesteckt hatte – sehr wahrscheinlich zur Vernichtung von Beweisen, denn fast der Großteil der von ihm bis dahin untersuchten Gewebeproben, bei denen Fehldiagnosen vermutet wurden, verbrannten in diesem Feuer.

Im *Spiegel* 15/2002 heißt es über ihn: »*Der Essener Pathologe Josef Kemnitz hatte das Zeug zum Frauenschwarm – doch durch die Alpträume Hunderter Frauen geistert der Mediziner mit der dezenten Gesichtsbräune als Satan in Menschengestalt, der sie um das Symbol ihrer Weiblichkeit gebracht hat.*«

Als der Brustkrebs-Skandal 1997 bekannt wurde, arbeitete ich gerade als Pathologe und verfolgte diese Geschichte um einen Kollegen natürlich sehr genau. Ja, Sie lesen richtig, vor meiner Zeit als Rechtsmediziner habe ich tatsächlich für ein Jahr in Kiel im Städtischen Krankenhaus in der Pathologie gearbeitet – genauso wie Herzfeld in diesem Buch im (fiktiven) Elbklinikum in Itzehoe. Mein Chef in Kiel war eine

Koryphäe auf dem Gebiet der Pathologie der Schilddrüse und in dieser Funktion der Referenz-Pathologe für Schilddrüsenerkrankungen und Schilddrüsenkrebs in Schleswig-Holstein. Ich konnte damals sehr viel von ihm über diese Erkrankungen lernen, wofür ich ihm heute noch dankbar bin.

Mein damaliger Chef hatte die Idee, alle Schilddrüsenerkrankungen in Schleswig-Holstein in einem speziell dafür konzipierten Datenbanksystem zu erfassen. Seine einfache, aber trotzdem geniale Idee war, alle Untersuchungsbefunde anhand der Postleitzahl des Ortes, an dem die Erkrankten wohnen, einer digitalen Karte zuzuordnen, um so epidemiologische Erkenntnisse zu Häufungen bestimmter Erkrankungen der Schilddrüse, einschließlich Schilddrüsenkarzinomen, zu gewinnen.

Dahinter stand die Überlegung, dass nach Kernkraftunfällen mit Austritt radioaktiver Strahlung, wie zum Beispiel nach der Reaktorkatastrophe von Tschernobyl 1986 oder dem Atomreaktorunfall in der Nähe von Harrisburg in den USA 1979, die Häufigkeit von Schilddrüsenkrebs bei der in der Nähe wohnenden Bevölkerung dramatisch angestiegen war – zum Teil um das Hundertfache der sonst üblichen Schilddrüsenkrebsrate.

Für Schleswig-Holstein konnten wir damals eine sehr genaue, nach Postleitzahlregionen geordnete Karte mit Vorkommen der verschiedenen Erkrankungen der Schilddrüse im nördlichsten Bundesland erstellen. In der Umgebung des schleswig-holsteinischen Kernkraftwerks Krümmel, das in den 1990er-Jahren häufig mit negativen Meldungen in den Schlagzeilen war und 2007 außer Betrieb genommen wurde, konnten wir in unserer in einem Fachjournal für Pathologie 1998 veröffentlichten Studie (»Ein Register für Schilddrüsenerkrankungen – Auswertung unter dem Aspekt möglicher Folgen von Kernkraftunfällen und Fallout«) allerdings keine Häufung von Schilddrüsenkarzinomen nachweisen.

In *ABGEFACKELT* habe ich diese beiden Geschichten in abgeänderter Form miteinander verwoben und Paul Herzfeld eine Häufung von Schilddrüsenkrebs-Clustern mit einfachen Hilfsmitteln – Pinnnadeln und Landkarten – in den von schädlicher Mobilfunkstrahlung betroffenen Regionen Norddeutschlands feststellen lassen. Herzfeld hat in dieser Geschichte etwas von einem (zunächst) arglosen David, der es mit einem Goliath, nämlich Nommensens Firmenimperium, aufnimmt.

Ob Elektrostrahlung beziehungsweise Elektrosmog schädlich ist oder nicht, möchte ich an dieser Stelle nicht zur Diskussion stellen. Man sollte sich aber diesbezüglich auf jeden Fall beide Seiten anhören und die Thematik zukünftig im Blick behalten.

Aber auch (fast) alle anderen Episoden um Paul Herzfeld in diesem Buch haben reale Grundlagen. So habe ich zum Beispiel in meinen zehn Jahren als Rechtsmediziner in Hamburg von dort aus über einhundert Außensektionen in einem großen Itzehoer Klinikum durchgeführt.
Das thematisierte Buddenbrook-Syndrom ist nach wie vor ein diagnostisches Chamäleon, das immer noch zu viele Zahnärzte nicht kennen, wodurch kostbare Zeit, die vielleicht das Überleben ihres Patienten sicherstellen würde, verloren geht, weil die entscheidende Diagnostik nicht rechtzeitig eingeleitet wird.
Auch den aus Ghana stammenden Bodypacker hatte ich auf meinem Sektionstisch, und wenn es im toxikologischen Labor mal nicht schnell genug geht, nutze ich tatsächlich den hier beschriebenen Schnelltest auf Kohlenmonoxid mit Formalinlösung (in jedem Fall wird das Ergebnis später im Labor natürlich noch einmal überprüft).
Als biografisches Erlebnis sind meine Ausflüge mit Freunden, als Elf- und Zwölfjährige, in die für uns verbotenen un-

terirdischen Drainagekanäle zur Entwässerung der Felder in Schleswig-Holstein mit eingeflossen. Das war verdammt spannend, und als Kind ist man noch so schön sorglos.

Die Aufgabe eines guten Thriller-Autors ist es – jedenfalls nach meiner Wahrnehmung und Definition –, seine Leserinnen und Leser nicht nur dort abzuholen, wo sie stehen, sondern auch dorthin mitzunehmen, wo sie noch nie waren, und mit Situationen zu konfrontieren, in die sie selbst niemals geraten möchten.
Ich hoffe, das ist mir mit den Fällen, die Paul Herzfeld in *ABGEFACKELT* im Sektionssaal untersucht, oder an den verschiedenen Leichenfundorten, zu denen ich Sie, liebe Leserin und lieber Leser, mitgenommen habe, gelungen.

Für alle, die noch nicht genug von Paul Herzfeld und der Welt der Rechtsmedizin haben: Im nächsten Buch muss Herzfeld das Unvermeidliche erleben – er tritt seinem alten Widersacher und Todfeind aus *ABGESCHLAGEN* wieder gegenüber. Denn dann heißt es: Volker Schneider ist zurück.

Herzlichst
Ihr
Michael Tsokos

Danksagung

Mein herzlicher Dank geht zunächst an Alex Pohl für die gute, reibungslose und konstruktive Zusammenarbeit, seine tollen Ideen und sein technisches Verständnis und Wissen betreffend Mobilfunktechnologie, Elektrosmog und Elektrostrahlung sowie deren verschiedene Frequenzbereiche.

Unverzichtbarer und integraler Bestandteil des Teams, das an der Entstehung dieses Buches beteiligt war, ist Alexandra Löhr, meine Lektorin beim Droemer Knaur Verlag und – meiner Einschätzung nach – eine der besten in ihrem Job überhaupt. Es hat wieder viel Spaß gemacht, und Sie haben neben dem großartigen Überblick, den Sie zu jedem Zeitpunkt bei der Entstehung dieses Buches hatten, auch Nerven aus Stahl bewiesen. Danke, danke, danke!

Meine Frau Anja Tsokos und Wolf-Ulrich Schüler waren Testleser. Ich danke euch beiden für den klaren Blick und die wertvollen Hinweise!

Ich danke Achim Timm, meinem *Brother in Arms* und ein norddeutscher Jung wie ich, den es ebenfalls nach Berlin gezogen hat, dafür, dass er sich wie kein anderer mit jeder Art von Schusswaffe auskennt (und zwar in Theorie *und* Praxis) und mich an diesem Wissen, wenn ich es für eines meiner Bücher benötige, teilhaben lässt.

Dank an Marinko Steppohn, meinen aus Kroatien stammenden Friseur, der mir einen kleinen Exkurs in kroatische Schimpfwörter und Flüche gegeben hat – auch wenn ich sie nicht wiedergeben konnte, obwohl ich sie eigentlich Branković im Augenblick seines Todes in den Mund legen wollte. Aber ihr Kroaten flucht einfach zu heftig für mitteleuropäische Leserinnen und Leser!

Herzlichen Dank an Gabriele Kuhl für das Korrekturlesen der Druckfahnen.

Roman Hocke, meinem Agenten von AVA international,

München, und seinem gesamten Team mit Claudia von Hornstein, Cornelia Petersen-Laux, Lisa Blenninger und Michael Michalek danke ich für die nun schon fast zehnjährige erstklassige und hochprofessionelle Unterstützung sowie Beratung bei allen meinen Projekten in Print, TV und on the Big Screen.
Großer Dank geht beim Droemer Knaur Verlag an Doris Janhsen, meine absolute Lieblingsverlegerin, die einen klaren Blick für das Wesentliche und Weitblick für lohnenswerte Projekte hat.
Weiterhin ganz wichtig und unverzichtbar für dieses Buch beim Droemer Knaur Verlag waren (und werden mir in Zukunft hoffentlich auch bei kommenden Büchern zur Seite stehen): Katharina Ilgen, Steffen Haselbach, Carolin Graehl, Patricia Keßler, Jochen Kunstmann, Katherina Danner, Hanna Pfaffenwimmer, Lucie Balles, Sandra Schaffarczyk, Nina Vogel, Katja Kolinke, Antje Buhl, Katharina Scholz, Petra Dierig, Galina Haak, Babsi Stelcer und Natalja Schmidt. Danke euch und Ihnen!
Bettina Halstrick vom Giraffenladen, München – dir, liebe Bettina, danke ich für deine tollen Ideen und deine Kreativität.
Last but not least: Danke an meine Kolleginnen und Kollegen in den beiden Berliner Instituten (Landesinstitut für gerichtliche und soziale Medizin und Institut für Rechtsmedizin der Charité) für spannende Arbeitstage mit großartigen Kolleginnen und Kollegen!

Michael Tsokos

Leseprobe
aus

Abgetrennt

von

Michael Tsokos

Ein Paul-Herzfeld-Thriller

Prolog

Das Skalpell glitt durch die weiche Hautdecke und das darunter gelegene Unterhautfettgewebe wie durch ein Stück Butter. Mit einem etwa zwanzig Zentimeter langen, s-förmigen Schnitt legte der Mann die rotbraune Muskulatur der vier Muskeln frei, die das Schultergelenk umgaben und, einer gefächerten Manschette gleich, den Oberarmkopf in seiner Gelenkpfanne hielten. Mit dem Handrücken seiner freien linken Hand, die wie seine rechte in einem blauen Plastikhandschuh steckte, schob er seine Brille, die ihm auf der Nase heruntergerutscht war, wieder hoch, ehe er das Skalpell gegen eines der stabileren Sektionsmesser tauschte, die fein säuberlich aufgereiht auf einem Sideboard aus Edelstahl neben ihm lagen.

Mit einem gekonnten halbkreisförmigen Schnitt durchtrennte der korpulente, knapp zwei Meter große Mann nun die Muskulatur des Schultergelenks, klappte die gefiederten, rotbraunen Muskelbäuche zur Seite und legte den Oberarmkopf frei. Auf der knorpeligen Gelenkoberfläche des blanken Oberarmkopfes spiegelte sich das Licht der grellen Deckenlampen. Als er sich vornüberbeugte, um sein Werk zu betrachten, meinte er für einen kurzen Moment, das Spiegelbild seines Gesichtes wie in einem Zerrspiegel in der weißlich beigefarbenen Kugel des Oberarmendes zu erkennen. Dann durchtrennte er mit mehreren, kurz hintereinander gesetzten Schnitten die knorpelige Gelenkkapsel und schälte den Oberarmkopf vollständig aus der Gelenkpfanne heraus. Der Mann schnaufte und holte kurz tief Luft, bevor er das Sektionsmesser mit einem scheppernden Geräusch auf die Ablage neben sich fallen ließ. Dann umfasste er den Unterarm des Toten mit beiden Händen und zog daran.

Mit einem schmatzenden Geräusch löste sich der Oberarmkopf aus der Pfanne. Fast schon triumphierend hielt der Mann den abgetrennten menschlichen Arm in die Höhe.

1

19. August, 9.59 Uhr
Kiel. Institut für Rechtsmedizin der Universität, Sektionssaal

Es fühlte sich gut an, wieder zurück zu sein.

Fast schon beschwingt ließ Paul Herzfeld die metallene Schere, mit der er zuvor Luftröhre und Bronchien des Toten aufgeschnitten hatte, in schnellen Kreisbewegungen um den Ringfinger seiner rechten Hand rotieren.

Sechs Monate war es jetzt her, dass er beinahe von einer eiskalten Killerin im schleswig-holsteinischen Nirgendwo getötet worden wäre.

Nach diesem traumatischen Ereignis hatte sich der Rechtsmediziner für ein halbes Jahr beruflich völlig zurückgezogen und sich nur noch um seine kleine Familie gekümmert, sein Privatleben wieder ins Lot gebracht und seiner langjährigen Lebensgefährtin und Verlobten Petra Schirmherr einen Heiratsantrag gemacht. Im Spätherbst würde die Trauung stattfinden, die anschließende Feier sollte nur im engsten Familien- und Freundeskreis begangen werden. Er war geradezu erleichtert gewesen, als Petra Ja gesagt und nicht weiter darauf bestanden hatte, dass er seine Karriere als Rechtsmediziner gegen ein Berufsleben als Land- oder Amtsarzt in einer norddeutschen Kleinstadt eintauschte.

Vor einer knappen Woche war Herzfeld schließlich an seinen alten Arbeitsplatz im Kieler Institut für Rechtsmedizin zurückgekehrt. Hier fühlte sich der siebenunddreißigjährige Facharzt für Rechtsmedizin wieder mitten im Leben, auch wenn er tagtäglich von Tod und Verwesung umgeben war. Außenstehende fragten sich sicherlich, was das für ein Leben sei, inmitten von Toten. Aber die Rechtsmedizin war nun mal das, wofür er brannte: unerklärliche, plötzliche Todesfälle an Leichenfundorten und diese anschließend im Sektionssaal zu untersuchen; Gewalttäter durch akribische Spurensuche an der Leiche gemeinsam mit der Kriminaltechnik zu überführen; Verbrechern, auch wenn diese noch so heimlich und im Verborgenen agierten, auf die Spur zu kommen und sie mit naturwissenschaftlichen Beweisen zu überführen; Unschuldige zu exkulpieren, und Angehörigen Gewissheit zu geben, was einem geliebten Menschen in den letzten Stunden und Minuten seines Lebens wirklich widerfahren war.

»Alles im grünen Bereich, Frau Westphal«, wandte sich Herzfeld an seine Mit-Obduzentin mit den feuerroten Haaren, die den etwa sechs Meter langen Eingeweideschlauch von Dünn- und Dickdarm mit der dafür im Sektionsbesteck vorgesehenen Darmschere mit der erbsengroßen Metallkugel an der Spitze aufschnitt. »Kein Anhalt für eine Tuberkulose bei unserem Toten hier.«

Sektionsassistentin Annette Bartels hatte bereits alle inneren Organe aus seiner Brust- und Bauchhöhle entfernt, sodass der junge Mann nun ausgeweidet vor den beiden Obduzenten auf dem spiegelnden Edelstahl des Sektionstisches lag. Laut bisherigem Stand der polizeilichen Ermittlungen hatte sich der Mann, der aus Aserbaidschan stammte, in den letzten Wochen vor seinem Tod vorwiegend im Nichtsesshaften-Milieu rings um den Kieler Hauptbahnhof aufgehalten. Ein Routinefall für die beiden Rechtsmediziner.

Herzfeld bemerkte, wie Heike Westphal vergeblich versuchte, ein Gähnen zu unterdrücken.

»Die letzte Nacht war definitiv zu kurz«, entschuldigte sie sich. »Vier Geschädigten-Untersuchungen in der Chirurgischen Klinik nach der Messerstecherei heute Nacht in der Bergstraße. Ich bin seit halb vier auf den Beinen.«

»Ich habe vollstes Verständnis, Frau Westphal«, erwiderte Herzfeld. »Gähnen ist der stumme Schrei nach Kaffee, hat mir mal jemand gesagt.«

»Und derjenige hatte definitiv recht. Eine ordentliche Dosis Koffein wäre jetzt genau das Richtige für mich. Aber wir sind hier ja auch gleich fertig.«

Herzfeld legte die Schere neben den beiden Lungenflügeln des Toten auf dem am Fußende des Sektionstisches befindlichen Organtisch ab. Unauffällig musterte er seine Kollegin, die gerade den Dünndarm des Toten durch ihre linke Hand gleiten ließ, während sie das an eine Schlange erinnernde Organ mit schnellen Schnittbewegungen der Schere in ihrer rechten Hand der Länge nach aufschnitt und dabei mit konzentriertem Blick den Inhalt und die Schleimhaut musterte. Ihr auch sonst immer blasses Gesicht, das stark zu ihren feuerroten Haaren kontrastierte, schien heute besonders blass.

»Eigentlich ist es der Etikette nach ja an der Dame, das Du anzubieten, aber ich setze mich einfach mal über den Knigge hinweg und mache diesen Vorstoß«, sagte Herzfeld und lächelte sie an. »Schließlich arbeiten wir jetzt seit bald zwei Jahren hier gemeinsam am Institut und haben beruflich schon so einiges zusammen durchgemacht. Paul!«

»Sehr gern – Heike!«, antwortete die Dreiundvierzigjährige, während sie kurz aufblickte und Herzfelds Lächeln erwiderte, ehe sie sich wieder dem Darm des Toten widmete.

»Was den hier …«, Herzfeld deutete auf den toten Aserbaidschaner auf dem Sektionstisch vor sich, »… anbelangt, würde ich gleich im Anschluss, wenn ich das Protokoll diktiert habe, Oberkommissar Tomforde anrufen und ihm mitteilen, dass wir ein Tötungsdelikt durch äußere Gewalteinwirkung definitiv ausschließen können und die toxikologischen Untersuchungsergebnisse abwarten – wenn du nichts dagegen hast. So aromatisch, wie der aus allen Körperhöhlen und seinem Magen riecht, tippe ich auf zwei bis drei Promille, wenn nicht sogar mehr. Ich würde mir aber zusätzlich gern noch sein Myokard unter dem Mikroskop ansehen, vielleicht hat er an einer Herzmuskelentzündung laboriert. Die Textur des

Herzmuskels erscheint mir etwas zu aufgelockert. Was meinst du?«

Westphal nickte nur stumm als Antwort.

»Du wirkst sehr müde, Heike. Was hältst du davon, wenn ich für den Rest der Woche deine Dienstbereitschaft übernehme?«, bot Herzfeld an. »Petra und Hannah sind noch bis zum Wochenende mit Petras Eltern in Sankt Peter-Ording. Der letzte Urlaub als Nicht-Schulkind für meine Tochter. Sie wird nächste Woche eingeschult. Ich bin zurzeit also sozusagen Strohwitwer. Und ganz ehrlich, mir fällt zu Hause die Decke auf den Kopf. Etwas Ablenkung könnte ich gut gebrauchen. Und zudem hast du in den letzten sechs Monaten während meiner Abwesenheit ja auch genug Dienste geschoben …«

Ohne auf sein Angebot mit auch nur einem Wort einzugehen, erwiderte sie: »Sagen Sie, Herr Herzfeld … äh, ich meine … sag mal, Paul …« Sie ließ die Darmschere sinken, ehe sie langsam weitersprach. Es schien fast so, als würde sich die Rechtsmedizinerin jedes der nun folgenden Worte genau zurechtlegen.

»Ohne dir zu nahe zu treten – ich wollte dich schon die ganze Zeit fragen … Aber da du nicht im Institut warst, und ich dich während deiner Auszeit nicht stören wollte … Wahrscheinlich geht es mich auch nichts an. Aber ich muss ständig daran denken. Ach, ich weiß einfach nicht, wie ich es sagen soll.«

Die Assistenzärztin machte ein betrübtes Gesicht.

»Sag es einfach freiheraus. Was ist los? Worum geht es?«, ermunterte Herzfeld sie.

»Es geht um *ihn*.«

Herzfeld sah Westphal zwar mit einem erstaunten Blick an, wusste aber sofort, worauf seine Kollegin hinauswollte. »Um *ihn?* Du meinst Schneider?«

»Ja. Ich denke oft daran, wie wir beide den unbekannten Toten, der am Falckensteiner Strand an der Mole im Wasser trieb, obduziert haben. Am ersten Februar dieses Jahres. Ich erinnere mich noch ganz genau an das Datum und auch noch sehr genau an dein Gesicht, Paul, als aufgrund des Zahnstatus des Toten klar war, dass es nicht Schneider ist. Wie gesagt, ich will dir nicht zu nahe treten, aber du hattest dir insgeheim gewünscht, dass es sich bei dieser im Gesicht völlig entstellten Wasserleiche um ihn handelte, richtig?«

»Ja, Heike«, antwortete Herzfeld und stieß unbeabsichtigt einen tiefen Seufzer aus.

Professor Doktor Volker Schneider, bis Anfang des Jahres noch stellvertretender Institutsdirektor der Kieler Rechtsmedizin, der sich nicht nur als Serienmörder entpuppt, sondern auch, nachdem Herzfeld ihm auf die Schliche gekommen war, bei einem regelrechten Amoklauf mehrere Menschen getötet und Herzfelds Verlobte Petra entführt hatte.

»Ich übertreibe nicht, wenn ich dir sage, dass ich monatelang fast paranoid war, was Schneider anbetraf, nachdem er von der Schleibrücke gesprungen und spurlos von der Bildfläche verschwunden war. Überall meinte ich ihn zu sehen. Jeder hochgewachsene Mann mit ähnlicher Körperstatur ließ mich zusammenfahren. Er war so präsent! Heute ist das anders.«

»Anders?«, wollte Westphal wissen. »Du meinst, es spielt jetzt für dich keine Rolle mehr, was mit ihm passiert ist?«

»Ich habe meine Ängste überwunden. Oder vielmehr, ich habe es geschafft, mit der Erinnerung an ihn sowie mit der Unsicherheit, ob er noch lebt und Petra und mir vielleicht weiter nach dem Leben trachtet, so gut es geht, zu leben.«

Jetzt war es Herzfeld, der ein betrübtes Gesicht machte. »Und dann passierten diese schrecklichen Dinge im Elbklinikum in Itzehoe, und meine Angst vor Schneider trat daraufhin in den Hintergrund. Seitdem denke ich so gut wie nicht mehr an ihn.«

Herzfeld spielte damit auf die rätselhaften Todesumstände eines Pathologen vor etlichen Monaten an, bei denen er dem Chef eines skrupellosen Großkonzerns mit seinen Nachforschungen auf die Schliche kam, was ihn wiederum in das Fadenkreuz einer Killerin gerückt hatte.

»Was glaubst du? Was ist damals nach seinem Sprung von der Schleibrücke mit ihm passiert? Ist er gestorben?«, konkretisierte Heike Westphal ihre Frage. »Oder hat er den Sprung in den Fluss überlebt? Eigentlich ist das doch so gut wie ausgeschlossen. Das Wasser war eiskalt, es tobte ein Schneesturm, die Schlei war regelrecht entfesselt. Aber seine Leiche wurde schließlich nie gefunden.«

Herzfeld ließ sich Zeit, ehe er antwortete. So viele Gedanken und beklemmende Erinnerungen schossen ihm durch den Kopf. Dann sah er Heike Westphal geradewegs in die Augen und sagte: »Ich weiß es nicht.«

2

19. August, 16.13 Uhr
Kiel-Mettenhof. Epimetheus Institut

Der untersetzte Mann löste den Knoten seiner dunkelroten Seidenkrawatte und zog sie unter dem Haifischkragen seines Hemdes hervor. Dann legte er die Krawatte zusammen mit den schweren, silbernen Manschettenknöpfen, die er zuvor aus den Knopflöchern der Umschlagmanschetten des Hemdes gezogen hatte, auf den mit schneeweißem Klavierlack überzogenen Konferenztisch vor sich ab. Anschließend öffnete er die oberen beiden Knöpfe seines hellblauen, von einem hochpreisigen Hamburger Maßkonfektionär geschneiderten Businesshemdes und krempelte die Ärmel hoch.

Es war wieder ein verdammt heißer Augusttag. *Eine Klimaanlage wäre nicht schlecht,* sinnierte er. Er lehnte sich auf dem bequemen, mit weißem Leder bezogenen Konferenzstuhl weit zurück und legte seine Füße, die in leichten italienischen Lederschuhen steckten, auf der Tischplatte vor sich ab.

Schon wieder vier neue Verträge abgeschlossen, dachte er. *Es läuft wie am Schnürchen. Gestern zwei Verträge, heute vier ... Diese reichen Trottel lassen sich aber auch zu leicht beeindrucken. Alles würden sie für die zukünftige Karriere ihrer Kinder als Mediziner tun. Geld spielt bei denen keine Rolle. Gut fürs Geschäft. Gut für mich ...*

Zufrieden blickte er aus dem breiten Panoramafenster des Konferenzraums im sechzehnten Stock des Gebäudes in Richtung der westlichen Stadtausläufer. An klaren Tagen konnte er sogar die riesigen Kräne der Werftanlagen auf dem Ostufer der Kieler Innenförde sehen – was ein durchaus erhabenes Gefühl war, wie er fand. *Ich hier oben, die dort unten.*

Heute war die Kieler Förde allerdings unter einer Dunstglocke vor seinen Blicken verborgen. Aber das tat seiner guten Laune keinen Abbruch.

Es läuft wie am Schnürchen. Auch wenn das hier kein Penthouse über den Dächern von Paris, New York oder Berlin war, hatte er es bei seinen früheren beruflichen Aktivitäten schon deutlich schlechter getroffen. Die Geschäfte des Epimetheus Instituts florierten. Weil er ein Gespür dafür hatte, wann eine Geschäftsidee funktionierte und wann man besser die Finger davon ließ. Und wen er für seine Zwecke vor seinen Karren spannte und danach wie eine heiße Kartoffel wieder fallen ließ.

Dieser naive Trottel aus der Rechtsmedizin. Nicht nur naiv, auch gutgläubig. Ein willfähriger Gehilfe. Hält man ihm eine Mohrrübe vor die Nase, schnappt er danach. Aber so sind sie eben alle.

Der Mann lächelte zufrieden. Er hatte schon immer gewusst, wie man andere Menschen manipulierte.

Trotzdem reichte das Material nicht, das ihm dieser Kaspar aus der Rechtsmedizin anlieferte. Das Geschäft mit den Verträgen brummte. Da durfte er sich nicht lumpen lassen und musste auch etwas bieten.

Es ist Zeit für Nachschub!

Der Mann griff vor sich auf der Tischplatte nach einer nagelneuen Prepaidkarte, die ihrem Benutzer nicht zuzuordnen und somit einer Telefonüberprüfung durch Funkzellenabfrage entzogen war, und steckte sie in ein billiges Handymodell. Er sendete eine SMS an eine Handynummer, die er auswendig kannte. Wie immer, wenn er Kontakt zu Milan Gavrilovic – »dem Serben«, wie der Mann in einschlägigen Kreisen nur genannt wurde – aufnehmen wollte. Wenige Minuten später erschien die achtzehnstellige Nummer eines ständig wechselnden, aber nie registrierten Satellitentelefons auf dem Display des Billighandys. Mehrfach hatte er in der Vergangenheit die Dienste des Serben in Anspruch genommen. Er drückte die Wahltaste.

»Da slušam«, meldete sich nach wenigen Augenblicken eine heisere Stimme am anderen Ende der Leitung.

3

20. August, 02.04 Uhr
Kiel. Wohnung Paul Herzfeld

Erst war es nur ein weit entferntes Geräusch, vielleicht Glockenläuten oder eine Türklingel. Der Ton bewegte sich scheinbar auf ihn zu, wurde immer lauter, zog Herzfeld weiter aus seinem Traum heraus, zurück in das Dunkel seines Schlafzimmers. Bis er benommen nach dem Mobiltelefon neben sich auf dem Nachttisch tastete. Als er das Gerät ergriff, blendete ihn das helle Display-Licht in der Dunkelheit, und er musste mehrmals die Augen zusammenkneifen und wieder öffnen, ehe sich seine Pupillen den neuen Lichtverhältnissen angepasst hatten. Blinzelnd erkannte er die Nummer: Tomforde. Herzfeld nahm das Gespräch mit einer Wischbewegung über das Display entgegen.

»Moin, Herr Doktor«, ertönte die dröhnende Stimme von Oberkommissar Michael Tomforde. »Ich habe gerade erfahren, dass Sie Ihre Kollegin Frau Doktor Westphal beerbt haben, was die rechtsmedizinische Rufbereitschaft heute Nacht anbelangt.«

»Hallo, Herr Tomforde«, murmelte Herzfeld schlaftrunken. »Wie spät ist es?«

»Es ist mitten in der Nacht. Wie Sie sich wohl denken können, Herr Doktor, würde ich Sie nicht zu dieser Zeit wecken, wenn es nicht wichtig wäre. Ich benötige Ihre Expertise hier an einem Tatort mit mindestens einem Toten.«

»Was ist passiert?«, wollte Herzfeld wissen.

»Es hat einen Bombenanschlag in der Kieler Innenstadt gegeben.«

4

20. August, 02.24 Uhr
Kiel. Kaistraße,
Eros-Center

Die Szenerie erinnerte Herzfeld an einen Kriegsschauplatz. Die direkt an der Kieler Förde gelegene Kaistraße, die ihren Namen dem mit Mauern befestigten Hafenufer und den Kaianlagen verdankte, war ein Relikt der einst bedeutenden Hafenstadt Kiel und nun weiträumig durch mehrere Polizeistreifenwagen abgeriegelt. Das eingeschaltete Blaulicht spiegelte sich zuckend auf dem dunklen Asphalt wider. Einige Schaulustige hatten sich in kleineren Grüppchen hinter dem rot-weißen Flatterband versammelt, das Polizeibeamte offensichtlich hastig gespannt hatten, um die Neugierigen auf Abstand zu halten.

Gegenüber dem großen Fährterminal für die nach Skandinavien auslaufenden und von dort wiederkehrenden Passagierfähren erkannte Herzfeld zwei Löschzüge der Feuerwehr. Die Löschfahrzeuge, Einsatzleitwagen sowie weitere Begleitfahrzeuge standen vor einem heruntergekommenen sechsstöckigen Gebäude aus den 1970ern, in dem eines der vielen Laufhäuser und Bordelle am Kieler Hafen untergebracht war. Herzfeld sah zwischen den immer wieder geschäftig hin und her eilenden Feuerwehrleuten bereits von Weitem zahlreiche leicht bekleidete Frauen, teils in Decken der Feuerwehr gehüllt, und diverse Männer, sehr wahrscheinlich die Freier.

Als sich Herzfeld näherte, hatte er den Eindruck, dass Letzteren die Situation ungleich unangenehmer zu sein schien als den Freudenmädchen. Auf dem Weg zu einem uniformierten Polizeibeamten, dem er seinen Dienstausweis schon von Weitem entgegenhielt, musste Herzfeld über unzählige

Trümmerteile steigen, die vor der Straßenfront des Bordells auf Bürgersteig und Straße lagen. Das Etablissement, auf dem in riesigen, roten Leuchtschriftlettern Eros-Center stand – daneben ein blinkendes Herz von der Größe eines Kleinwagens –, war nicht zu übersehen. Nachdem er sich bei dem Polizeibeamten kurz ausgewiesen hatte, brachte der ihn zu Oberkommissar Tomforde, der ihn im Eingangsbereich des Eros-Centers bereits erwartete.

»Noch mal moin, Herr Doktor«, begrüßte ihn der Ermittler mit dem Pferdeschwanz und dem stoppeligen Kinn und schnippte seine Zigarettenkippe zur Seite. Sie landete in einem kleinen Funkenregen auf der Straße.

Michael Tomforde war ein echtes Urgestein der Kieler Kripo mit mittlerweile dreißig Jahren Berufserfahrung. Ein knorriger Typ, aber das Herz am rechten Fleck und ein überragender Ermittler, wie Herzfeld aus eigener Erfahrung wusste.

»Ich bringe Sie kurz auf den aktuellen Stand, und dann gehen wir rein, sobald wir das Okay von der Einsatzleitung der Feuerwehr erhalten. Das kann nicht mehr lange dauern.«

Der breitschultrige Oberkommissar griff in eine der hinteren Taschen seiner ausgebeulten und völlig ausgewaschenen Jeans, beförderte ein Päckchen Tabak und Blättchen zutage und begann, sich eine neue Zigarette zu drehen.

»Also, gegen halb zwei hat es hier im vierten Stock eine Explosion gegeben. Bei der Evakuierung des Gebäudes durch die Feuerwehr, die nach etwa fünfzehn Minuten vor Ort war, ist eine männliche Leiche in einem der Zimmer gefunden worden, das die Damen für die Verrichtung ihrer Dienste nutzen. Stand jetzt: Keine weiteren Toten auf der Etage, aber die Kollegen von der Feuerwehr durchkämmen gerade noch mal die anderen Stockwerke zusammen mit unseren Jungs vom Kampfmittelräumdienst, auch im Hinblick auf weitere Explosivstoffe im Gebäude.«

»Und die Dame, die das Zimmer üblicherweise für ihr Gewerbe nutzt, was ist mit der?«, wollte Herzfeld wissen.

»War zum Zeitpunkt der Explosion nicht anwesend. Sie war bei einer Bekannten im Stockwerk darunter. Sie stammt aus Rumänien oder Bulgarien. Warum sie zum Zeitpunkt der Explosion nicht in ihrem Zimmer war, und ob sie uns Hinweise auf die Identität des Opfers geben kann, werden wir nach ihrer Vernehmung im Präsidium wissen. Im Moment ist die Dame aber wohl nicht vernehmungsfähig. Sie steht laut Notärztin unter Schock. Wir müssen uns noch etwas gedulden.«

»Was meinen Sie, Herr Tomforde, ist das das Aufflammen eines neuen Krieges im Kieler Rotlichtmilieu? Ich dachte, die Albaner und Rocker hätten Frieden geschlossen. Zumindest berichtete mir das kürzlich mein Schwager in spe, Lars Schirmherr, der bei den *Kieler Nachrichten* arbeitet.«

Tomforde steckte sich die fertig gedrehte Zigarette in den Mund und zündete sie an. Nachdem er eine imposante Rauchwolke aus seinen Nasenlöchern geblasen hatte, antwortete er: »Ja, das stimmt. Eigentlich herrscht hier an der Pier schon längere Zeit Ruhe, die Machtverhältnisse sind wohl geklärt. Aber vielleicht ist ein neuer Möchtegern-Big-Player in unserer schönen Hafenstadt erschienen. Das werden wir rausfinden.« Nach einer kurzen Pause fügte er trocken hinzu: »Mit so einem Bums aus dem Verkehr gerissen zu werden, hat nicht allen Freiern gutgetan.« Dabei deutete er mit einer Kopfbewegung zu der Gruppe zerknirscht aussehender Männer.

»Zwei ältere Herren sind mit Verdacht auf einen akuten Herzinfarkt mit Rettungswagen in die Uniklinik abtransportiert worden«, erklärte Tomforde, während zwei Feuerwehrmänner in schwerer Brandschutzkleidung und Schutzhelmen, mit Atemschutzgeräten und den dazugehörigen Pressluftflaschen auf dem Rücken aus dem Eingang des Bordells traten. Nachdem sie ihre Atemschutzmasken abgenommen hatten, stellte sich der eine der beiden, ein Mann von etwa Mitte fünfzig mit hagerem Gesicht und eingefallenen Wangen, als Einsatzleiter vor. Er wandte sich an Tomforde, den er gut zu kennen schien.

»Ihr könnt rein, Michael. Einsturzgefahr besteht nicht. Auch keine weitere Explosionsgefahr, keine defekten Leitungen. Zu einem Brand ist es nicht gekommen. Unsere Arbeit hier ist getan. Wir rücken ab.«

»Warte noch kurz, Holger«, sagte Tomforde. »Was kannst du mir zur Ursache der Explosion sagen?«

»Eine Gasexplosion schließe ich definitiv aus. Wenn du mich fragst, war das Sprengstoff. Alles Weitere steht dann heute Nachmittag in meinem schriftlichen Einsatzbericht.«

»Weitere Tote habt ihr nicht gefunden?«

»Korrekt. Das, was noch übrig ist, stammt alles von einer einzigen Person, wenn du mich fragst«, sagte der Einsatzleiter, der es jetzt offenbar eilig hatte.

»Okay, dafür habe ich ja Doktor Herzfeld aus der Rechtsmedizin hier«, sagte Tomforde, während er seine Zigarette wegschnippte, und deutete auf Herzfeld.

»Viel Spaß bei der Puzzlearbeit mit dem Toten«, sagte der Einsatzleiter trocken und an Herzfeld gewandt. Dann entfernte er sich schnellen Schrittes in Richtung der Feuerwehrfahrzeuge. Der Mann schien froh zu sein, dass sein Job genau an der Stelle endete, an der Herzfelds Arbeit begann.

Herzfeld und Tomforde zogen sich in dem langen, üblicherweise nur mit Schwarzlicht und ein paar roten Spotlights ausgeleuchteten Gang im vierten Stock weiße Overalls der Spurensicherung, Plastikfüßlinge und Gummihandschuhe über. Der etwa vierzig Meter lange Flur, der über die gesamte Länge des Gebäudes verlief und von dem die Zimmer abgingen, in denen die Damen ihrem Gewerbe nachkamen, wurde nun von einem Scheinwerfer der Kriminaltechniker taghell erleuchtet. Erstaunlicherweise war er durch die Explosion nicht sonderlich in Mitleidenschaft gezogen worden. Lediglich die Tür samt Rahmen des Raums, in dem sich die Explosion ereignet hatte, waren von der Druckwelle der Detonation beschädigt worden.

Herzfeld und Tomforde betraten, gefolgt von zwei Kriminaltechnikern und einem Polizeifotografen, das Zimmer, in dem sich ihnen ein Bild der Verwüstung bot. In der Luft hing der typische Geruch von Schwarzpulver, der in Herzfeld Erinnerungen an die Silvesterknallerei seiner Jugend hochkommen ließ.

Das Zentrum der Explosion hatte sich im Bereich der straßenseitigen Fensterfront des Zimmers befunden, denn dort war die Zerstörung am größten. Die Fensterscheibe fehlte vollständig, und der Fensterrahmen war komplett herausgesprengt, sodass jetzt ein etwa einen Meter hohes und einen Meter fünfzig breites Loch in der Außenwand des Gebäudes klaffte, durch das die Positionslichter einiger Schiffe im Kieler Hafen hereinleuchteten. Darüber an der Zimmerdecke war ein etwa achtzig Zentimeter durchmessendes Loch zu sehen. Auf dem Boden lagen massenhaft Trümmerteile – Bruchstücke von hölzernen Möbeln, Einrichtungsgegenstände, Plastikverschalungen, Putz, Teile von Mauerwerk, größere und kleinere Stofffetzen und reichlich Schaumstoffmaterial, das sehr wahrscheinlich das Innenleben einer Matratze dargestellt hatte. Dazwischen befanden sich Dildos in unterschiedlichen Größen, schwarze Lederriemen, verchromte Ketten und Latex-Gurte, deren Verwendung sich Herzfeld nicht auf den ersten Blick erschloss, sowie Glasscherben, die von Trinkgläsern oder einer Karaffe herzurühren schienen. Und in all diesem Chaos, inmitten dieser Zerstörung, lagen blutige Körperteile, teilweise von Mobiliarresten, Putz und Mauerwerkstücken bedeckt. Herzfeld erkannte einen Torso – offensichtlich waren die Gliedmaßen als Folge der wuchtigen Explosion allesamt vom Körper des Mannes abgetrennt worden. Dass es sich um einen Mann handelte, war anhand des ausladenden Brustkorbes und der buschigen Brustbehaarung eindeutig. Der Tote musste von hünenhafter Gestalt gewesen sein, wie wohl auch Tomforde festgestellt hatte, da der Oberkommissar mit einem demonstrativen Blick auf einen Oberarm deutete, dessen gewaltiger Bizeps sich unter der tätowierten Oberhaut hervorbuckelte.

»Das sollte wohl mal ein Bein werden?«, bemerkte er trocken.

Unter einem blauen Leder-BH, den ein Kriminaltechniker gerade einsammelte und in einem Asservatenbeutel verschwinden ließ, lag ein Kopf. Die vormals blonden, schulterlangen Kopfhaare und der Vollbart waren stellenweise angesengt, mit kleinsten Putzteilchen verschmutzt und blutverschmiert. Trotz der Wucht, die die Detonation gehabt haben musste, war der Kopf noch recht gut erhalten und das Gesicht des Toten partiell noch zu erkennen. Die Mimik schien zum Zeitpunkt seines Todes eingefroren zu sein. Er glotzte Herzfeld aus weit aufgerissenen, glasigen Augen an, den Mund halb geöffnet, wie zu einem stummen Schrei geformt.

Dreißig Minuten später hatte sich Herzfeld einen Eindruck vom Tatort verschafft. Er wusste, dass die Arbeit der Kriminaltechniker noch viele Stunden in Anspruch nehmen würde, bis alle verfügbaren Spuren gesichert und die Lage aller Gegenstände und Leichenteile zueinander ausreichend dokumentiert waren, ehe die Leichenteile in die Rechtsmedizin transportiert wurden.

Tomforde wirkte zunehmend gehetzt und trieb die Kriminaltechniker immer wieder zur Eile an. Alle paar Minuten blickte er auf die Uhr an seinem linken Handgelenk, eine altmodische, schwarze Casio-Digitaluhr, die ihrem Aussehen und Abnutzungsgrad nach noch aus den 1980ern stammte und

Herzfeld bereits bei früheren Zusammentreffen mit dem Ermittler aufgefallen war.
»Sie haben es aber verdammt eilig, Herr Tomforde! Noch was vor heute?«, rief Herzfeld, während er sich vor der Zimmertür auf dem langen Flur aus seinem Spurensicherungsanzug schälte.
Tomforde machte ein paar Schritte auf den Rechtsmediziner zu und brummte missmutig: »Wenn ich nicht auf die Tube drücke, taucht hier bald ungebetener Besuch auf. Ich gehe davon aus, dass meine Granden im Präsidium, sobald sie von der Sache Wind bekommen, den Staatsschutz hinzuziehen werden. Wegen Terrorverdacht und so. Bisschen die Zuständigkeit verlagern und Verantwortung abgeben. Sie kennen das ja. Am Ende läuft das nur darauf hinaus, dass die Jungs vom Staatsschutz mit einer riesigen Bugwelle hier auflaufen, alles verzögern, jeden unserer Schritte und jede Überlegung von uns dreimal hinterfragen und wir noch heute Mittag hier herumstehen.«
Mit diesen Worten trat Tomforde wieder in die Mitte des Zimmers zurück und trieb die beiden Kriminaltechniker und den Fotografen erneut zur Eile an.

Am Himmel über der Kieler Förde, an dem sich bereits die erste Morgenröte abzuzeichnen begann, kreischten Möwen, als Herzfeld schließlich um Viertel nach vier vor die Tür des Eros-Centers in die kühle Morgenluft trat. In einer halben Stunde würden die Strahlen der aufgehenden Sonne die Silhouetten der Schiffe, Fähren und Krananlagen im Kieler Hafen in ein effektvolles Licht tauchen, bis sich dann schließlich die gleißenden Sonnenstrahlen des neuen Hochsommertages auf dem Wasser der Kieler Förde spiegelten.
Herzfeld überlegte gerade, ob er direkt ins nahe gelegene Institut fahren oder doch noch versuchen sollte, zu Hause zwei

Stunden Schlaf zu bekommen, als er ein tiefes »Doktor Herzfeld!« über sich hörte.

Herzfeld schaute nach oben.

Es war Tomforde, der seinen Kopf aus der von der Explosion gerissenen Öffnung steckte und rief: »Was ich vergaß, Herr Herzfeld: Willkommen zurück!«

Neugierig, wie es weitergeht?

Lesen Sie weiter in *Abgetrennt* von Michael Tsokos.